THICK
DESCRIPTION

传 递 历 史 主 线 的 脉 动

丛书主编　王东杰

本末

艺人的身份、性情与社会

岳永逸 著

巴蜀书社

总序

"深描"（thick description）两字广为人知，大概主要得力于人类学家克利福德·格尔茨（Clifford Geertz）的使用；而格尔茨又明言，这个词是他从哲学家吉尔伯特·赖尔（Gilbert Ryle）那里借来的。格尔茨解释何谓"深描"，举的都是赖尔用过的例子：一个人眨了下眼，他可能就只是眨眼而已，用来缓解一下视觉疲劳，但也可能是跟对面的朋友发送了一个心照不宣的信号，或者是在模仿取笑第三个人，甚或可能只是一个表演前的排练。我们要确切把握行为者的真实意图，不能依靠对动作的"浅描"（thin description）——比如，某人正在迅速张开又合上他的右眼——而是要提供一套对其"意涵"加以破解的方式：这意涵由行为者所在的社会与文化共识决定（也离不开物质和生理条件的制约）。照我理解，最粗浅地说，"深描"即是将对象放在其所在的具体语境中加以理解。它得以成立的理论上的前提，则是相信人是一种追求并传达"意义"的动物。

编者相信，"深描"不是一种固定的研究手段，而是一种观察世界的方法。世界如许广阔，收入这套丛书的著作，当然也不限一个学科。其中以史学作品居多，那自然同编者自己的学科训练及交游局限有关，但也收入人类学、社会学、文学史、艺术史、科技史、哲学史、传媒研究的著述。若说它们有什么共同之处，那主要是形式上的：每本书的体量都不大，约在8万—12万字上下——这种篇幅在现行学术考评体制下颇为尴尬，作为论文似乎太长，作为专著又似乎太短；方法上，秉承"小题大做"原则，力图透过对具体而微的选题进行细致深密的开采，以传递历史主线的脉动，收到"因小见大"的效果。丛书所收皆是学术著作，但也希望有更广的受众，因此在选题方面，希望多一点风趣，不必过于正襟危坐、大义凛然；在表述上以叙事为主，可是也要通过深入分析，来揭晓人事背后的"意义"，同时力避门墙高峻的术语，追求和蔼平易、晓畅练达的文风——然而这却不只是为了要"通俗"的缘故。而是因为编者以为，"史"在中国本即是"文"，20世纪以来学者将此传统弃置脑后，结果是得不偿失，不仅丢掉了更多读者，也丧失了中国学术的本色精神。"深描"则尽可能接续此一传统，在中国学人中提倡一点"文"的自觉（至于成绩如何，当然是另一回事）。

用今日通行的学术评估标准看，"深描"毫无疑问位处边缘，不过我们也并不主动追求进入"中心"。边缘自有边缘的自由。在严格遵循真正的学术规范、保证学术品质的前提下，"深描"绝不排斥富有想象力的冒险和越界，甚至有意鼓励带点实验性的作品。毕竟，"思想"原有几分孩童脾气，喜欢不带地图，自在游戏，有时犯了错误，退回即是。畏头畏脑、缩手缩脚、不许乱说乱动，那是管理人犯，不是礼遇学者。一个学者"描"得是否够"深"，除了自身功底的限制，也要依赖于一个允许他／她"深描"的制度与习俗空间，而这本身即是"深描"所要审视的、构成社会文化意义网络的一部分。据此，编者决不会为"深描"预设一个终结时刻，而是希望它福寿绵长——这里说的，自然不只是这套丛书。

王东杰

contents
目 录

诗与真 1
唐诗无讳避 1
欢乐极兮哀情多 7
反身性 15
独乐众乐? 23

性情 25
唐代教坊与艺人 25
来源与等级 40
盛颜顿挫 51
艺与义 66
艺人唐明皇 81
舞者杨贵妃 96
王德布大饮酒也 113

香火兄弟 129

沉重的轻盈 137

身份 140

打野呵 140

穷于途 145

拜师 156

日常熏染 169

我这徒弟没学满师 179

从哪儿来了两个姑奶奶 185

惹得游人啼笑非 191

绰号与艺名 199

言语的执拗 204

江湖 226

生死辩证法 226

显圣杨妃袜 228

心灵集体的社会化 253

镜渊 259

风土 268

附录 落语的传承 272
引言 272
"真打"桂歌助 273
作为对话交流的落语 275
文化自觉与遗产保护 304

征引文献 307
主题索引 323

后 记 342

诗与真

唐诗无讳避

1935年3月2日,鲁迅(1881-1936)写就《中国新文学大系·小说二集》的"导言"。文中,他将冯至(1905-1993)誉为"中国最为杰出的抒情诗人"(鲁迅,2005a:251)。20世纪50年代初,这位最为杰出的抒情诗人在《新观察》上连载了《杜甫传》,并迅疾汇编成专书出版。冯至曾留学德国,终生以严谨、求真为学术准则。至今,学界都公认:体小质优的《杜甫传》是冯至严谨、求真之学术准则的标志与典范。在书中,冯至对杜甫(712-770)的勾画、对安史之乱(755-763)前后唐代社会的描摹,所依托的主体资料都是他熟悉的杜诗。

在冯至逝后的次年秋日,徐梵澄(1909-2000)深情写就了缅怀故友的《秋风怀故人》。在文尾，就冯著《杜甫传》中"诗"与"真"的关系，徐梵澄评说如下：

> 冯至对于旧诗的研究深，则可见于其所著《杜甫传》。《杜甫传》是一本近代不可多得的书。看来至少费时三年，取材广博，而力求出之简洁，引录不多，已将杜诗之菁华及其时代社会背景完全摄入了。这作风是取法西儒，如他的老师宫多尔夫之写歌德。但冯著之本旨，亦有在于揭出唐代社会的真实面，如杜甫所写，即所以映现在当时国民党治下人民的牺牲痛苦为何如。——正如陈援庵先生撰《清初僧诤记》，乃有感于当时国民党中人明争暗斗而为；是同一动机。——其处理材料，是合乎科学的。没有什么"想当然耳"之事。如郭沫若之写杜甫之死，乃由于食腐牛肉中毒云云，竟是臆断了。（徐梵澄，1994：51-52）

以此观之，不仅被后世誉为"诗圣"的老杜的"图经"（冯至，2019：185）、"诗史"，所有反映现实的诗以及其他文字作品，都可作为证据材料，用来进行相关的意在求真的历史以及传记的写作。在《容斋续笔》卷二"唐诗无讳避"

中，在别处说"野史不可信"的宋人洪迈（2019a：157）也曾强调今天被归类到文学的唐诗的历史性或者说真实性的一面：

> 唐人歌诗，其于先世及当时事，直词咏寄，略无隐避。至宫禁嬖昵，非外间所应知者，皆反复极言，而上之人亦不以为罪。如白乐天《长恨歌》讽谏诸章，元微之《连昌宫词》始末，皆为明皇而发。杜子美尤多。如《兵车行》《前后出塞》《新安吏》《潼关吏》《石壕吏》《新婚别》《垂老别》《无家别》《哀王孙》《悲陈陶》《哀江头》《丽人行》《悲青阪》《公孙舞剑器行》，终篇皆是。……此下如张祜赋《连昌宫词》《元日仗》《千秋乐》《大酺乐》《十五夜灯》《热戏乐》《上巳乐》《邠王小管》《李谟笛》《退宫人》《玉环琵琶》《春莺啭》《宁哥来》《容儿钵头》《邠娘羯鼓》《耍娘歌》《悖挐儿舞》《华清宫》《长门怨》《集灵台》《阿鸨汤》《马嵬归》《香囊子》《散花楼》《雨霖铃》等三十篇，大抵咏开元天宝间事。李义山《华清宫》《马嵬》《骊山》《龙池》诸诗亦然。今之诗人不敢耳也。（洪迈，2019b：68-71）

3

在冯至《杜甫传》初版十年后面世的薛爱华（Edward H. Schafer）的《撒马尔罕的金桃：唐代舶来品研究》（2016）和新近试图去伪存真的《唐虢国夫人：文本与日常生活》（李志生，2022）、《虢国夫人游春图：大唐丽人的生命瞬间》（黄小峰，2023）都是此类写作。这些后起佳作，或重于物，或偏于人，或人、物并重，虽有辨识裁度，却均以"认可先于认知"（霍耐特，2018：57-78）为原则。故诗词文赋、史实典故，稗官野史、传奇杂录，无不引之。

其实，这些貌似受后现代影响的今人鞭辟入里、明察秋毫的写作，大抵还有着本土写作传统暗流的滋养。在《唐国史补序》中，李肇有言："予自开元至长庆撰《国史补》，虑史氏或阙则补之意，续传记而有不为。言报应，叙鬼神，征梦卜，近帷箔，悉去之；纪事实，探物理，辨疑惑，示劝戒，采风俗，助谈笑，则书之。"（1979：3）宋太平兴国三年（978），在《太平广记表》中，李昉（925-996）等在开篇明言："臣先奉敕撰集《太平广记》五百卷者。伏以六籍既分，九流并起，皆得圣人之道，以尽万物之情，足以启迪聪明，鉴照今古。"（2020：1）

与偏重文字世界、主要读文献的历史学者不同，美术史家对图像等视觉符号更为敏感，擅长于读图。他们也善于从图像中释读出微言大义。对《虢国夫人游春图》的微距凝视——近视和远景"观想"——远观的有机结合，使得黄小峰看到传承与创新、历史（唐）与现实（宋）、黑历史（后人构拟的虢国夫人）与真人物（虢国夫人）、虚（画像）与实（实况）之间的交错和辩证关系。进而，他鲜明地揭示出《虢国夫人游春图》的当下性。即，这幅传世画作是唐宋两个时代艺术的有机汇融之果，是在唐宋之间经历了转型的仕女画、马画两个门类精心协作之果，而"宋代人对于唐代历史、文化、诗歌、绘画的接受、理解与创新"对于我们今天看到的该画的"最终"形态尤为根本（2023：170）。在对《阿房宫图》的演进、接受史揭秘式地考证与观想后，郑岩更是总结道："诗和画，比历史更真实。"（2022：243）

显然，无论是对诗作的征引、文字的爬梳，还是全观读图，上述这些情形所秉持的史观，多半是历史实乃，或只能是一种拟构的真实，是"诗"与"真"的辩证统一（何兆武，2022：2-55）。如此，历史写作也就成为一门仁者见仁、智者见智，显现才情、个性以及特定意识形态的技艺。

拉大旗作虎皮，也是东施效颦。无论新、旧《唐书》，《教坊记》《明皇杂录》《羯鼓录》《乐府杂录》《唐国史补》，还是《开元天宝遗事》《杨太真外传》，本书一概视为"信"史，借以勾画我所谓的唐代宫廷内外艺人等"非良人"（李志生，2002）的生活日常。同时，利用我自己在二十年前访谈所得的老北京天桥艺人的口述资料（岳永逸，2019：47-335）和局内人"云游客"连阔如（1903-1971）《江湖丛谈》（2010）、局外人张次溪（1909-1968）《人民首都的天桥》（1951）等已有著述，本书也描画了近世在天桥这样的"杂吧地儿"（岳永逸，2019：369-425；2021：269-274）讨生活的江湖艺人的群像。

因为种种原因，写出来的不一定（绝对）真实。同样，亲力亲为者说出来的也可能非真。无论是文字的还是口述的，二者都存在一个辨真伪的问题。这在学界已经是常识。鉴于关于古近艺人——非良人材料的有限，又想为长期被忽略却同等重要的他们张目，尽管不乏大胆也牵强附会地赋予这一写作策略以合理性，自圆其说，犹疑却一直伴随始终，有时甚至自觉莽撞、愚妄。

心猿意马，词不达意，说者无心听者有意，身在曹营心在汉，言在彼而意在此，同床异梦，对牛弹琴等，说的都是符征和符旨在生产、传递、接受、使用过程中的多重错位。这导致真、假不仅是平行宇宙，还有了相对性，甚至是一体的阴阳两面。在江湖行话中，"腥"与"尖"相对，前者指假，后者指真。把二者连在一起的"腥加尖，赛神仙"这句江湖谚语，说的就是活人、做事、说话、表演的真假掺半、真真假假的怡然自得和妙处。再想到"假作真时真亦假，无为有处有还无"这副太虚幻境的真对子，心里多少也释然了。

欢乐极兮哀情多

与南北朝迥然有别，唐代，尤其是安史之乱前的唐代，中国的门户是开放的，人们是自信的。汉人感受不到外族人的威胁，外族人也常将中国视为第二故乡。外族的美术、建筑、宗教、服饰、音乐、舞蹈、墓葬文化，只要传到中国，都很快适应水土，汇进中国文化的洪流，促进中国文化的发展。在《杜甫传》中，冯至写有这样一段话：

> 自然，西域诸国的音乐和舞蹈也沿着交通大道河水似的流入中国，这些生力充沛的节奏便在汉人的生命里注入新的血液，增添了新的营养。所以在人民中间，甚至在宫廷里，人们都愿意在工作的余暇有一个时期沉酣在这些使人嗅到大漠中犷野气息的歌舞里，因为从南朝传袭下来的柔歌曼舞在这时对于他们过于软弱了。就以名称而论，像旧日的《采莲曲》《后庭花》，和《胡旋舞》《胡腾舞》相比，是显得多么娇弱而无力。（冯至，2019：15）

岂止刚劲的胡旋舞、胡腾舞、柘枝舞和剑器舞！在开元（713-741）盛世，与这些劲舞、健舞同台的还有声势大小不一的马舞，有大象、犀牛"动中音律"的拜舞，有晓言语、能诵诗词和《多心经》、乖巧伶俐助阵博戏而改变胜负的鹦鹉"雪衣女"，有树毛振翼、砺吻磨距、抑怒待胜、进退有期的雄鸡（斗鸡），有貌似喜好唐明皇（685-762）而与他一道出现在勤政楼的"随驾老鸱"。就壮士、乐工为配角的马舞以及大象、犀牛的拜舞，《新唐书·礼乐十二》有载：

> 玄宗又尝以马百匹，盛饰分左右，施三重榻，舞《倾杯》数十曲，壮士举榻，马不动。乐工少年姿秀者十数人，衣黄衫、文玉带，立左右。每千秋节，舞于勤政楼下，后赐宴设酺，亦会勤政楼。其日未明，金吾引驾骑，北衙四军陈仗，列旗帜，被金甲、短后绣袍。太常卿引雅乐，每部数十人，间以胡夷之技。内闲厩使引戏马，五坊使引象、犀，入场拜舞。宫人数百衣锦绣衣，出帷中，击雷鼓，奏《小破阵乐》，岁以为常。（欧阳修、宋祁，1975：477）

这一切成就了开元盛世的宫廷日常，也成就了后人绵延不断的对唐明皇、杨贵妃（719-756）"此恨绵绵无绝期"的爱情的演绎和念念不忘。

众所周知,一代枭雄曹操(155-220),小字"阿瞒"。或者是巧合,唐玄宗在"诸亲"前也常自称"阿瞒"(南卓,1998:3;王谠,1958:150;张仲裁译注,2017:15)。开元二十八年(740)后,他对杨玉环的宠幸、迷恋,肯定不仅仅是因为后者的美貌。与后人称道的南唐后主李煜(937-978)、宋徽宗赵佶(1082-1135)一样,唐玄宗是个诗人,更实实在在的是一个杰出的艺术家。《全唐诗》卷三是玄宗的专章,有64首(彭定求等,1960:26-42)。当然,本身就有雄才大略并造就了开元盛世的唐玄宗的喜好,明显与后来的两位依靠诗词、书画留名的帝王不同。唐玄宗似乎更喜欢的是肉身美/形体美——健美与柔美的展示,是或急或缓的节奏,是高低起伏、悠扬婉转,或高亢或凄婉的旋律,是与亲王兄弟、妃嫔宫伎、内臣外戚、文武百官、梨园弟子,甚至小民百姓的"众乐乐",是耀眼震耳的规模、声势与排场。故而,性英武,善骑射,通音律、历象之学,好羯鼓,会吹笛、制曲的玄宗,不仅仅是大小晚会、宴庆的出资人、总导演、总监制,还是亲自下场的主角、贵宾与热情四溢、兴致勃勃也喜怒随心的观者。

《傀儡吟》(彭定求等,1960:42)不但展现了其诗才,也充分体现了上述这些才情与性情,云:

刻木牵丝作老翁，鸡皮鹤发与真同。

须臾弄罢寂无事，还似人生一梦中。①

真与假，动与静，入戏与出戏，凝神、出神与回神，短暂与永恒，傀儡与老翁，此老翁与彼老翁，现实与梦境，在这二十八个字中翩翩起舞。如梦蝶的庄公，是耶非耶，切换自如。

明皇能打三竖柜桄的羯鼓。在他面前，只能打五十枚的著名全能型"歌手"李龟年，俨然弱鸡（刘𫘧，1979：61；王谠，1958：175）。《新唐书·礼乐十二》还记录了作为皇帝的他的金口玉言："羯鼓，八音之领袖，诸乐不可方也。"（欧阳修、宋祁，1975：476）

在这些众醉我也醉、众欢我亦欢、抑或独欢的场合，唐玄宗是帝王，更是一名超越权力而忘我的艺人。在审美和情感上，作为郎君领袖和浪子班头的他，与教坊诸伎、乐工弟子等有着高度的契合。不如此，就没有在洛阳的凝碧池，面对安禄山（703-757）贼众的威逼，乐工雷海清（后人亦写成"雷海青"）投乐器于地，西向恸哭，直至缚于戏马殿，肢解示众。

---

① 这首诗还有"咏木老人""咏窟礧子人"之名，并有是天宝年间的梁锽所作之说（彭定求等，1960：2116）。《明皇杂录》有载，在南内耿耿不乐的明皇经常吟这首诗（郑处诲，1985：44）。就该诗展现的才情、性情、顿悟与大彻大悟的哲思而言，我更愿意相信它是亲手缔造了大唐盛世又亲手将其消解而经历了大起落、大悲欢、大无奈、大孤独的玄宗所作。

换言之，教坊艺人这些非良人私下里将之戏称为"崖公"的唐明皇，也是一个性情中人，至少有不时流露出来的性情的一面。

从新、旧《唐书》（刘昫等，1975：2178；欧阳修、宋祁，1975：3493）等正史和《杨太真外传》（乐史，1985：131）等野史可知：杨贵妃，开元七年（719）生于蜀地，幼年早孤，叔父玄珪养之。开元二十二年（734）十一月，她归于寿邸，为寿王妃。开元二十八（740）年十月，她从寿邸出，度为女道士，号太真。天宝四载（745）七月册为贵妃。①显然，人生经历不凡，起落不由己的贵妃也绝非是等着被宠幸、垂青、观赏与抚摸的绣花枕头和花瓶。

她迎意辄悟、情盼承迎、动移上意、乖巧伶俐、懂得恃宠撒娇，更是舞姿独步、弹奏琵琶且弟子甚众的一代宗师。其赞颂侍女张云容舞姿的诗《赠张云容舞》同样被收入《全唐诗》中，云："罗袖动香香不已，红蕖袅袅秋烟里。轻云岭上乍摇风，嫩柳池边初拂水。"（彭定求等，1960：64）后世各色人等对唐明皇与杨贵妃的追思，不乏想象的成分和自我的投影。然而，在音律、游戏、娱乐，对形美的尊崇，对旋律的膜拜上，唐明皇与杨贵妃应该是互为知音、解人。包括白居

---

① 原本为寿王妃的杨玉环通过入道观度为女道士，从而过"关"以改换身份、象征性地"新生"。这与唐代道教和政治、权力、性别以及才能之间的复杂关系（贾晋华，2021）密切相关，有着必然性。

易（772-846）《长恨歌》、陈鸿《长恨传》和牛僧孺（780-848）《周秦行纪》[①]等在内，人们在其身后的文字世界中把他们音律、歌舞上的相知、两情相悦神化为伯牙碎琴的变文，也就不足为怪。

欢乐极兮哀情多！正是因为被情所惑所困，情反噬了自己。渔阳动地的鼙鼓，奏出了马嵬坡前生离死别的哀歌。自此，众乐乐的诸伎，无论是名角公孙大娘、李龟年、李谟、永新、谢阿蛮，还是那一群原本衣文绣、络金银、饰鬃鬣的又名蹀马的舞马，都只能各奔东西，散落四野。相对于人而言，不能言说的舞马在安史之乱后更是凄惨。《明皇杂录》有载：

> 其后上既幸蜀，舞马亦散在人间。禄山常观其舞而心爱之，自是因以数匹置于范阳。其后传为田承嗣所得，不之知也，杂之战马，置之外栈。忽一日，军中享士，乐作，马舞不能已。厩养皆谓其为妖，拥彗以击之。马谓其舞不中节，抑扬顿挫，犹存故态。吏遽以马怪白承嗣，命棰之甚酷，马舞益甚整，而鞭挞

[①] 基于假小说以施诬蔑、排诟、攻击人（鲁迅，2005b：74、323）的潜在认知，鲁迅（2005b：96-97；2005c：122-125）认为《周秦行纪》的作者不是《太平广记》中署名的牛僧孺，而是其政敌李德裕（787-850）的门客韦瓘（787-852）。就"牛李党争"，黄晓、刘珊珊（2023）通过二人的赏石进行了别开生面的呈现。

愈加，竟毙于枥下。时人亦有知其舞马者，惧暴而终不敢言。（郑处诲，1985：35）

作为唐代绘画中的一个重要门类，"鞍马"反映了宫廷艺术从初唐到盛唐的总体趋势。与昭陵六骏战马壮健、豪放的风格不同，陈闳、韩干（约706-783）等盛唐宫廷画家画的御厩内的骏马体态丰腴，造型与同期的仕女形象雷同，即老杜所言"画肉不画骨"。从传闻是韩干所绘的《照夜白》中，巫鸿看到了这匹拴在铁柱、昂首嘶鸣、四蹄腾骧、无法挣脱、眼神痛苦的良驹的多重寓意：宫廷生活的悲剧、画家本人的自喻（2022：192-193）。自然，对善于从图像读史"心"的巫鸿而言，《明皇杂录》中记述的玄宗圈养的这些舞马同样是不能自已的宫廷生活和大唐盛衰之变的一个载体、具象和隐喻。从喜庆、热闹与欢快，巫鸿真切地感受到了悲意、倦意与苦意。他写道：

一个世纪后的唐玄宗也在皇家马厩里饲养了四万匹西域骏马，但这些马从未上过战场，只用来彰显皇家威仪或为天子表演马舞。它们不再是马之勇士，而是类似于皇宫内院深藏的嫔妃。（巫鸿，2022：191）

和后世文人的演绎一道，这些毙于枥下的舞马，四散教坊艺人的黯然神伤、相顾无言、唯有垂泪的念想，使得明皇、贵妃这对痴男怨女、生死鸳鸯、宿世冤家成为一个千年传奇，甚至是神话。

2002年5月13-25日（农历四月初二到十四），我和同门，来自韩国的朴广俊，一道在河北赵县东部调查正在举办的铁佛寺庙会。这是二州三县四村交界处的一片荒野之地，亦名九龙口。当时，前来唱庙戏的是赵县青年坠子剧团。这个剧团的伴奏已经增添有年轻姑娘弹奏的电子琴等西洋乐器。在静谧的星空下，与戏班年迈鼓手闲聊时，他自豪地说：

> 你知道"唐明皇打鼓，杨贵妃跳舞"这句话吧？唐明皇可是皇帝，他都打鼓呀！不打鼓，戏班就不能开唱，这是戏班多少年传下来的规矩。过去，在戏班中，鼓手拿份钱都是拿得最多的！

唐明皇打鼓，杨贵妃跳舞！

这让我很诧异！文字世界叙写的史实、故事，尤其是其核心要素，竟然一直存活在口头传统之中，存活于生民世界中，并演化为一个行当的禁忌、规矩和角色层级的配置法则。更不用说，大江南北的很多戏班长期将唐明皇供奉为祖师爷，言传着这个"伺候人"——娱人的行当的根正苗红、大富大贵的出身。

反身性

"同是天涯沦落人，相逢何必曾相识？"

因为白居易的《琵琶行》，老大嫁作商人妇的琵琶女，千古留名。同样，因为杜甫的《观公孙大娘弟子舞剑器行》，在众多舞者中，神龙见首不见尾的公孙大娘，一骑绝尘，成为舞者、观者、流浪者以及后世落魄不落魄文人永久的念想。然而，如宋人刘克庄（1187-1269）言：未脱长庆体的《琵琶行》，如"儿女恩怨相尔汝"，《观公孙大娘弟子舞剑器行》则明显有着建安黄初气骨，如"壮士轩昂赴敌场"（1983：165）。换言之，《观公孙大娘弟子舞剑器行》并未简单地停留在儿女私情、士子与非良人简单的比附、映射关系上，而是有着立足于人的大悲悯、大关怀。

在杜甫如椽巨笔之下，盛颜的舞者、不知所终的舞者，洋洋自得的圣文神武皇帝①、老态龙钟流涕鲠欷的皇帝，童稚的诗人、白首的诗人、惶惶如丧家之犬的诗人，都是共同性大于差异性而情感丰沛细腻，承载与显现历史而值得铭记的人！与其说《观公孙大娘弟子舞剑器行》是在写李十二娘精彩纷呈的剑器舞，不如说写的是公孙大娘弟子李十二娘；与其说写的是李十二娘，不如说写的是她那不知所终的师父公孙大娘；与其说写的是不知所终的公孙大娘，不如说是在写善骑射、通音律也至情至性的唐明皇；与其说是在念叨唐明皇这位圣文神武皇帝，不如说是颠沛流离的杜甫在写那个食不果腹、衣不蔽体而心忧天下的他自己；与其说是在写他自己，不如说讴歌的是与上述几位有名有姓大同小异的在盛衰巨变中颠沛流离的芸芸众生、天下苍生。

其实，这首诗的主旨，前人早已说得明白。明人王嗣奭（1566-1648）有言："……情事俱属玄宗，故序云：'抚事慷慨，聊为《剑器行》。'知其意不在剑器也，诗云：'感时抚事增惋伤。'则'五十余年似反掌'数句，乃其赋诗本

---

① "圣文神武"是唐玄宗尊号演化过程中的核心词汇。其尊号演化如下：开元元年（713）是"开元神武皇帝"、开元二十七年（739）是"开元圣文神武皇帝"、天宝元年（742）是"开光天宝圣文神武皇帝"、天宝七载（748）是"开元天宝圣文神武应道皇帝"、天宝八载（749）是"开元天地大宝圣文神武应道皇帝"、天宝十三载（754）是"开元天地大宝圣文神武证道孝德皇帝"，到至德三年（758），作为太上皇的他的尊号回落到八个字，"太上至道圣皇天帝"（欧阳修、宋祁，1975：121-154）。

杜甫观公孙大娘舞剑器舞

《新观察》第二卷第一期（1951.1.10）

旨。"（1983：340）在《杜诗胥钞余论·论七言古诗》（崇祯七年刻本）中，稍晚于王嗣奭的卢世㴶（1588-1653）也表达了同样的意思：

> 《观公孙大娘弟子舞剑器》，序与诗俱登神品。盖因临颍美人，而溯及其师，又追想圣文神武皇帝，抚时感事，悽惋伤心。念从风尘澒洞以来，女乐梨园，俱付之寒烟老木，况自身业已白首，而美人亦非盛颜，则五十年间，真如反掌。以此思悲，悲可知矣。一篇中具全副造化，波澜莫有阔于此者。

在明人的基础上，清人将该诗释读得更通透。仇兆鳌（1638-1717）云："王嗣奭曰：此诗见剑器而伤往事，所谓抚事慷慨也。故咏李氏，却思公孙，咏公孙，却思先帝，全是为开元天宝五十年治乱兴衰而发。"（1999：1818）浦起龙（1679-1762）则言：

> 舞剑器者，李十二娘也。观舞而感者，乃在其师公孙大娘也。感公孙者，感明皇也。是知剑器特寄托之端，李娘亦兴起之藉。此段情景，正如湘中采访使筵上，听李龟年唱"红豆生南国"，合坐凄

然，同一伤惋。观命题之法，知其意之所存矣。序中"公孙大娘弟子"句及"圣文神武皇帝"句，为作诗眼目。"玉貌"，忆公孙。"白首"，悲今我。（1961：315）

帝王与妃嫔、诗人与舞者、士子与倡家、得意与失意、欢乐与悲苦、盛与衰、阴与阳、男与女、居与游、良与贱、人与艺、聚与散、生与死，就这样相依相偎、交互缠绕，互相依托，或融为一体，或交替反转。透过这些有喜有忧的各色人等的才情、技艺，大唐也就成为一种反身性的存在。它开放包容，大气磅礴，它浪漫热烈，温馨得残酷，伟大却多艰，并不乏苦难！

这种反身性是大唐活色生香的各色个体的，也是当今世界我们每个"草民"的。

人类的情感是跨越时空的。哪怕程度有别，甚或滞后，但不同肤色种族、阶层等级、文化制度的人都能共振、共鸣与回响。本书关涉历史，但绝非历史本身。它仅仅是有关历史抑或说过去的写作，且是对过去一群例行被贬斥、忽视的人的生计、日常与性情，甚或说情感的写作。尽管这无法考掘、证真。通过对其无法证实的日常和性情的点染，本书试图呈现人的心智的丰富性、生活的复杂性、情感的可通约性、帝王士子与非良人的杂合性，以及中华文明的一体性。显然，即使呈现了，也完全无法改变历史，惟愿能丰富、充实当下我们自己的心智。

在此意义上，以亲历者口述而深描的旧京杂吧地儿天桥这样的街头艺人，实乃大唐曾辉煌灿烂、曾窘困落魄的教坊内外艺人的"近相"。而且，因为登堂入室，成为"人民的文艺工作者"，这些自称是"没饭门""吃张口饭"，而长期在市井街头平地抠饼讨生活、娱人的天桥艺人，更是四散飘零的教坊艺人的彻底反转。正是20世纪前半叶的杂吧地儿天桥，造就了在20世纪后半叶声名显赫的马三立（1914-2003）、侯宝林（1917-1993）、小白玉霜（李再雯，1922-1967）、关学曾（1922-2006）、金业勤（1925-2020）、新凤霞（1927-1998）等一大批杰出的艺术家。这也使得在另一种叙事中犹如"恶之花"的杂吧地儿天桥，同时又有着"民间艺术（家）的摇篮"之牌匾。

1949年前成书的《江湖丛谈》［连阔如，（1936）2010］、《天桥一览》和《人民首都的天桥》（张次溪，1936，1951）都是在描摹、记述天桥的众生相。连阔如是以局内人的身份，张次溪则是以局外人、旁观者的视角。两人、三书都重在摆事实。与此不同，在改革开放后成书的《天桥史话》中，"恶之花"（成善卿，1990：339-434）与"民间艺人的摇篮"（成善卿，1990：199-338）并行不悖，相互支撑，俨然一枚硬币的正反两面。

三十年河东，三十年河西。如今，随着已经在社会上层的艺人之明星化、精英化，甚至权贵化、学者化的势不可挡，"穷不怕""贫有根"们都成了有头有脸有地位的"富有本"。

交通工具的快捷，加速了个体的流动、漂泊和孤苦无依。如同京籍青年作家常小琥《收山》（2015）中的葛清和屠国柱、《如英》（2023）中的如英和周笑，我们每个衣着光鲜亮丽的现代人，自以为是英雄，像是英雄，但绝不是英雄。更多时候，我们还打着不想成为英雄的小算盘，远离英雄。对于2002年踏入北京不久后的油画作品《116楼310房间》，张小涛有这样的自白："我们的烂生活，腐烂与灿烂同在，有时腐烂就等于灿烂。"（转引自郑岩，2022：299）生存的恐惧渺小、疑虑彷徨和自我抚慰、精神胜利，溢于言表。努力在江湖世界中蹦跶的凡夫俗子，实则是处处碰壁、不知归处的漂泊者、游荡者。在陷阱、机关密布的江湖世界中，在危机四伏的风险社会中，我们仅仅是捉襟见肘、穷于应对而疲于奔命、无法破局、不知所终的"艺人"。

虽然比亲历者杜甫稍晚些，但距离开元盛世和接踵而至的安史之乱，韦庄（836-910）也并不算是太过遥远。在从敦煌写本文献中重新发现的其巨制《秦妇吟》中，亲身经历大唐帝国坍塌的他低唱道：

> 华轩绣毂皆销散，甲第朱门无一半。
> 含元殿上狐兔行，花萼楼前荆棘满。
> 昔时繁盛皆埋没，举目凄凉无故物。
> 内府烧为锦绣灰，天街踏尽公卿骨。

盛世不乏罅隙，乱世亦藏生机！

元人钱选（1239-1299）更是深识荣悴的玄奥。他说："其间荣悴皆本于初，荣则悴，悴则荣，荣悴互为其根，生生不穷。"（陆时化，2015：211）故而，钱选独爱世间弃物，笔之于图，消引日月。消长险夷、兴废盛衰，皆由人当之，受之，感之，叹之。

盛世的帝王、乱世的草莽，看人的良人、被人看的非良人，皆有志得意满踌躇状，皆有无可奈何凄楚状。生活世界中的每个"常"人，多少都有生不得已，情不得已，势不得已，而实不得已。田天有言："历史以死亡迭代，以记忆延续。轮回其中，是我们的宿命。"（2022：115）

与人一样，同样是一只鸟，各有各的飞法与姿态，各有各的活法与心态。有的斤斤计较、频频回首、自我沉醉，有的没心没肺、停歇随心、洒脱自在。宋仁宗嘉祐六年（1061），风华正茂的东坡（1037-1101）对同样春风得意的弟弟子由（1039-1112）慨叹道："人生到处知何似，应似飞鸿踏雪泥。泥上偶然留指爪，鸿飞那复计东西！"千百年后，印度诗人泰戈尔（Rabindranath Tagore，1861-1941）浅吟过同样的调调："天空没有留下翅膀的痕迹，但我已飞过。"（I leave no trace of wings in the air, but I am glad I have had my flight.）

沉重抑或轻盈，轻得沉重，重得轻盈！我们该做哪只鸟呢？

独乐众乐？

《孟子·梁惠王》有言：

> 曰："独乐乐，与人乐乐，孰乐？"
> 曰："不若与人。"
> 曰："与少乐乐，与众乐乐，孰乐？"
> 曰："不若与众。"（杨伯峻译注，1960：26）

明皇和贵妃、公孙大娘与李十二娘、永新和李龟年、李谟和谢阿蛮、黄幡绰与康太宾阿妹等，他们都是文字世界中被与之同病相怜，至少有些共鸣的他者拟构的乐人。与之稍异，在我引诱式的对谈中,朱国良(1912-2006)、朱有成(1937-2002)、杜三宝(1928-2000)、关学曾、王学智(1935-2007)、金业勤、班秀兰等"自说自话"出了以他们自己为典型的近世杂吧地儿艺人的群像。当经历成为言语、经验成为语言,必然掺杂后起之思、后起之见、后起之苦与后起之乐。自我重构、他者建构与多重建构的意味,也就不言而喻。

这些基于事实的他构与自构,均有着多重互动的反身性。正因为如此,本书反而想呈现的是孟子所言的"独乐乐"与"众乐乐"之间复杂的辩证关系,想呈现的是看似对立的乐人与非乐人、良人与非良人、盛与衰、男与女、古与今、眼泪与欢笑、独乐与众乐之间的"镜渊(mise en abyme)"之效。

轻尘栖草。人生一世,何论荣悴!

愿透过本书,纯粹个人的阅读、聆听、观想和屏息静气、凝神静思——"独乐乐"能传达出来,散播开去,能转化成可能的"少乐乐"或"众乐乐"。

性情

唐代教坊与艺人

1. 教坊艺人

唐初宫廷的乐舞机构、制度多承隋制，主要由太常寺统领乐人。陈寅恪（1890-1969）曾言："唐之初期其乐之承隋亦犹礼之因隋，其系统渊源，盖无不同也。"（2015a：136）至盛唐，"凡乐人、音声人、太常杂户子弟隶太常及鼓吹署，皆番上，总号音声人，至数万人。"（欧阳修、宋祁，1975：477）这里所关注的教坊，就主要是为满足统治者需要而在唐代宫廷乐舞机构发展过程中形成的。

《新唐书·百官三》有载："武德后，置内教坊于禁中。武后如意元年，改曰云韶府，以中官为使。开元二年，又置内教坊于蓬莱宫侧……京都置左右教坊，掌俳优杂技。自是不隶太常，以中官为教坊使。"（欧阳修、宋祁，1975：1244）《新唐书·礼乐十二》亦云："玄宗为平王，有散乐一部，定韦后之难，颇有预谋者。及即位，命宁王主藩邸乐，以亢太常，分两朋以角优劣。置内教坊于蓬莱宫侧，居新声、散乐、倡优之伎，有谐谑而赐金帛朱紫者……"（欧阳修、宋祁，1975：475）

对此，作为非正史的笔记描述更为详尽。《教坊记·序》云：

> 玄宗之在蕃邸，有散乐一部，戡定妖氛，颇藉其力；及膺大位，且羁縻之。常于九曲阅太常乐，卿姜晦，嬖人楚公皎之弟也，押乐以进。凡戏辄分两朋，以判优劣，则人心竞勇，谓之热戏，于是诏宁王主蕃邸之乐以敌之。一伎戴百尺幢，鼓舞而进，太常所戴即百余尺，此彼一出，则往复矣，长欲半之，疾乃兼倍。太常群乐鼓噪，自负其胜。上不悦，命内养五六十人，各执一物，皆铁马鞭、骨挝之属也，潜匿袖中，杂于声儿后立。复候鼓噪，当乱捶之。皎、晦及左右初怪内养麇至，窃见袖中有物，于是夺气褫魄，而戴幢者方振摇其幢，南北不已，上顾谓内人者曰："其竿即自当折！"斯须中断，上抚掌大笑，内

伎咸称庆，于是罢遣。翌日，诏曰："太常礼司，不宜典俳优杂伎。"乃置教坊，分为左右而隶焉。左骁卫将军范安及为之使。（崔令钦，1959：20-21）

除在长安蓬莱宫侧的内教坊，仁政坊设左教坊，光宅坊设右教坊，在洛阳明义坊北、南还分别设左、右教坊：

> 西京右教坊在光宅坊，左教坊在延政坊。右多善歌，左多工舞，盖相因成习。东京两教坊俱在明义坊，而右在南左在北也。坊南西门外即苑之东也，其间有顷余水泊，俗谓之"月陂"，形似偃月，故以名之。（崔令钦，1959：10）[①]

开元二年（714）后，掌管俳优杂技的教坊与太常寺各行其职。同时，各地府县也效仿宫廷纷纷设立教坊，主宴饮俗乐（项阳，2001：11-12、47）。

教坊在盛唐最终定型有其必然性。其一，音乐本身发展的必然。南北朝以来，西域胡乐在中原逐渐扩展，燕乐、俗乐

---

① 对教坊设置的时间、地点、功能的演变、主要职责、艺人性别及人数，任半塘（1962：16-18、23—24；1984：1133）、郑志敏（1997：47-55）有过详尽的辨析。

自隋以来也得到复兴。后来，随着十部伎的成立和坐、立二部伎的制定，唐宫廷音乐的体裁、乐种、乐人和组织机构都迅猛发展，至盛唐，胡、俗乐达到其兴盛时期，分类管理成为必然。其二，教坊的建制化和定型与唐代国力的日渐强盛，唐高祖（566-635）、唐太宗（599-649）等对乐人的相对宽容，尤其是唐玄宗嗜好音律歌舞、杂技百戏有密切关联。好乐长期是唐代统治者政治斗争、治理术以及进行外交的手段。唐太宗就曾利用宫廷艺人罗黑黑的非凡才能降服番邦数十国（张鷟，1979：113）。有乐人参加了唐玄宗对韦皇后（？-710）发动的宫廷政变，"好乐"也帮助玄宗成功地清除太平公主（665-713）。当政后，玄宗又"专以声色畜养娱乐"来拉拢兄弟、巩固统治并维持皇室的一团和气（唐华全，2001；赵维平，2001）。

当然，这也与以唐玄宗为代表的不少唐代最高统治者本身就是音乐家——艺人有关。音乐，不仅仅是他们用来宫廷斗争、笼络人心、教化百姓的武器，音乐本身还是其日常生活重要的一部分。除设置教坊，唐玄宗还创设梨园、别教院。《旧唐书·音乐一》有载：

> 玄宗又于听政之暇，教太常乐工子弟三百人为丝竹之戏，音响齐发，有一声误，玄宗必觉而正之，号

为皇帝弟子,又云梨园弟子,以置院近于禁苑之梨园。太常又有别教院,教供奉新曲。太常每凌晨,鼓笛乱发于太乐署。别教院廪食常千人,宫中居宜春院。玄宗又制新曲四十余,又新制乐谱。(刘昫等,1975:1051-1052)

《新唐书·礼乐十二》云:"玄宗既知音律,又酷爱法曲,选坐部伎子弟三百教于梨园,声有误者,帝必觉而正之,号'皇帝梨园弟子'。宫女数百,亦为梨园弟子,居宜春北院。梨园法部,更置小部音声三十余人。"(欧阳修、宋祁,1975:476)《唐会要》卷三四"杂录"亦云:"开元二年,上以天下无事,听政之暇,于梨园自教法曲,必尽其妙,谓之'皇帝梨园弟子'。"(王溥,1998:629)

围绕教坊、梨园,唐代宫廷有着数目庞大的表演歌舞、俳优、杂伎和百戏等的艺人群体,即教坊艺人。这些主要在宫廷为统治者表演、供统治者娱乐的艺人因其特有的社会地位、角色,有着特定的生活方式。对这些艺人所创造、表演、传承的各种艺术形式的研究,国内外学者倍加重视,但对这些艺人生活世界的关注则明显不足。

在以往关于教坊艺人的研究中,直接以"教坊"来区分妓女类别的是《隋唐五代社会生活史》一书。在论及隋唐五代妇女各阶层概况时,该书的"妓女"之下首先谈及的是"宫妓和教坊妓",该节把在唐代教坊中主要以表演歌舞、散乐为生的艺人称为"教坊妓"。在说明宫妓和教坊妓异同的同时,该节描述了教坊的缘起、演变,教坊妓的等级、职业特征及在中晚唐的演变(李斌城等,1998:214-220)。

盛唐教坊中艺人和当时的饮妓的职业属性泾渭分明。到中唐,教坊艺人也开始了外雇之业,渐与宫外接触,如《教坊记》中所记载的善化妆的庞三娘和苏五奴妻张四娘等都开始了外雇之业。至晚唐,京中饮妓皆籍属教坊,凡朝士宴聚,只要有曹署行牒,妓女皆可出教坊。此时,居住在"坊""苑""院"中的教坊女艺人与居住于"曲""里"中的妓女差异已经日渐缩小(任半塘,1962:19;戴显群,1993:113)。尽管孙棨《北里志》中所记述的妓女,长期被视为与唐代官妓相对的民妓的典型(郑志敏,1997:71-95)。

实际上,今天人们习惯性理解和认同的"娼妓"是西方强势话语渗透和影响的结果。在日常交流中,在不同地方,对不同行业的人群而言,娼妓还有多样的别称和"异文"。如:"妓女""鸡""猫""小姐""做无本生意的""做皮肉生意的"等,还有目前在学界常用的"性工作者",不一而足。这些有着同一原型的异文,都强调的是完全靠出卖肉体,进行性交易，索取报酬，维持自己及家人生计的群体。但是，在中国历史上，尤其是一直到唐代，"倡－娼""伎－妓""倡伎""娼妓"等词汇与今天的妓女所指相去甚远（廖美云，1995：9-16；郑志敏，1997：1-9）。有鉴于"妓"一词在当下汉语语境中的含混，本书使用了"艺人"一词。

基于教坊妓的"教坊艺人"（教坊女艺人）仅是一个概称。它虽主要指生活在唐代教坊中的艺人，但这个群体并非静态的，而是一个生活空间和成员都有着流动性的群体。如后文将要详细论及的一样，在唐代教坊盛衰的前后，教坊艺人在宫廷内外存在着双向流动的情形。对宫廷外而言，有着与官宦之家、府县教坊及民间的多向流动。就宫廷内而言，掖庭、太常寺、教坊、梨园等艺人之间以及这些艺人和宫人之间也可能存在一定的流动。

与今天娼妓所指迥异，教坊艺人意在恢复一个群体作为人的尊严和生活的本来面貌，强调的是在唐代这个拥有特殊技艺和身份的群体，他们"堂而皇之进入文人士子的心灵"（郑志敏，1997：1），并与之一同创造了灿烂辉煌的唐代文化。换言之，教坊艺人强调：历史上存在的那个群体是作为一群有着自己性情——文化性格，并与文人士子、王公贵族等诸多群体互动交往的活生生的"人"而存在的。他们的生活有眼泪也有欢笑，有压迫也有反抗，有不得已也有主动，有辉煌也有凄凉。事实上，教坊艺人的生活本身就是唐代社会文化一个重要的组成部分，也是"盛唐气象"的质素与亮点之一。

基于此，本书也使用了"唐代艺人"一词。作为教坊艺人的属概念，唐代艺人不但包括作为主体的教坊艺人，还包括唐明皇和杨贵妃，有"让皇帝"之称的宁王李宪（679-742）和宁王长子、有"花奴"之称的汝南王李琎（？-750）等有着杰出艺术造诣抑或说痴迷艺术的异质性群体。显然，下位概念教坊艺人是以阶级特征，即以人的社会地位、属性、角色为基准，而上位概念唐代艺人则是以艺术，即以禀赋、技艺和能力为毂。教坊艺人的群体特征是伺候人和娱人，唐代艺人则有着娱人和娱己的丰富性、复杂性与多面性。此外，作为一个强调空间设置的概念，教坊艺人更多指陈教坊这一空间的独特性以及艺人在教坊这一空间内外的流动性。与之稍异，唐代艺人则是一个更偏向时间流的概念，多少有些淡化空间的异质性与区隔。

2.《教坊记》及其他

历代文献中，今天能看到的只有《教坊记》《乐府杂录》等不多的书对教坊艺人及其生活有相对集中的记载。

成书于唐代的《教坊记》《乐府杂录》都是"伤怀感时"的追忆之作。崔令钦自云："今中原有事，漂寓江表，追思旧游，不可复得。粗有所识，即复疏之，作《教坊记》。"（1959：21）段安节也因"洎从离乱，礼寺隳颓，簨虡既移，警鼓莫辨。梨园弟子,半已奔亡;乐府歌章,咸皆丧坠。……尝见《教坊记》,亦未周详",故"以耳目所接,编成《乐府杂录》一卷"(1959:37)。

《教坊记》所记"多开元中猥杂之事"。成书以来,因"讥其鄙俗",评价甚低。崔令钦自己也没有足够的信心,在卷末还写一篇表明自己写作是"示戒"后人"谆谆于声色之亡国"的"自白书"(1959:18-19)。因此,《教坊记》一方面成为研究中国音乐史、舞蹈史、戏曲史乃至文学史的必读书,同时又为治史的部分学者有意忽视。对此状况,任半塘(1897-1991)在《教坊记笺订》"弁言"中多有描述,这也成为他笺订《教坊记》的原因之一。根据《教坊记》所记,任半塘(1962)从歌、舞、词、曲发展演变史,从与唐代社会生活的关系,从教坊中艺人的生活等多角度反复阐明《教坊记》的价值和意义所在。值得提及的是,作家阿城(1997)对《教坊记》不少条目进行了比较详尽的解读。从《教坊记》中,他更多看出的是唐代不同文化的融合,尤其是胡人对唐代风尚的影响。

同样,《乐府杂录》在学术史上也经历了与《教坊记》相似的命运。作为对于历史上一个特出群体的研究,我不得不以《教坊记》《乐府杂录》二书为主要依据,并征引史书、笔记小说、诗文等诸多文献。

长期以来，新、旧《唐书》和《唐会要》等正史是研究者习惯参引的资料，对笔记、传奇及至诗文则多不屑引之。显而易见，作为研究佐证的资料而言，二者各有优劣缺失。史书主要是帝王将相等杰出人士的家谱、人生与伟业，多记"惊天动地"的大事，彰显的是上层社会、精英集团的文治武功、圣文神武、残酷与狰狞。笔记等则在注重"伟人"日常生活的同时，还不时兼顾到更多"小人"的生活状况。由此，作为可以与史互证的笔记、传奇、诗文等，同样有着学术意义上的真实性。不但是《四库全书总目提要》的编纂者，陈寅恪等史家也都注意到此点：当年这些笔记的书写者格外注意其记述的真实性，以及对后世的参考价值。正如在《唐国史补》"自序"中，李肇所说：

> 予自开元至长庆撰《国史补》，虑史氏或阙则补之意，续传记而有不为。言报应，叙鬼神，征梦卜，近帷箔，悉去之；纪事实，探物理，辨疑惑，示劝戒，采风俗，助谈笑，则书之。（1979：3）

在本书中，《教坊记》《乐府杂录》均参考1959年中国戏曲研究院编校的《中国古典戏曲论著集成（一）》中收录的版本。《教坊记》同时也参考了任半塘的《教坊记笺订》，但关于《教坊记》的引文则以《中国古典戏曲论著集成（一）》为准。

当然，我们必须认识到，无论是正史还是笔记小说，这些关于唐代艺人零星记录的文献材料均有着不同程度的主观色彩、价值评判和局外人—他者客位认知的局限。换言之，本书钩沉、辑录和引用的文献材料都仅仅是相对的真实。在一定意义上，这种材料的相对真实性也就使得本书叙写—拟构的仅仅是唐代艺人生活的镜像，而不是唐代艺人生活事实本身。虽然是镜像，但作为整个唐代社会生活的结构性部分，这里"复制"的艺人生活也是认知、探析唐代社会文化和那个年代人们的世界观、价值观与心性的一个独特且有趣的入口。简言之，艺人生活是大唐文化与盛唐气象的一副面孔，是"唐人"的一个镜像，也是中国文化和中国人的一个镜像。

3. 非良人

在已有的研究中，《隋唐史》虽有"乐、舞及百戏"一节，但基本上没有提及这些艺术的表演者（岑仲勉，2000：634-641）。《唐代文化》中的"乐舞篇"对乐舞文化的创造者——乐舞人也仅仅是进行了简单的分类（李斌城主编，2002：209-440）。对教坊艺人的关注多集中在娼妓、艺术表演者和唐代贱民研究等领域。

在论及唐代娼妓时，王书奴将教坊艺人归属于宫妓，并简单提及宫妓之来源，主要讨论了饮妓的生活（1934：71-

78）。黄现璠（1899-1982）直接将教坊艺人、梨园弟子等同于宫妓，认为唐代在京都所设教坊即宫妓藏身之所，并将其与官妓、营妓并列于唐代公妓之下（1936：79-83）。刘达临（1993）、谭帆（1995）在论及娼妓时，仍循此路。与上述研究略有不同，晏筱梅（1998）、杨小敏（2001）将教坊女艺人归属到宫女或妓女群体，对其凄苦的命运给予了一定的描述。

虽然在中国妓女文化的大背景下审视教坊艺人有诸多可取之处，但在今天的语境中，只要把教坊艺人归于"妓"或"伎"，无论研究者怎样辨析、声明其价值中立，总走不出历史上已有和现下对妓偏见的阴影。或者在今天，尤其需要的是，首先承认教坊中人与我们一样是活生生与大写的"人"。

在把艺人作为一个独特群体的研究中，王克芬（1927-2018）等（1983）对古代，尤其是唐代艺人的生活状况有较系统的描绘，但失于粗略。《唐戏弄》专设"优伶名位与生活"一节，但优伶仅指"化装为一定人物，扮演故事的，以乐人，以感人"的唐朝艺人，而将乐工、音声人、舞郎、角抵人、百戏人等教坊艺人的主体排除在外（任半塘，1984：1021-1066）。在《教坊记笺订》中，任半塘对《教坊记》中关于艺人人事制度和生活部分的条目集中起来进行了注疏，并阐明教坊艺人与唐代教坊演变之间的关系，是较早对教坊艺人比较集中的研究。然而，他主要描述教坊艺人的职业特征，少论及身份地位、所扮演的社会角色和教坊艺人在日常生活中同样也应该有的欢快的一面。

虽然也将教坊艺人视为唐代妓女的一个类别，但由于旨在阐释唐代妓女与唐代社会、士人、文学、艺术等之间复杂的关系，廖美云（1995：129-130、131-146）和郑志敏（1997：27-30、32-36、47-71）二人的研究就格外关注这些生活在教坊、服务于皇室的艺人的日常生活。这样，尽管二人也将教坊艺人归属在宫妓之中，却主要根据《教坊记》，并参照史书、笔记小说等文献，对宫妓的来源、组织、等级、生活、习俗等分门别类地进行了描述，而且还简单地阐明属于宫妓的教坊女艺人与唐代其他类型妓女之间的关系。尤其是廖美云，她明确指出，随着拥有者的处置或客观环境的改变，宫妓与官妓、家妓、民妓、女冠式娼妓之间的"流通、转换之变动性"，并强调无论这种转换如何进行，"她们卑贱的身份则是永远不会改变的"。

对唐代贱民的研究，亦多涉及教坊艺人。黄现璠（1934）就明确指出：隶属太常寺的太常音声人是唐代贱民中地位最高的贱民群体，而乐工则比音声人低贱。与黄现璠相类，杨中一（1935）、武建国（1984）、李季平（1986，1987）等人对唐代贱民的研究，都是从唐代律法出发考证隶属于贱民的各色人等所拥有的社会地位的异同及其层级。

与上述诸人不同，从主位的角度出发，李志生（2002）认为在唐代法律和唐人观念中，贱民内涵并不十分确定和清晰，不存在非良即贱的二元分法。因而，她提出了"非良人群体"这个概念，用来指称非良人和贱民两类人。与官户、部曲和奴婢等提供日常性服务的群体是贱民不同，乐户和太常音声人等提供专业性服务的群体属于非良人。进一步，以婚姻为基点，李志生对非良人群体进行了区分。

这些对贱民的研究都倚重律典，过分强调其身份的卑微及由此引发的凄苦，较少注意到具有贱民属性的人的常态生活。即，在社会生活中，不论属于什么样的群体，教坊艺人的生活不仅仅是由眼泪构成，他们的生活同样丰富多彩，有着自己的七情六欲、喜怒哀乐。

人类学家乔健（1935-2018）认为，在中国传统社会，乐户、乞丐、堕户等这些与良人身份、地位、职业、生活观念、信仰和社会制度迥异的人群是"底边阶级"，其形成的社会即"底边社会"，抑或说"边缘社会"（1998a，2002，2007）。"底"指社会地位低下，处于社会底层；"边"指边缘，即在士、农、工、商"四民"之外，一般是从事非生产性行业的群体。"底边社会"，其特质是地位、等级与财产的消失，同时呈现出同质、平等、卑下与无私等特色。相对于主流社会严密的结构，底边社会是一种特纳（Turner，1969）意义上的反结构（anti-structure）。

显然，乔健的"底边阶级"与历史学者李志生的"非良人群体"有着内在的相通性。二者都是对在中国古代社会处于社会"边缘"，受到与良人不同待遇的同一群体的表述。鉴于唐代的实际情况，本书将不时使用"非良人"一词。

反结构之于结构的意义在于，反结构不仅仅是结构的倒置、反讽与戏仿，在一定意义上，它还是结构赖以存在的基础、动力和源点，是平衡木的一端。虽唐代文学乃"娼妓文学"的论断不乏游戏和调侃的味道，但却形象地道出了在一定意义上被今人贬视的娼妓与称颂的唐代文学、盛唐气象关系的本质。同样，流氓、江湖、民间与名士、国家、官方常被人们简单地对立，且前者常常被打入冷宫，为人不齿。然而，朱大可（2006）却指出了"流氓主义"与"国家主义"的交融、互用和此消彼长的混融关系。其实，当从社会学的视角审视中国历史、文化与社会时，城市、乡镇、山林与江湖的一体性、士与游侠的连带性都历历在目（钱穆，2011a：205-212）。

鉴于已有的这些研究和思考，本书不是把教坊艺人仅仅视为被动出卖色相才艺的娼妓，不是把教坊艺人仅仅视为一心一意要创造美、要追求唯美的艺术家，也不是仅仅把教坊艺人视为没有一点人身自由和欢笑的贱民，而是将其视为具有文化创造力和主动性，喜怒哀乐愁怨苦俱有，在一个复杂也泾渭分明的社会体系中存身的"人"进行考量,解析其屈辱与反抗、眼泪与欢笑等生活文化本身,并进一步探讨教坊女艺人之"香火兄弟"所具有的认知意义。

来源与等级

1. 轻臣重乐人,臣请休官

洁与不洁的二元对立,决定了印度的卡斯特(caste)制度。与此不同,伺候与被伺候的对立,决定了中国人社会地位的高低以及所享有的生活(乔健,1998b)。"良"与"贱"的对立贯穿着中国历史,并深深地嵌入中国人的观念之中。在漫长的传统社会,今天称之为艺术家而昔日有"优伶""俳优""倡优""乐户""吹手""戏子"等称谓的艺人因为伺候人的缘故,无论身居宫廷,还是远在江湖,都习惯性地被良人轻视凌辱。

"放郑声,远佞人!"受此观念支配,《史记》的佞幸、滑稽列传(司马迁,1982:3191-3214)以及后来正史中的"伶官传"都主要是出于"政教"的考虑。这在《新唐书》的编撰者欧阳修(1007-1072)的《五代史伶官传序》中说得非常明确。司马迁所写的佞幸之人、滑稽之臣,都没有个人生活,是一味对皇帝以色献媚,以技、艺取宠或"言无邮"式的

"优谏"等单面孔、单向度的人,仅仅是迎合统治者,并扰乱朝纲、令人堕落的"会说话的动物"。魏晋六朝,伎乐盛行。然而,这些艺伎仅是"主子"财产的一部分,可转让、淫乐、买卖和杀戮。《宋书·徐湛之传》云:"贵戚豪家,产业甚厚。室宇园池,贵游莫及。伎乐之妙,冠绝一时。"(沈约,1974:1844)《北史·高聪传》说高聪:"唯以声色自娱……有妓十余人,有子无子皆注籍为妾,以悦其情。及病,欲不适他人,并令烧指吞炭,出家为尼。"(李延寿,1974:1479)如此历史脉络下的唐代教坊艺人同样卑贱,过着屈辱的生活。

由于皇帝相对开明,艺人的地位在初唐有所提升,但并没有本质上的改变。《唐会要》卷三四(王溥,1998:623-624)有载,武德四年(621)九月二十九日,唐高祖下诏云:"太常乐人,本因罪谴,没入官者,艺比伶官。前代以来,转相承袭。或有衣冠继绪,公卿子孙,一沾此色,累世不改。婚姻绝于士庶,名籍异于编氓,大耻深疵。"因此,高祖特诏令对那些年月已久,时代迁移的大乐鼓吹诸旧乐人,宜并蠲除,与普通老百姓同等对待,还特别恩准:"若已经仕宦,先入班流,勿更追补,各从品秩。"然而,这种赦免宽恕只适用于唐朝之前的乐人。自武德元年(618),"配充乐户者,不在此例"。因此,唐代配充乐户的艺人,重复着那些被赦免的艺人之前同样的命运。

虽是皇帝，唐高祖此举也引起了臣子的强烈抗议。以至于就此类问题，唐高祖不得不时常屈从于臣僚的意志，全无皇帝金口玉言的"专制"威风和为所欲为。武德四年（621）十月，高祖拜舞人安叱奴为散骑侍郎。礼部尚书李纲特此上书力陈不该封赏伶人的道理，云："臣按《周礼》：均工乐胥，不得参士伍，虽复才如子野，妙等师旷，皆终身继代，不改其业……"在臣子的义正词严面前，高祖只好收回成命（王溥，1998：623-624；王谠，1958：82）。

太和九年（835），在唐文宗封善吹笛的教坊副使云朝霞为帅府司马时，宰臣亦奏曰："帅府司马，品高郎官，不可授伶人。"最后，唐文宗不得不妥协，将云朝霞改授润州司马（王溥，1998：631）。同样，因为陈夷行说"贱工安足言"，由唐文宗授予王府率的仙韶乐工尉迟璋终被迁徙（王谠，1958：224）。

作为非良人，艺人不但经常求官不得，甚至因为自己卑贱身份而稀里糊涂地丧命。就是皇帝老儿想救，也无能为力。深晓艺术为何物的唐玄宗尤喜善吹笛的胡雏，但胡雏却触犯了律令被洛阳令崔隐甫追捕。玄宗曾试图为这位艺人向崔隐甫求情："就卿乞此得否？"作为人臣的崔隐甫正色道："陛下此言，是轻臣而重乐人也。臣请休官。"（李肇，1979：17）在这样的指责面前，乐人胡雏立即遭到杖杀，劝谏的人臣隐甫得到了赏赐。深受皇帝喜欢的艺人的命运尚且如此,一般艺人的命运就可想而知了。

在唐代,隋末始见崇用的俳优杂伎等散乐也长时间遭受歧视。大抵散乐杂戏多幻术,而幻术皆出自西域,天竺尤甚。武德元年(618)六月二十四日,有官员上书云:"百戏散乐,本非正声。……此谓淫风,不可不改。……散乐定非功成之乐,如臣愚见,请并废之,则天下幸甚。"(王溥,1998:631)《旧唐书·音乐二》亦云:

> 我高宗恶其惊俗,敕西域关令不令入中国……睿宗时,婆罗门献乐,舞人倒行,而以足舞于极铦刀锋,倒植于地,低目就刃,以历脸中,又植于背下,吹筚篥者立其腹上,终曲而亦无伤。又伏伸其手,两人蹑之,施身绕手,百转无已。……歌舞戏,有大面、拨头、踏摇娘、窟礧子等戏。玄宗以其非正声,置教坊于禁中以处之。(刘昫等,1975:1073)

因此,较之表演雅乐为主的太常音声人,以散乐为主要表演职责的教坊艺人地位更为低下。

2. 配隶之属

在谈及官妓的来源时,多数研究都是从进入教坊的方式分析。这样，就列出了配没、进献/进贡、外征/选取/掠夺等项（廖美云，1995：131-134；郑志敏，1997：32-34）。[①]从艺人进入教坊之前原有的身份而言，其来源大致有三：配充乐户者、良家士女和衣冠别第妓人。

配隶之属中能歌舞等技艺者充斥掖庭是唐代的惯例。武则天重用的上官昭容（婉儿，664-710），因受累于祖父上官仪获罪，尚在襁褓中的她与母亲一同没入掖庭（李昉等，2020：1777）。大历十二年（777），权臣元载被捕，唐代宗随即赐死。元载自幼出家在资敬寺为尼的女儿真一，因父之过，同样被纳入掖庭（李肇，1979：25）。唐德宗时，丞相窦参被构陷而诏赐自尽，其所宠的青衣上清同样籍没掖庭（李昉等，2020：1806-1807；王谠，1958：202-203）。《新唐书》（欧阳修、宋祁，1975：3505）和《唐语林》（王谠，1958：215）均有载，唐宣宗生母，孝明郑太后，本尔朱氏，是据浙西反叛的李锜的侍人。李锜失败被诛后，尔朱氏循例入掖庭，成为宪宗皇后郭氏的侍儿。宪宗皇帝幸尔朱氏后，尔朱氏生下了后来的宣宗，也成为宪宗的孝明皇后。宣宗即位后，尊其生母尔朱氏为太后，到懿宗则尊其为太皇太后。

《因话录》卷一"宫部"（赵璘，1979：69）和《唐语

---

① 考虑皇帝的至高无上和其他属臣、藩镇、平民的相对弱势，就这些进入方式，后文也使用了"搜罗"一词。

林》卷四"贤媛"(王谠,1958:150-151)均有载,天宝末年,"蕃将阿布思伏法,其妻配掖庭,善为优,因使隶乐工"。在肃宗宴于宫中时,阿布思妻已经是假官戏的首席演员,其所弄"绿衣秉简"的参军椿使"上及侍宴者笑乐"。《乐府杂录》"离别难"有载,在武则天时期,有位犯案的士人被籍没家族,他善吹觱篥的妻子配入掖庭。为寄托哀情,这位曾经是良人的乐工还谱写了《离别难》之曲(段安节,1959:58)。郎中裴珪貌美的小妾赵氏因与人通奸,也被"没入掖庭"(张鷟,1979:1)。唐文宗时,善舞《何满子》的宫人沈阿翘,"本吴元济之妓女,济败,因以声律得为宫人"(苏鹗,2000:16)。

不论是良家士女,还是隶属青楼,或就在民间流浪丐食,只要技艺精妙,都会被统治者"搜罗"进宫。《乐府杂录》"歌"中提及的永新和张红红就是如此(段安节,1959:46-48)。"既美且慧,善歌,能变新声"的内人许和子,本吉州永新县乐家女,开元末选入宫后,才以永新名之,籍于宜春院。大历(766-779)中,有"记曲娘子"之称的才人张红红入宫前,"本与其父歌于衢路丐食"。在经过金吾将军韦青的住所时,"青于街廊中闻其歌者喉音寥亮,仍有美色,即纳为姬",并自传其艺。后来,张红红善歌和记曲的奇才通过乐工寻达上听后,被召入了宜春院。

有名的艺人也会被举荐到教坊。唐文宗太和（827-835）年间，曾为某门中乐史的齐皋是弹箜篌的高手。到唐宣宗大中（847-859）末年，仍有内官想将已年迈的齐皋引入教坊（段安节，1959：53-54）。善弄婆罗的刘真是唐僖宗逃命入蜀时遇到的，后随驾入京，籍于教坊（段安节，1959：49）。

宫廷在民间搜罗艺人之事，时有发生，并常在民间引起不小的骚动。《旧唐书·李绛传》记载，元和七年（812），"时教坊忽称密旨，取良家士女及衣冠别第妓人，京师嚣然"（刘昫等，1975：4289）。"青楼小妇砑裙长，总被抄名入教坊。春设殿前多队舞，朋头各自请衣裳。"王建（约767-831）的这首《宫词》（彭定求等，1960：3445）的前两句描述的，就是朝廷在民间搜罗艺人的情形。

一旦成为教坊艺人中的一员，其后代往往都承继"祖业"。即，一沾此色，累世不改。曹全宝、其子善才、其孙曹纲均善琵琶，李青青和其孙李从周都善筝，齐皋及其女都善箜篌，范汉恭及其子宝师皆善笙，成都雷生及其孙都善琴（段安节，1959：51、53-54、57）。李龟年兄弟三人皆为乐工，李鹤年、李龟年善歌，李彭年善舞（郑处诲，1985：23-24）。从这些留名的艺人可推知，一般教坊艺人的命运也应大抵如此。当一门技艺成为谋生的手段后，在一个等级分明而谋生艰难的社会，作为技艺传承方式之一种的家传也就成为必然。在不利于技艺交流的同时，家传也促进了技艺的精进。当然，家庭的惯有熏陶也可能使后辈自愿地走上此途。

因为艺人的非良人身份，正史、野史对其传承均少有记载。但是，对于王侯将相的相关情况则常见之于文献。《羯鼓录》专门记载了不少因受唐玄宗影响，擅长击鼓的唐代王侯将相。唐玄宗把自己的技艺传给了侄儿汝南王李琎，并以"花奴"称之；开元时的名相宋璟（663-737）亦好羯鼓，其家悉传之，其女、其孙均工之；代宗时的宰相杜鸿渐（709-769）同样善羯鼓（南卓，1998：2-8）。

由于特殊的身份地位，加之所习技艺和日常交往圈子等多重关系，艺人的婚姻多是"绝于士庶"的"类娶婚配"。汉代的歌者李延年，"中山人，父母及身兄弟及女，皆故倡也"（司马迁，1982：3195）。唐代教坊艺人的婚仪也大致如此。按《唐律疏议·户婚下》，虽然音声人"婚同百姓"，但乐户只能"当色为婚"。在《古剧脚色考》中，王国维（1877-1927）考证说："盖唐时乐工率举家隶太常，故子弟入梨园，妇女入宜春院，又各家互相嫁娶……然则梨园、宜春院人，悉系家人姻戚，合作歌舞，亦意中事。"（1984：199）教坊艺人不与良人同类，甚至亦有别于习演雅乐的太常音声人。除非特别的机缘与变故，一般都只能"当色相聚"，故善歌的裴承恩之妹配的是竿木侯氏。

3. 内人、宫人、搊弹家、杂妇女

进入教坊的艺人也就进入了一个新的级序世界，有中官专门管理。开元年间，右骁卫将军范安及就是教坊的管理者（崔令钦，1959：13、21）。教坊艺人的等级分明。常能伴皇帝左右的，称"长人"。按技艺、才色的高下，女教坊艺人另有等级之分。根据《教坊记》"内人、前头人、十家""云韶、搊弹家""圣寿乐""内伎、两院人唱歌""裴承恩妹大娘"诸条（崔令钦，1959：10-13），教坊艺人有如下等级。

首先是进入宜春院的"内人"，又曰"前头人"。内人是教坊艺人中姿色、技艺最高者，常在御座前表演歌舞，出入可以佩戴鱼袋装饰。因为在宜春院，《教坊记》中内人亦有"宜春院人""宜春院女"等别称。

在唐代，金、银、铜鱼袋是权贵、致仕者的装饰，是官阶、身份、地位和恩宠的象征。因此，明贵贱、识高低的鱼袋是很多人追求向往、引以为豪的佩饰。唐初，鱼袋有金、银二等；到武后，改为五品官员用铜做的鱼袋；至唐中宗，又恢复金、银两种鱼袋（刘昫等，1975：1954；欧阳修、宋祁，1975：525-526；刘悚，1979：41）。《朝野佥载》亦载："上元年中，令九品以上配刀砺等袋，彩帨鱼形，结帛作之。取鱼之象，强之兆也。至天后朝乃绝。景云之后又复前，结白鱼为饼。"（张鹭，1979：68-69）上元是唐高宗李治的年

号，起讫时间是公元674-676年。景云是唐睿宗李旦的年号，同样历时三年，公元710-712年。到开元九年（721），"致仕官合佩鱼者听其终身"（刘昫等，1975：182）。能够让宜春院的内人佩以鱼袋，可见帝王对供其娱乐的内人的喜爱。

其次是来自云韶院，属于贱隶的"宫人"，亦称"云韶"。与"内人"一样，这里的"宫人"并非一般史书和文献中提及的宫人，有着特殊的含义（郑志敏，1997：57-58）。她们是教坊中一般的歌舞伎。在表演歌舞的内人不够时，常以云韶添之，但由于次一等，宫人不能佩戴鱼袋。所以，即使在大型的歌舞表演中，也一眼就能将宫人与内人区分开来。

再次是"搊弹家"。搊弹家是平人女以容色入教坊，学习琵琶、五弦、箜篌、筝等乐器演奏，主要搞伴奏。术有专攻，她们并不善歌舞。然而，在开元十一年（723）排演《圣寿乐》这样大型的乐舞时，也会让学习"弥月不成"的搊弹家在首尾都是宜春院人的行间充数。

最末等是两院"杂妇女"。与内人相较，杂妇女不善歌，也常被人取笑。在杂妇女与内伎同台唱歌时，同为弄臣、艺人但颇受宠的黄幡绰就曾在皇帝面前謷诉这些杂妇女，"有肥大年长者即呼为'屈突干阿姑'，貌稍胡者即云'康太宾阿妹'，随类名之，僄弄百端"①。

前四类皆女性，以歌舞表演为主，教坊中还有众多的杂技（百戏）艺人。在这些杂技艺人中，就有筋斗裴承恩和竿木侯氏这样的男艺人。与教坊中众多的女艺人相较，除了黄幡绰、雷海清这样少数能较长时间被皇帝宠幸外，多数男艺人都是匿名的。也正因为如此，《教坊记》《乐府杂录》等对男艺人不多的记录，就弥足珍贵。

需要格外提及的是，内人还有等级之分。《教坊记》有载：

> 妓女入宜春院，谓之"内人"，亦曰"前头人"，常在上前头也。其家得在教坊，谓之"内人家"，四季给米。其得幸者，谓之"十家"，给第

---

① 阿姑、阿妹都好理解，指女性不会有疑义，"屈突干""康太宾"应系当时名流。对此，冯承钧（1887—1946）有着详细考证。他认为："康太宾""屈突干"分别是"康待宾""屈突盖"在传播过程中的音误所致。代北复姓屈突似乎属于鲜卑。唐初，屈突通和屈突盖兄弟莅官劲正，有犯法者，虽亲戚无有回旋，故时谣："宁食三斗艾，不见屈突盖；宁食三斗葱，不逢屈突通。"而康待宾是开元年间著名胡人。《旧唐书》卷八有载，开元九年（721），兰池州胡康待宾等人攻陷六胡州，后康待宾被平叛的王晙所俘、斩杀。根据这些史实，冯承钧认为："盖康待宾可作康太宾，屈突盖亦可加鼻音而作屈突干也。……'待太'之异，乃一声之转耳。"（1930：66）由此可见，第一，教坊杂妇女族源的多样，来源的复杂；第二，黄幡绰为讨玄宗欢心的计谋：拿天下皆知的大唐的臣服者、归顺者和战败者说事，而且战败者还是开元年间的战败者。

宅，赐亦异等。初特承恩宠者有十家，后继进者敕有司给赐同十家。虽数十家，犹故以十家呼之。每月二日、十六日，内人母得以女对。无母则姊妹若姑一人对。十家就本落，余内人并坐内教坊对。内人生日，则许其母、姑、姊妹皆来对，其对所如式。（崔令钦，1959：11）

《郑良孺诗话》亦云："唐妓女入宜春苑，谓之内侍人，骨肉居教坊，谓之内人家，有请俸得幸者，谓之十家，盖家虽多，亦以十家呼之。"（转引自黄现璠，1936：80）

由此可知，其一，内人中有家不在教坊、内人家、十家之别，十家为最高等；其二，在特别恩准每月二日、十六日及内人生日这些可以与生母或姊妹、姑见面的时候，见面的地方同样因内人级别不同而有差异。十家在"本落"这样的私性空间，其他内人则在内教坊这样的公共空间。

盛颜顿挫

1. 养汝辈供戏乐尔

在唐代，相当多的艺人也认同了他者对自己身份地位的评判，自以为贱，因而有着迫切的"从良"愿望。唐人范摅

《云溪友议》"舞娥异"有载：潭州席上的舞柘枝者，是故苏台韦中丞爱姬所生之女；其自云："妾以昆弟夭丧，无以从人，委身于乐部，耻辱先人"；言讫涕咽，情不能堪（本社编，2000：1274-1275）。孙棨至长安应试时曾游北里。在其《北里志》"王团儿"中，妓女福娘曾泣告曰："某幸未系教坊籍，君子倘有意，一二百金之费尔。"（本社编，2000：1410-1412）这都说明乐部中人、教坊中人脱离贱籍从"良"之难。

虽然《云溪友议》《北里志》所记艺人不一定是教坊中人，而且在艺人社会内部，身在宫廷的教坊艺人可能要比这些在青楼、里巷、江湖市井流荡的艺人的社会地位以及姿色技艺等方面高出些许，但是同属非良人，教坊艺人对其命运和自评应该不会有太多的差异。反而，因为隶属宫廷，教坊艺人事实上还有着更多的束缚。

伴君如伴虎！在皇帝身边的教坊艺人只能毫无怨言、胆战心惊地陪伴任性而为的皇帝，过着"走钢丝"式的随时充满生命危险的生活。《教坊记》"左厢、右厢"言，明皇"偏私左厢，故楼下戏，右厢竿木多失落"（崔令钦，1959：21）。《羯鼓录》《云溪友议·云中命》和《唐语林》卷四"豪爽"等均言唐玄宗好羯鼓、横笛而不好琴。因此，弹琴的艺人在他面前如履薄冰。一次，玄宗听琴，"正弄未及毕，叱琴者出",要内官速召花奴来,为其解秽。最为玄宗宠爱的黄幡绰也曾因见驾稍慢,几遭杀头之祸。只因黄幡绰聪敏应变,又确实知音,能"听鼓声候时以入",并"竖金鸡"使"上大笑而止"(南卓,1998:4-5)。当然,如祝汉贞、唐崇一样,更多的艺人都没有黄幡绰的机敏与好运。

累朝供奉、滑稽善伺人意的优人祝汉贞,能与上"抵掌笑谈"。但是,就在其不慎"言及外间事"时,皇帝声色俱厉道:"我养汝辈供戏乐尔,敢干预朝政耶?"于是先疏远他,后借故将其流放边关(王谠,1958:36)。音声人唐崇和教坊长人许小客,仅因言语不慎,被玄宗认为犯上。在二人还在为玄宗当面承诺的赏赐而窃喜时,玄宗敕教坊使范安及曰:"唐崇何等,敢干请小客奏事。可决杖,递出五百里之外。小客更不须令来。"(王谠,1958:20)

善胡琴的内人郑中丞因忤旨,被唐文宗命内官缢杀,装进棺材后,投于河中。后来,郑中丞被临河垂钓的旧吏梁厚本从水面漂浮的棺材中救起,纳为妻。可是,郑中丞仍然害怕宫廷发现其未死,所以"每至夜分,方敢轻弹"胡琴(段安节,1959:52-53)。给唐宣宗打拍子时,俳儿辛骨骶没有合上节拍,宣宗瞋目瞪视,忧惧的骨骶一夕而殒(段安节,1959:61)。

在传统社会,将男人比作"妇人"是对男人极大的羞辱。诸葛亮就曾将拒不出战的司马懿比作妇人,并赠妇人素衣以羞辱之(罗贯中,1973:831-833)。在教坊中,男艺人的性别定位随统治者的喜好常被随意转化。《教坊记》"教坊小儿筋斗"有载,教坊中一个筋斗绝伦的小孩被"衣以彩缯,梳洗,杂于内伎中上",以便随时供皇帝玩耍(崔令钦,1959:22)。《乐府杂录》"俳优"则记载了咸通(860-874)以来,有范传康、上官唐卿、吕敬迁三人弄假妇人(段安节,1959:49)。

与男艺人相较,教坊女艺人更为卑贱,她们还得服从包括自己夫君在内的男人的支配。兴之所至的丈夫可以典卖掉她们或者把她们的技艺与肉体当作赚钱的工具。《教坊记》"张四(少)娘"(崔令钦,1959:13)云:

> 苏五奴妻张四娘善歌舞,有邀迓者,五奴辄随之前。人欲得其速醉,多劝酒。五奴曰:"但多与我钱,吃馎子亦醉,不烦酒也。"

由此,唐人对鬻妻者以"五奴"称之。

2. 风尘丐者

艺人吃的是青春饭。上不养老,下不养小。能进入教坊的艺人,不论是良人出身还是来自北里、青楼,他们都必须要有一定的技艺和名声之后才有此种可能。除前文提及的永新、张红红外,唐德宗贞元(785-805)年间有琵琶"第一手"之称的康昆仑进教坊前,也是先向邻舍一女巫学习,后数易其师(段安节,1959:50-51)。能进入宜春院的内人、十家等,更是在声名显赫时才有较优厚的待遇和恩宠。当这些教坊艺人年老色衰、技衰时,面临的也就是闲置宫中、放逐民间或被迫出家三种命运。

善琵琶的乐史杨志的姑姑本是宣徽弟子,放出宫后,就在永穆观中居住(段安节,1959:51-52)。类似情形,唐诗多有写照。卢纶《过玉真公主影殿》云:"夕照临窗起暗尘,青松绕殿不知春。君看白首诵经者,半是宫中歌舞人。"张祜《退宫人二首》有言:"开元皇帝掌中怜,流落人间二十年。长说承天门上宴,百官楼下拾金钱";"歌喉渐退出宫闱,泣话伶官上许归。犹说入时欢圣寿,内人初著五方衣"。廖融《退宫妓》有句:"一旦色衰归故里,月明犹梦按梁州。"李建勋《宫词》言:"宫门长闭舞衣闲,略识君王鬓便斑。却羡落花春不管,御沟流得到人间。"(彭定求等,1960:3169、5840、8435、8655)

如同其《莺莺传》一样,尽管与满纸说教的宋人相差不大,元稹(779-831)的《连昌宫词》(彭定求等,1960:4612-4613)还是一定程度地再现了安史之乱后梨园弟子、教坊艺人的盛况不再与凋零。毫无疑问，杜甫《观公孙大娘弟子舞剑器行》更具典型性。安史之乱是大唐帝国由盛而衰的转折点，也是唐代教坊和教坊艺人盛衰的转折点。天宝十五载（756）秋七月，当玄宗避乱经普安郡、巴西郡到达蜀郡时，随从一道抵达的官吏、军士仅一千三百人，宫女仅二十四人（刘昫等，1975：234）。开元年间善剑器舞的公孙大娘，在安史之乱爆发后同样流落民间。其晚年境况究竟如何，终不得而知。在飘零途中，面对李十二娘的剑器舞，让对公孙大娘剑器舞刻骨铭心的杜甫有了"同是天涯沦落人"的感慨：

　　大历二年十月十九日，夔府别驾元持宅，见临颍李十二娘舞剑器，壮其蔚跂，问其所师，曰："余公孙大娘弟子也。"开元三载，余尚童稚，记于郾城，观公孙氏舞剑器浑脱，浏漓顿挫，独出冠时，自高头宜春、梨园二伎坊内人，洎外供奉舞女，晓是舞者，圣文神武皇帝初，公孙一人而已。玉貌锦衣，况余白首，今兹弟子，亦非盛颜。既辨其由来，知波澜莫二，抚事慷慨，聊为《剑器行》。昔者吴人张旭，善草书书帖，数尝于邺县见公孙大娘舞西河剑器，自此草书长进，豪荡感激，即公孙可知矣！

昔有佳人公孙氏，一舞剑器动四方。
观者如山色沮丧，天地为之久低昂。
㸌如羿射九日落，矫如群帝骖龙翔。
来如雷霆收震怒，罢如江海凝清光。
绛唇珠袖两寂寞，晚有弟子传芬芳。
临颍美人在白帝，妙舞此曲神扬扬。
与余问答既有以，感时抚事增惋伤。
先帝侍女八千人，公孙剑器初第一。
五十年间似反掌，风尘澒洞昏王室。
梨园弟子散如烟，女乐余姿映寒日。
金粟堆南木已拱，瞿唐石城草萧瑟。
玳筵急管曲复终，乐极哀来月东出。
老夫不知其所往，足茧荒山转愁疾。

（杜甫、仇兆鳌，1999：1815-1818）

事实上，因为安史之乱，很多教坊艺人都落入了更为悲惨的境地。为了活命，梨园弟子不乏窜于终南山谷者（李昉等，2020：2878）。《旧唐书·顺宗 宪宗上》记载：贞元二十一年（805），"三月庚午，出宫女三百人于安国寺，又出掖庭教坊女乐六百人于九仙门，召其亲族归之"（刘昫等，1975：406）。元和五年至十四年（810-819），教坊的规模越来越小，人员也越来越少。王建《温泉宫行》叹道："梨园弟子偷曲谱，头白人间教歌舞。"（彭定求等，1960：3375）对此，伤怀感时的《教坊记》《乐府杂录》多有再现。但是，教坊规模缩小和人员减少只是一个总体趋势，其中仍然有着反复。

早在唐中宗时，百济乐工就已亡散殆尽。做了太常卿的岐王获准重置之，结果音伎仍然严重缺编，紫大袖裙襦、章甫冠、衣履的舞者就二人，乐也只有筝、笛、桃皮觱篥、箜篌和歌而已（刘昫等，1975：1070；欧阳修、宋祁，1975：479）。《旧唐书·敬宗》有载："丁未，御中和殿击球，赐教坊乐官绫绢三千五百匹。戊申，击球于飞龙院。己酉，大合乐于中和殿，极欢而罢，内官颁赐有差。……乙亥，幸教坊，赐伶官绫绢三千五百匹。"（刘昫等，1975：508、509）《唐会要》卷三四"杂录"亦云："长庆四年三月，赐教坊乐官绫绢三千五百匹，又赐钱一万贯，以备行幸，乐官十三人，并赐紫衣鱼袋。"（王溥，1998：631）此时，教坊艺人似乎又很风光。

到了唐宣宗时期（846-859），歌舞、俗乐、百戏都有声有色，规模不小。《新唐书·礼乐十二》（欧阳修、宋祁，1975：478）有载：大中初年，太常乐工仍有五千余人，俗乐有一千五百多人。宣宗每宴群臣，都要备百戏，制新曲，"教女伶数十百人，衣珠翠缇绣，连袂而歌，其乐有《播皇猷》

之曲，舞者高冠方履，褒衣博带，趋走俯仰，中于规矩"。在宣宗的继任者懿宗（859-873）时期，皇室贵胄皆热心娱乐。是时，"诸王多习音声、倡优杂戏，天子幸其院，则迎驾奏乐"，藩镇也恢复了《破阵乐》舞，虽然仅只有十人的规模。为此，懿宗也有了"音声郎君"的别名（李昉等，2020：1306）。

在安史之乱的冲击下，与当时所有人一样，教坊艺人亦随波逐流。或死于乱军之中，或沦为家妓，或散布"北里"，或流落街头市井，没有了昔日在教坊相对稳定和有节律的生活，少有善终。

《明皇杂录》有载：唐玄宗逃命时，曾深得他和杨贵妃喜爱、善舞《凌波曲》的新丰女伶谢阿蛮被遗弃长安，自谋生路；安史之乱前，李龟年在东都洛阳的宅第豪奢超过公侯，流落江南后，如杜诗《江南逢李龟年》所云，他也就落得为人歌数阙的命运（郑处诲，1985：35、23-24）。流落江东后，以笛独步于开元的李谟，也不得不听命于月夜泛镜湖的赵州刺史皇甫政，为其吹笛，尽妙（段安节，1959：54）。张祜的《李谟笛》（彭定求等，1960：5839）就道尽了其中的兴衰沉浮，云："平时东幸洛阳城，天乐宫中夜彻明。无奈李谟偷曲谱，酒楼吹笛是新声。"

《乐府杂录》"歌"（段安节，1959：46-48）记载：

"三代主纶诰，一身能唱歌"的韦青，曾官至金吾将军。永新是自韩娥、李延年后近千年来善歌、能变新声的第一人。二人均深得玄宗喜爱。在渔阳之乱后，韦青避地广陵，永新则为一士人所得。当无意在月夜的小河之舟上，因歌声的引导而相遇时，两人对泣良久。永新的命运更凄苦。在那位士人死后，她与其母到了京师，最终殁于风尘。胡二子原为宫中善歌者，在安史之乱后成为白秀才家妓。在灵武刺史李灵曜办的酒宴上，因唱《何满子》，她与梨园骆供奉相互认出对方时，相对泣下。

就连这些乐工的乐器，也会因乱而流落宫外。《唐国史补》"康昆仑琵琶"（李肇，1979：35）有载：韦应物做苏州刺史时，属官上交了自己在建中（780-783）之乱中所得的"国工"康昆仑的琵琶。韦应物由是"表奏入内"。

3. 莲子有染

在主流社会，良人在歧视非良人的同时，又在相当多的场合依赖非良人。低贱的艺人在世人的眼中，一直就没有脱离与介于人、神、鬼之间的，有着神秘色彩、超常力量的巫的关联，并在良人的生活世界中扮演着多种角色。直到近现代，山西乐户都有如下角色：（1）参与红白喜事与迎神赛社，包括演敬神戏剧，手执戏竹担任前行的角色；（2）迎春活动中，扮春官、打春牛、向州县太爷做祝福表演；（3）正月抓凶；（4）驱祟；（5）给良人家的小孩做干爹干娘等（乔健，1998b）。身不由己的教坊艺人同样肩负着平蕃、弄臣、巫等多种角色。

唐太宗时,西域曾进献一位善弹琵琶的胡人。这位胡人曾自谱曲,弹奏效果很好。为了不长胡人志气并让其臣服于大唐,在一次演奏时,太宗就令艺人罗黑黑隔帷听之。仅听一遍,过耳不忘的罗黑黑将此乐曲记了下来。此时,太宗对这位来自西域的胡人说,"此曲吾宫人能之",并让罗黑黑用琵琶在帷后弹奏。结果,罗黑黑演奏得"不遗一字"。知道仅仅是一名宫女就有此能耐,这位胡人惊叹辞去。此事"西国闻之,降者数十国"(张鷟,1979:113)。然而,非良人罗黑黑仅仅是一位艺人,不见于正史,仅见于《朝野佥载》这样的唐人笔记小说。

长期得到唐明皇宠幸的黄幡绰,是一个典型的弄臣。机敏的黄幡绰虽荣耀,但时常不得不费尽心思应变而苟全性命。他不但主动嘲笑教坊中的同行,讨玄宗欢心,还经常奉命嘲笑皇帝要愚弄之人。玄宗就曾命令他嘲笑善奏对的安西牙将刘文树。髭生颔下的刘文树,深恶痛疾时人对自己的"猿猴"之号。得知此事后,他私下里贿赂了黄幡绰。为了讨明皇开心,幡绰在告知刘文树贿赂自己后仍然嘲曰:"可怜好文树,髭须共颏颐别住。文树面孔不似猢狲,猢狲面孔强似文树。"(郑綮,1985:58)

在玄宗与诸王共餐时,宁王不小心打喷嚏,将污物喷洒在玄宗的胡髭上，黄幡绰以"喷帝"之言，化解了紧张，使"上大悦"（赵璘，1979：97）。在玄宗逃亡蜀地时，未顾上带黄幡绰同行。被安禄山俘虏后，黄幡绰臣服于安禄山，为之圆梦说好话。说梦见衣袖长的安禄山要"垂拱而治"，梦见殿中榻倒的安禄山正在"革故从新"。这样，黄幡绰活了下来。等到黄幡绰再与玄宗相遇时，有人就告黄幡绰不忠。黄幡绰再将安禄山之梦反解，说他早就知道安禄山必败，自己当时那样说只是为了活下来，盼着重见天颜，云："逆贼梦衣袖长，是出手不得也。又梦榻子倒者，是胡不得也。"（李德裕，1985：8-9）为此，玄宗大笑不止，黄幡绰再次得以活命。

但是，能受命嘲笑杂妇女、朝廷命官的黄幡绰，甚至不如一个教坊的内人。他无法为自己讨到一个鱼袋。玄宗说，"鱼袋本朝官人阁合符方配之，不为汝惜"，而不赐给他（王谠，1958：172-173）。

在遇大旱时，教坊艺人会参与祈雨。贞元（785-805）年间，长安大旱，"诏移两市祈雨"。在天门街，当时本领还一般的康昆仑作为街东的代表与街西聘请的和尚善本进行了弹琵琶比赛（段安节，1959：50-51）。除参与祈雨，艺人也直接参与朝廷的驱傩仪式。"事前十日，太常卿并诸官于本寺先阅傩，并遍阅诸乐"，是日百姓可入内观看（段安节，1959：43-44）。在这些场合，艺人又扮演了"巫"的角色，担负了巫的部分功能,为整个社会驱邪禳灾,求吉保安。

对于从宫廷向下、向外流动的教坊艺人,达官贵人、文人骚客等虽与之嬉戏游玩,饮酒作乐,但完全处于不平等的位置。在绝大多数场合,艺人只是这些人的玩物,只能也必须呼之即来,挥之即去。这在女艺人身上体现得尤为明显。

元稹的《莺莺传》(李昉等,2020:3312-3316;陈寅恪,2015b:110-120),"以掌声自寓,述其亲历之境",然"文过饰非,差不多是一篇辩解文字"(鲁迅,2005b:86、236)。在《莺莺传》中,张生对莺莺的处理方式,就是那个时代士人对待艺人方式的范本与节略。白行简(776-826)《李娃传》和蒋防(792-835)《霍小玉传》(李昉等,2020:386-3292、3306-3311)则从正、反说明纯情、重情且坚贞的倡家之女不配有更好的命运。在《北里志》"王团儿"中,当福娘问孙棨是否对自己真的有意时,孙棨苍白地说:"韶妙如何有远图,未能相为信非夫。泥中莲子虽无染,移入家园未得无。"(本社编,2000:1410-1412)如果说沦落风尘的艺人在文人那里还有些"同是天涯沦落人"式始乱终弃的残酷温情,那么当她们一旦沦落到贵胄豪门,成为家妓,就会被主人恣肆使用,好点儿的落个"隔障歌"的命运,悲惨者甚至用自己的肉身为主子充当"暖炉(香肌暖手)""醉舆""屏风(妓围、肉阵)"或"案几"(王仁裕，1985：77、79、95）。[1]

隔障歌，发生在玄宗格外在意的宁王和宁王永不示人的乐妓宠姐身上。这时，时人有"醉圣"（王仁裕，1985：103）"词客"之称的李白，[2]同样在场。只不过这次醉圣没有作诗，而是恃醉戏言：

> 宁王宫有乐妓宠姐者，美姿色，善讴唱。每宴外客，其诸妓女尽在目前，惟宠姐客莫能见。饮欲半酣，词客李太白恃醉戏曰："白久闻王有宠姐善歌，今酒肴醉饱，群公宴倦，王何吝此女示于众。"王笑谓左右曰："设七宝花障，召宠姐于障后歌之。"白起谢曰："虽不许见面，闻其声亦幸矣。"（王仁裕，1985：100）

---

[1] 另外，《旧五代史·孙晟传》有载："以家妓甚众，每食不设几，令众妓各执一食器，周侍于其侧，谓之'肉台盘'，其自养称惬如是。"（薛居正等，1976：1733）

[2] 在《旧唐书》中，李白已经被描述成嗜酒也放荡不羁的"醉圣"形象，并特意记述了他借酒"引足令高力士脱靴，由是斥去"之事（刘昫，1975：5053）。在《新唐书》中，这一脱靴事件有了进一步的演绎（欧阳修、宋祁，1975：5763）。即，以此为耻而怀恨在心的高力士，摘其诗以激杨贵妃。在玄宗要封赏李白官衔时，中计的贵妃成功阻止了玄宗对李白可能有的封赏。自此，李白益发骛放而不自修，成为"酒八仙人"之一，终被放还。

64

因此，生活在宫廷的唐代教坊艺人仅仅是一个相对独立的群体，他们与当时的社会生活有着广泛的联系。在宫廷与市井、官宦与民间双向流动的他们，其社会地位、角色随着生活空间的不同，发生着相应的变化。但不论怎样变，就总体而言，这些艺人都没有改变自己"伺候"人的地位。虽然洁与不洁的这种二元对立不是决定中国人社会地位与角色的本因，但教坊艺人参与祈雨、驱傩等非常态生活却与良人赋予教坊艺人不洁、下贱、神秘等角色期待有关。

教坊艺人不同于良人，既在于被打入另册的卑微，也在于其生活在宫廷，有常人所没有的精湛演技。在已有的惯性思维下，这些都使良人把教坊艺人划分出自己的生活世界之外，并把"不洁"属性赋予他们。对良人来讲，教坊艺人是作为陌生的"非我"之另类而存在的。主流社会中无论处于哪个阶序的良人，都可以在心理上和行为上对教坊艺人指手画脚，甚至将其妖魔化和污名化。在对教坊艺人避而远之的同时，良人也理所当然地将其视为一种从属角色和工具，加以驱遣、支配。在一定意义上，今天被人们称道的"百戏""散乐"等古代表演艺术，就是在良人群体性的贬视下，主要在艺人群体内部，伴随其艰辛、屈辱与眼泪而传衍、升华与消逝的。

艺与义

自秦汉始，士、农、工、商为主体的"四民社会"日渐巩固。士领导、控制着整个社会。根据士的流变，钱穆（1895-1990）将两汉社会称为"郎吏社会"，魏晋南北朝称为"门第社会"，唐代则因其日渐完善的科举制度而称为"科举社会"（钱穆，2011b：45-63）。如上文所述，因为被区隔在士农工商这四民（良民）之外，作为非良人的教坊艺人不但与唐代充满活力的科举制度绝缘，其生活日常始终满含艰辛、屈辱，命运难料。可是，良人社会倡导、奉行的伦理准则、价值观念在教坊艺人奔放的江湖之"义"与率性的行为面前也基本没有效力。在其有限的社会生活空间中，他们抱团取暖，创造也享有生之喜乐。换言之，教坊艺人的生活也同样充斥着对主流社会的反叛、嘲讽，有着自己的欢笑。这尤其体现在他们对"艺"的执拗，敢作敢当、豪侠放任的处事风格，以及重义轻利的观念与行为上。

1. 惟"艺"是从

不论由于什么原因成为艺人，也不论因为什么原因走进教坊，对其从事的艺术，众多在皇帝左近摸爬滚打的艺人有着愿为之献身的敬业精神。为艺术，良民所看重的面子、荣誉、利益在他们那里不值一提。吕元真、杨志、李谟、康昆仑等都是如此。

他们蔑视权贵，常顶风而上，明知不可为而为之，少了应有的深思熟虑与算计。前文提到的胡雏、祝汉贞、许小客是这样，就连长命的黄幡绰也主动向唐玄宗讨要鱼袋。作为教坊艺人中的一员，在完全掌控自己生死的权贵面前，吕元真显得更加单纯、幼稚、率真（崔令钦，1959：22）。打鼓时，吕元真能"头上置水碗，曲终而水碗不倾动，众推其能定头项"。有此技艺，吕元真对还在藩邸中的玄宗的呼召不但多时不至，还提出了条件，要赦免自己的"黄纸"。一个艺人竟然向藩王提条件！不难想象吕元真日后的命运，怀恨在心的玄宗在荣登龙位之后，没有对吕元真封赏。所以，"流辈皆爵命，惟元真素身"。

和与权贵交往的率真相较，对他们所喜爱的艺术，艺人更多的是志在必得的执着与聪明、灵活。《乐府杂录》"琵琶"中记述的杨志、康昆仑，"笛"中记述的李谟和"觱篥"中记述的王麻奴，莫不如是（段安节，1959：50-52、54、55）。

在年老色衰出宫后在永穆观居住的姑姑坚辞传授琵琶技艺后，后来成为乐史的杨志就"赂其观主，求寄宿于观，窃听其姑弹弄，仍系脂鞓带，以手画带，记其节奏，遂得一两曲调。明日，携乐器诣姑弹之，姑大惊异。志即告其事，姑意乃回，尽传其能矣"。在天门街，当时还"本领何杂，兼带邪声"的康昆仑，遇到了同场较技的、西市彩楼上弹得比自己妙得多的和尚善本。昆仑为之惊骇，乃拜请为师，并"不近乐器十余年，使忘其本领……后果尽段之艺"。李谟月夜为皇甫政吹笛时，遇到了比自己高明得多的无名老父，当即"拜谢以求其法"。

唐人卢肇（818-882）《逸史》（程毅中，1980）也记载了在高手独孤生面前，李谟的拜服经过：大骇、起拜、拂拭以进、蹙踏不敢动、敬伏将拜、再拜。已经成名的李谟曾经请假到越州。当时，越州举进士者十人出资同会镜湖，邀请李谟湖上吹笛。其中一人邀请了自己的邻居，年迈的独孤生一道参加。如同往常一样，李谟的笛声得到众人的称赞。但是，在两曲终了之后，独孤生均不置一词，只是微笑。众人纷纷替独孤生给李谟道歉，但情不能已的李谟还是直接发问了：

> 李生曰："公如是，是轻薄为？复是好手？"独孤生乃徐曰："公安知仆不会也？"坐客皆为李生改容谢之。独孤曰："公试吹《凉州》。"至曲终，独孤生曰："公亦甚能妙，然声调杂夷乐，得无有龟兹之侣乎？"李生大骇，起拜曰："丈人神绝，某亦不自知，本师实龟兹人也。"又曰："第十三叠误入水调，足下知之乎？"李生曰："某顽蒙，实不觉。"独孤生乃取吹之。李生更有一笛，拂拭以进。独孤

视之曰："此都不堪取,执者粗通耳。"乃换之,曰："此至入破,必裂,得无吝惜否？"李生曰："不敢。"遂吹。声发入云,四座震栗,李生噤踏不敢动。至第十三叠,揭示谬误之处,敬伏将拜。及入破,笛遂败裂,不复终曲。李生再拜。（李昉等，2020：1311）

唐德宗时（780-804），幽州善吹觱篥的王麻奴被河北人推为第一手。听说尉迟青比他技艺还好时，王麻奴曰："某此艺，海内岂有及者耶？今即往彼，定其优劣。"后来，当尉迟青用平般涉调吹出他用高般涉调才能吹出的曲子时，王麻奴涕泣愧谢，曰："边鄙微人，偶学此艺，实谓无敌；今日幸闻天乐，方悟前非。"乃碎其乐器，自是不复言音律。

《唐国史补》卷下"李八郎善歌"中的京师乐人对李衮的歌喉同样是心悦诚服（李肇，1979：59）。最初不在京师但善歌且"名动京师"的李衮，人们常以"李八郎"称之。崔昭入朝时，把李衮秘密带往京城，并大宴宾客，遍请第一部乐和京之名倡。在宴饮场合，敝衣以出的李衮，居末座，被崔昭以"表弟"介绍给众人。众人皆嗤笑之。等到崔昭要自己的这位表弟献歌时，"坐中又笑"。可是，就在李衮"啭喉一发"时，众乐人完全没有了矜持，"皆大惊曰：'此必李八郎也。'遂罗拜阶下"。

丝不如竹，竹不如肉。可是，作为大多数深爱艺术的艺人，在同台较艺时，他们是欢快的，常常是丝、竹、肉谐美相逐，你唱我和。《唐国史补》卷下（李肇，1979：58）有载，李牟（疑即李谟）吹笛妙绝，"天下第一，月夜泛江，维舟吹之，寥亮逸发，上彻云表"。在秋夜的瓜州，李牟吹笛时，"舟楫甚隘。初发调，群动皆息。及数奏，微风飒然而至。又俄顷，舟人贾客，皆怨叹悲泣之声"。与之不同，永新善歌。在高秋朗月下清虚的台殿，永新喉啭一声，响彻九陌。李谟曾吹笛逐其歌，结果曲终管裂（段安节，1959：46-47）。

对此胜景，《开元天宝遗事》"歌值千金"亦有相似描述："宫妓永新者善歌，最受明皇宠爱，每对御奏歌，则丝竹之声莫能遏。"（王仁裕，1985：99）念奴的歌声亦可以与永新媲美。《开元天宝遗事》"眼色媚人"言，眼色媚人的念奴日日都伴随明皇左右，"每啭声歌喉，则声出于朝霞之上，虽钟鼓笙竽嘈杂而莫能遏"（王仁裕，1985：75）。与罗黑黑一样，记忆力超常的张红红在仅仅听乐工唱一遍新曲《长命西河女》后，就能歌唱此曲，一声不失。这使得原本真正拥有该曲创作权的乐工"大惊异，遂请相见，叹伏不已"（段安节，1959：47-48）。

如同杜甫对公孙大娘剑器舞的记忆犹新和对其弟子李十二

娘剑器舞的赞颂,对于艺人艺之佳境、至境的仰慕、着迷,是没有良贱之分的。唐德宗时期,赵璧的琵琶妙绝。对其演奏时"弦我两忘""器我两忘"的至境,赵璧有过自白:"吾之于五弦也,始则心驱之,中则神遇之,终则天随之,吾方浩然,眼如耳,耳如鼻,不知五弦之为璧,璧之为五弦也。"(李肇,1979:58-59)对此,元稹写有《五弦弹》,其首句就是:"赵璧五弦弹"(彭定求等,1960:4616)。经常与元稹唱和的白居易同名的《五弦弹》(彭定求等,1960:4697)一诗,是《琵琶行》的姊妹篇。虽然否定赵璧乐曲非"正始之音",但对赵璧演技的描摹却惟妙惟肖。云:

> 五弦弹,五弦弹,听者倾耳心寥寥。
> 赵璧知君入骨爱,五弦一一为君调。
> 第一第二弦索索,秋风拂松疏韵落。
> 第三第四弦泠泠,夜鹤忆子笼中鸣。
> 第五弦声最掩抑,陇水冻咽流不得。
> 五弦并奏君试听,凄凄切切复铮铮。
> 铁击珊瑚一两曲,冰泻玉盘千万声。
> 铁声杀,冰声寒。
> 杀声入耳肤血憯,寒气中人肌骨酸。
> 曲终声尽欲半日,四坐相对愁无言。

> 座中有一远方士，唧唧咨咨声不已。
> 自叹今朝初得闻，始知孤负平生耳。
> 唯忧赵璧白发生，老死人间无此声。
> 远方士，尔听五弦信为美，吾闻正始之音不如是。
> 正始之音其若何，朱弦疏越清庙歌。
> 一弹一唱再三叹，曲澹节稀声不多。
> 融融曳曳召元气，听之不觉心平和。
> 人情重今多贱古，古琴有弦人不抚。
> 更从赵璧艺成来，二十五弦不如五。

在艺人尊崇的艺术面前，律法、"正义"好像都可以商量。善弹琵琶的乐工罗程能变易新声，能以奇巧声触动皇帝，深得幸于武宗、宣宗。或者是恃宠无畏，罗程因小事杀人。就在"上大怒，立命斥出，付京兆"时，众乐工不顾自己可能会被责罚，以罗程技艺天下无双，想改变皇帝的旨意。"会幸苑中，乐将作，遂旁设一虚坐，置琵琶于其上。乐工等罗列上前，连拜且泣"，说："罗程负陛下，万死不赦。然臣辈惜程艺天下第一，不得永奉陛下，以是为恨。"最终，艺没能大于法。宣宗并未因乐工群体的求情而赦免罗程，回说"汝辈所惜罗程艺耳，我所重者高祖、太宗法也"，卒不赦程（王谠，1958：36）。

2. 奔放之"义"

众所周知,在江湖世界,人们除行当的艺缘关系,即师徒关系、师兄弟关系之外,还有一种关系就是鲜明体现艺人重要群体特征——讲义气的"把兄弟"关系(岳永逸,2007：76-77、173-179、214-220)。人们耳熟能详的《三国演义》中的刘、关、张,《水浒传》中的一百单八将等就将这种"有福同享,有难同担""不求同年同月同日生,但求同年同月同日死"的江湖之"义"推展到极致。

曹丕(187-226)《典论·论文》有言："文人相轻,自古而然。……夫人善于自见,而文非一体,鲜能备善,是以各以所长,相轻所短。里语曰：'家有敝帚,享之千金。'斯不自见之患也。"与文人一样,艺人常恃才自傲,但艺人又与文人不同。在知道自己才艺不济时,要么就如李谟、康昆仑一样虚心请教,要么就像王麻奴一样淡出江湖,要么就如听到李八郎歌声的众乐人一样惊呼与罗拜阶下。这些或者也是艺人重义的变体。不复言音律的王麻奴,除表示自己的臣服之心外,更是对自己昔日夜郎自大的惩罚。艺人之豪爽、率真就在这些细微之处鲜明地体现出来。

教坊艺人的酣畅淋漓、痛快、火热、决绝、爱人的"义"也鲜明地体现在"士为知己者死,女为悦己者容"的精神与行动上,体现在伯牙碎琴的知音难逢的执念上。他们视名利甚至生命如草芥。得知韦青死后，张红红呜咽奏云："妾本风尘丐者，一旦老父死，有所归，致身入内，皆自韦青，妾不忍忘其恩。"（段安节，1959：48）言罢，一恸而绝。对于把家产和生命都荡尽的康老子这样一个因与国乐游处，追欢至尽的知音，乐工们没有艮人的贬斥。他们嗟叹之，为其制曲，以《康老子》命名，以示怀念（段安节，1959：60）。

这种奔放、侠义同样体现在其婚姻爱情之中。教坊女艺人的婚姻虽也是秉承父兄之旨，但她们并非逆来顺受，并不惜冒生命危险来追求自己情感生活的幸福。善歌的裴大娘虽从兄意，许配给竿木侯氏为妻，但大娘仍与自己的意中人长人赵解愁"私通"。当侯氏有疾时，大娘与赵解愁"欲药杀之"。只因王辅国、郑衔山使人给侯氏报信，且郑衔山假意施为，将土袋置侯身上，并不压侯口鼻，侯氏才得以不死。在教坊艺人中，此事并未造成不良影响。没有人评说当事人的任何不是，反而还给女艺人的生活带来了笑声。"众皆不知侯氏不掩口鼻而不死也。或言：'土袋绽裂，故活。'是以诸女戏相谓曰：'女伴，尔自今后缝压婿土袋，当加意夹缝缝之，更勿令开绽也。'"（崔令钦，1959：13）

3. "崖公"甚"蚬斗"

在限制多多的生活世界中，教坊艺人同样有着自己的闲适与乐趣，有放松自己偷乐的方法，如踢球、捉迷藏、下棋、斗鸡，等等。尚在藩邸时的玄宗，对清明节时民间的斗鸡很是喜好。就大位后，他在两宫之间专设鸡坊，搜罗长安金豪铁距、高冠昂尾的雄鸡千余，养在鸡坊，专选六军小儿五百人驯教之。上之所好，诸王世家、权贵戚里纷纷效之。民风尤胜，以致倾帑破产市鸡。善斗鸡的小儿贾昌成为鸡坊五百小儿长，不但有了"神鸡童"的美誉，还耀门庭，得美妻，享荣华。

杨贵妃受宠，杨家兄妹权倾朝野。这多少影响到时人的男女观，遂有时谣"生女勿悲酸，生男勿喜欢""男不封侯女作妃，君看女却是门楣"（乐史，1985：134）。同样，神鸡童贾昌的风光影响到时人的读书观，叹曰：

生儿不用识文字，斗鸡走马胜读书。
贾家小儿年十三，富贵荣华代不如。
能令金距期胜负，白罗绣衫随软舆。
父死长安千里外，差夫持道挽丧车。

这让唐贞元二十一年（805）的进士陈鸿感慨不已，专门写了《东城父老传》记其事（李昉等，2020：3293-3295）。当然，斗鸡的奢华之风和斗鸡者的骄横，让初到长安的李白多少有些诧异。在《古风》二十四中，李白写道："路逢斗鸡者，冠盖何辉赫。鼻息干虹霓，行人皆怵惕。"（彭定求等，

1960∶1674）

《唐语林》有载："今乐人又有踢球之戏，作彩画木球，高一二尺，女妓登蹑，球转而行，萦回去来，无不如意，盖古蹴鞠之遗事也。"（王谠，1958∶173）玄宗还多次在勤政楼举行拔河比赛，挽者千人，喧呼动地，观者骇然，而俳优石野猪就常与好蹴球、斗鸭的唐僖宗戏耍（王谠，1958∶174、256）。

包括娱人的艺人在内，常年只能生活在宫中的各色女性们，也会自己找乐子。《开元天宝遗事》记载的就有戏掷金钱、射围、荡秋千等（王仁裕，1985∶83、88）。春天时，宫女三五做伴，掷金钱相娱乐。寒食节，宫中竞竖秋千，宫嫔嬉笑宴乐。玄宗称荡秋千为"半仙之戏"，于是时人都以此称之。端午节，人们造粉团角黍放在金盘中，用小角造纤妙可爱的弓子，架射盘中粉团，中者食之。因为明皇贵妃的欢愉，宫女们也趁机有着自己的玩乐。当明皇与贵妃在兴庆池帐内做"被底鸳鸯"时，闲下来的宫女则凭栏倚槛，争看戏水的雌雄水鸟。

七夕，俨然宫女、妃嫔自己的节日。《开元天宝遗事》"蛛丝才巧""乞巧楼"二条分别有载：

帝与贵妃，每至七月七日夜在华清宫游宴。时宫女辈陈瓜花酒馔列于庭中，求恩于牵牛、织女星也。又各捉蜘蛛闭于小合中，至晓开视蛛网稀密，以为得巧之候；密者言巧多，稀者言巧少。民间亦效之。

宫中以锦结成楼殿，高百尺，上可以胜数十人，陈以瓜果酒炙，设坐具，以祀牛、女二星。嫔妃各以九孔针、五色线，向月穿之，过者为得巧之候。动清商之曲，宴乐达旦，士民之家皆效之。（王仁裕，1985：86、98）

以"宫词"为题的唐诗对包括艺人在内的宫人的这些生活多有再现。在《全唐诗》卷七九八中，有花蕊夫人写的下述诗句：

日高房里学围棋，等候官家未出时。
为赌金钱争路数，专忧女伴怪来迟。

寒食清明小殿旁，彩楼双夹斗鸡场。
内人对御分明看，先赌红罗被十床。

内人深夜学迷藏，遍绕花丛水岸旁。
乘兴忽来仙洞里，大家寻觅一时忙。

内人相继报花开，准拟君王便看来。

逢着五弦琴绣袋，宜春院里按歌回。

（彭定求等，1960：8977、8979、8980）

从中不难读出孤独、哀伤的气息。但是，特殊的谋生方式也使得艺人形成特有的生活形态和心态：置之死地而后生的豪爽与快意。这在原本就较开放、多元的唐代，更显出他们奔放、少拘束的个性。正是因为有了这些闲适的点染，娱人的艺人才在困境中生活下去。即使经历大的变故，只要能活下去就会活下去。如同郑中丞那样，哪怕就是昼伏夜出地轻弹。

教坊艺人的生活还有很多花絮。除了有"屈突干阿姑""康太宾阿妹"这些艺人之间的戏称，至今唱歌走调者习惯被称为"左嗓子"就源自教坊艺人生活中一个小小的误会。《教坊记》"魏二"云：

魏二容色粗美，歌舞甚拙。尝与同类宴集，起舞，杨家生者笑视之。须臾歌次，架上鹦鹉初移足右转，俄复左转。家生顾曰："左转也！"——意指鹦鹉，实无他也——魏以为斥己，辍歌极骂，罢乐。乐人呼失律为"左转"。（崔令钦，1959：24）

教坊中，庞三娘善歌舞并精于化装，年迈时还能易容"蒙"人。因此，艺人们戏称其为"卖假面贼"。《教坊记》"庞三娘"云：

> 庞三娘善歌舞，其舞颇脚重，然特工装束。又有年，面多皱，贴以轻纱，杂用云母和粉蜜涂之，遂若少容。尝大酺汴州，以名字求雇。使者造门，既见，呼为恶婆，问庞三娘子所在。庞绐之曰："庞三娘是我外甥，今暂不在，明日来书奉留之。"使者如言而至。庞乃盛饰，顾客不之识也，因曰："昨日已参见娘子阿姨。"其变状如此，故坊中呼为"卖假面贼"。（崔令钦，1959：23）

特殊的生活形成了教坊艺人的隐语——行话。隐语不但表现一个群体自己的智慧，还"用来度量别人的智慧"。1928年，在给钱南扬（1899-1987）《谜史》写就的序文中，顾颉刚（1893-1980）写道：

> 在下级社会里，使用谜语和隐语的能力真大。一个特别的团体（例如走江湖的技士，礼斗的瞽者），他们有特别的言语，或者完全用反切说话而与普通的

反切迥然不同，使得在这个团体以外的人们无法侦探他们的秘密。（2011a：361）

确如其言，虽然生死全在皇帝一念之间，但教坊艺人同样拿皇帝老儿开涮，给皇帝起绰号。《教坊记》"崔（崖）公、蚬斗、长人（入）"云："诸家散乐，呼天子为'崔公'，以欢喜为'蚬斗'，以每日长在至尊左右为'长人'。"（崔令钦，1959：13）就具体使用这些隐语的详情，《唐语林》卷一"政事上"有载：

> 玄宗宴蕃客，唐崇句当音声……崇因长入人许小客求教坊判官，久之未敢奏。一日过崇曰："今日崖公甚蚬斗，欲为弟奏请，沉吟未敢。"……散乐呼天子为崖公，以欢喜为蚬斗，以每日在至尊左右为长入。（王谠，1958：20）

经常与艺人混在一处的玄宗似乎也知晓其中的部分隐语。在黄幡绰机敏地使玄宗转怒为喜时，玄宗说："赖稍迟，我向来怒时，至必挞焉。适方思之，长入供奉，已五十余日，暂一日出外，不可不放他东西过往。"（南卓，1998：4）

当然，艺人也会攀龙附凤，将自己名字的得来和权贵名流联系起来。唐人袁郊《甘泽谣》（李昉等，2020：1312）记载了李谟外孙女，同样是吹笛的天宝年间梨园弟子许云封名字的来历。云封给韦应物说她是任城人，出生在天宝改元之时。当时，玄宗东封泰山返程正好路过任城。外祖父李谟就抱着她向李白乞名。醉醺醺的李白题写了一首五言诗，云："树下彼何人，不语真吾好。语若及日中，烟霏谢成宝。"李谟不解，再问李白方知名在诗中。所谓："树下人是木子，木子李字也。不语是莫言，莫言暮（谟）也。好是女子，女子外孙也。语及日中，是言午，言午是许也。烟霏谢成宝，是云出封中，乃是云封也。即李暮（谟）外生许云封也。后遂名之。"

利用其独有的身份，唐明皇将其他艺人汇聚起来调教、表演，供之玩乐、欣赏与炫耀。这些规模、声势大小不一的会演、玩乐，言说着大唐帝国的繁盛，创造了官民同欢乐、同癫狂的"广场狂欢"氛围。在促进唐代都市文化繁荣的同时，广场狂欢也成为人们津津乐道的"盛唐气象"的特质之一。

艺人唐明皇

正如雷海清后来在闽台被奉为戏神而接受信众的顶礼膜拜（潘荣阳，2009；叶明生，2011；陈志勇，2013）一样，直至今天，民间戏班中的艺人还在唠叨"唐明皇打鼓，杨贵妃跳舞"的乐事。2002年5月13-25日（农历四月初二到十四），我前往河北赵县东部的九龙口，调查了正在举办的铁佛寺庙会（岳永逸，2014：225-279；2018：130-162）。当时，前来唱庙戏的是赵县青年坠子剧团。这个剧团的乐队已经增添了电子琴等西洋乐器。夜间闲聊时，年迈的鼓手自豪地对我说：

> 你知道"唐明皇打鼓，杨贵妃跳舞"这句话吧？唐明皇可是皇帝，他都打鼓呀！不打鼓，戏班就不能开唱，这是戏班多少年传下来的规矩。过去，在戏班中，鼓手拿份钱都是拿得最多的！

2003年，在赵县范庄二月二龙牌会唱演庙戏休息的后台，这位老人差不多对我又说了同样的话。根据周衍（1989）的研究，在黄梅戏班中，只有鼓板师父可分十厘，即整股账。因为戏祖是鼓板郎君，十厘账只能留给戏祖。作为戏祖的代表，鼓板师父有指挥全盘的职权，故云"听鼓起板"。

1. 相师阿瞒

毫无疑问，作为宫廷政治的最终胜出者，也是亲手打造了开元盛世的唐玄宗首先是一位格局博大，有着雄才大略，深谙政治之道和驭人之术的统治者。在还是皇孙时，年幼的明皇不但风表瑰异、神采英迈，还在朝堂叱责武攸暨（663-712）：

"朝堂，我家朝堂，汝得恣蜂虿而狼顾耶？"当身为祖母的武则天听闻后，惊叹道："此儿气概，终当为吾家太平天子也。"（郑綮，1985：51；王谠，1958：120）这一成为明君的先兆，不能免俗地出现在《旧唐书》玄宗本纪的开篇。只不过叱责的对象从武攸暨变成了武懿宗（641-706），也没了武则天"太平天子"的戏说（刘昫等，1975：165）。

作为大唐盛世英明神武的皇帝，玄宗有很多奇货，诸如：自暖杯、七宝砚炉、交趾进献的辟寒犀、西凉进献的瑞炭，等等。其中，龟兹进献的游仙枕，色如玛瑙、温温如玉。枕时，十洲三岛、四海五湖，尽显梦中（王仁裕，1985：68）。可是，作为政治家，玄宗不仅把玩游仙枕这些彰显他文治武功的奇珍异宝，他还心心念念地要做一个能与诸王同起卧的"长枕"。《开天传信记》有载：

> 上于诸王友爱特甚，常思作长枕，与诸王同起卧。诸王有疾，上辄终日不食，终夜不寝，形忧于色。左右或开谕进食，上曰："弟兄，吾手足也。手足不理，吾身废矣，何暇更思美食安寝邪？"上于东都起五王宅，于上都制"花萼相辉"之楼，盖为诸王为会集宴乐之地。上与诸王靡日不会聚，或讲经义、论理道，间以球猎蒲博、赋诗饮食，欢笑戏谑，未

常惰怠。近古帝王友爱之道，无与比也。（郑棨，1985：49-50）

随时随地，玄宗都在谆谆告诫诸王同心同德，安分守己，不要有非分之想。《开元天宝遗事》"竹义"有载：在太液池岸，目睹牙笋未尝相离、密密如栽的数十丛竹子，与诸王竹间闲步的玄宗漫不经心地说道："人世父子兄弟，尚有离心离意，此竹宗本不相疏，人有怀二心生离间之意，睹此可以为鉴。"听话听音，随行的诸王"皆唯唯"表态。（王仁裕，1985：107）

面对玄宗的恩宠，诸王自是心知肚明，日子愈发小心翼翼，生怕越雷池一步。玄宗长兄宁王的大儿子，是被玄宗戏称"花奴"的汝南王李琎。因为花奴姿容妍美，聪悟敏慧，妙达音旨，音乐天赋极高，玄宗宠爱异常，亲自授之，随驾游幸，顷刻不舍。机会越多，风险也就越大。这让宁王随时都替自己的儿子捏着一把汗。一次花奴打鼓时，玄宗事前插在花奴帽檐上的红槿花直至曲终都没有掉落。随后，《羯鼓录》有如下文字：

> 上大喜笑，赐琎金器一厨，因夸曰："花奴资质明莹，肌发光细，非人间人，必神仙谪堕也。"宁王谦谢，随而短斥之。上笑曰："大哥不必过虑，阿瞒

自是相师。夫帝王之相且须有英特越逸之气,不然有深沉包育之度。若花奴但端秀过人,悉无此相,固无猜也。而又举止淹雅,当更得公卿间令誉耳。"宁王又笑曰:"若如此,臣乃输之。"上笑曰:"若此一条,阿瞒亦输大哥矣。"宁王又谦谢。上笑曰:"阿瞒赢处多,大哥亦不用拗抱。"众皆欢贺。(南卓,1998:3-4)

从宁王一再地笑与谦谢、从玄宗与诸王的相处之道,玄宗驭人的高明,不言而喻。不知这种打手足亲情牌的温和仁治,是否启迪了后来"杯酒释兵权"的宋太祖赵匡胤(927-976),但绝对让玄宗后人唐宣宗李忱(810-859)心悦诚服(王谠,1958:7)。大中元年(847),天资友爱、敦睦兄弟的宣宗作雍和殿于十六宅。宣宗来这里时,不论年龄大小,诸王都"预坐",乐陈百戏,至暮方罢。如果有哪位王身体不适,当即去乐,让其宅内安卧。宣宗亲自抚之,忧形于色。

唐玄宗不仅仅是一个仪表堂堂、英明神武的皇帝。生前身后,他还应着多艺多才、风流倜傥艺人抑或说艺术家、音乐家等盛名。后者也是他和杨贵妃最为契合之处。新、旧《唐书》也在强调作为一个人的玄宗的多面性。《旧唐书·玄宗上》云:"性英断多艺,尤知音律,善八分书,仪范伟丽,有非常之表。"（刘昫等，1975：165）《新唐书》卷五"玄宗皇帝"言，玄宗"性英武，善骑射，通音律、历象之学"（欧阳修、宋祁，1975：121）。要提及的是，玄宗对礼乐、音律的喜好，原本是其修身、养德、平心、化民、治家与国的技艺，也是其证亏，与天人交通的策略。在《春晚宴两相及礼官丽正殿学士探得风字并序》中，玄宗有言，"礼乐之证亏""礼乐报玄穹"；在《赐崔日知往潞州》中，他更直白地说"易俗是张琴"（彭定求等，1960：34、37）。即，好乐的他，其初衷仍然是教化与统治，尽管后来可能渐行渐远，出现了堕距。

2. 玩家天公

其实，作为一个艺人或者说艺术家，除天资之外，唐玄宗一样有着废寝忘食、日思夜想的勤奋和忘我的投入。《开天传信记》记载了下述细节。在坐朝听政时，玄宗用手指上下按腹部。退朝后，高力士（690-762）以为圣体欠安，就殷勤请安。玄宗说：

> 非也。吾昨夜梦游月宫，诸仙娱予以上清之乐，寥亮清越，殆非人间所闻也。酣醉久之，合奏诸乐以送吾归。其曲凄楚动人，杳杳在耳。吾回，以玉笛寻之，尽得之矣，坐朝之际，虑忽遗忘，故怀玉笛，时以手指上下寻，非不安。（郑綮，1985：54）

这即若有神助的名曲《紫云回》的"创作谈"。

皇帝是金口,说的是"玉言"。之所以今天民间戏班的鼓手还自豪于其首席地位,感叹曾经有的份钱整股账的辉煌,应该与文字世界中的玄宗将特异众乐的羯鼓视为"八音之领袖"不无关联。《新唐书·礼乐十二》有载:

> 帝又好羯鼓,而宁王善吹横笛,达官大臣慕之,皆喜言音律。帝尝称:"羯鼓,八音之领袖,诸乐不可方也。"盖本戎羯之乐,其音太蔟一均,龟兹、高昌、疏勒、天竺部皆用之,其声焦杀,特异众乐。
> (欧阳修、宋祁,1975:476)

通音律的玄宗不但善羯鼓,还会吹笛、谱曲。《羯鼓录》亦云:

> 上洞晓音律,由之天纵,凡是丝管,必造其妙。若制作诸曲,随意即成,不立章度,取适短长,应指散声,皆中点拍。至于清浊变转,律吕呼召,君臣事物,迭相制使,虽古之夔旷,不能过也。尤爱羯鼓、玉笛,常云:"八音之领袖,诸乐不可为比。"
> (南卓,1998:1-2)

那么，羯鼓究竟是什么样的鼓呢？《羯鼓录》（南卓，1998：1）开篇就对羯鼓进行了详细的介绍，云：

> 羯鼓出外夷，以戎羯之鼓，故曰羯鼓。其音主太簇一均，龟兹部、高昌部、疏勒部、天竺部皆用之，次在都昙鼓、答腊鼓之下，鸡娄鼓之上。颡如漆桶，下以小牙床承之。击用两杖，其声焦杀鸣烈，尤宜促曲急破，作战杖连碎之声；又宜高楼晚景，明月清风，破空透远，特异众乐。杖用黄檀、狗骨、花楸等木，须至干紧绝湿气，而复柔腻；干取发越响亮，腻取战褒健举。楗用刚铁，铁当精炼，楗当至匀。若不刚，即应条高下，搊掜不停；不匀，即鼓面缓急，若琴徽之虺病矣。诸曲调如太簇曲《色俱腾》《乞婆娑》《曜日光》等九十二曲名，玄宗所制。

上行下效！如《羯鼓录》所载，因玄宗好羯鼓，王公将相亦多为之。不仅如此，作为艺人玄宗也是好胜的。他常和身份地位与他完全不一样，并且身家性命都在他掌控中的艺人同台较技，一争短长。李龟年同样善羯鼓，于是玄宗就问他能打多少枚。在李龟年回答只能打五十时，玄宗得意洋洋地说："汝殊未，我打却三竖柜也。"而且，玄宗还锲而不舍地跟踪访谈。过了数年，在得知李龟年能打一竖柜时，高高在上的他因李龟年的长进，赏赐了李龟年一拂羯鼓棬（刘悚，1979：61；王谠，1958：175）。

与对羯鼓的喜好一样，玄宗好弄笛。羯鼓恢宏、饱满，玄宗多壮年为之。悠远、寂寥的笛，也就常伴晚景闲暇、凄清也没少受"贼臣"李辅国（704—762）气的玄宗（郭湜，1985：119—120）。《明皇杂录》有载，成为太上皇的唐明皇常独吹一紫玉笛，偶尔也为人伴奏传闻是贵妃所制的《凉州词》（郑处诲，1985：35、41）。如前文所述，玄宗虽不好琴，但却会听琴。在觉得琴弹奏得十分糟糕的时候，他就会发火。

在大唐，鹦鹉的驯养已经非常成功，且不乏对主人忠心耿耿者。"绿衣使者""雪衣女"都大名鼎鼎。《开元天宝遗事》"鹦鹉告事"（王仁裕，1985：71）有载：长安豪民杨崇义妻刘氏貌美，与邻居李弇私通。沉溺私情，二人谋害了杨崇义。就在府县官吏拷问多人无果时，杨崇义养的鹦鹉开口说话，道出真情。刘氏和李弇被正法。此案上奏后，明皇"叹讶久之"，封这只忠义的鹦鹉为"绿衣使者"，在后宫养之，享受恩宠。名相张说（667—730）专门写了《绿衣使者传》，以记其事。

或者受此启发，玄宗后来与杨贵妃一道驯养了一只岭南进献的白鹦鹉，取名为"雪衣女"。《明皇杂录》（郑处诲，

1985：42）、胡璩《谭宾录》（李昉等，2020：3115-3116）和《杨太真外传》（乐史，1985：139-140）均有载：雪衣女乖巧伶俐，洞晓言词，讽诵时人诗篇，会念《多心经》。在玄宗、贵妃与诸王博戏时，它还能适时出击啄人，帮助主人获胜。[①]

尤为称奇的是，玄宗还亲令调教过一批舞马，将之分为部目，使马舞与浑脱、胡旋舞、剑舞一样，成为开元盛世宫廷娱乐的舞种之一。《旧唐书·音乐一》在提及好音乐的玄宗在勤政楼前设酺会时，舞马表演的情形："日旰，即内闲厩引蹀马三十匹，为倾杯乐曲，奋首鼓尾，纵横应节。又施三层板床，乘马而上，抃转如飞。"（刘昫等，1975：1051）

这些"无不曲尽其妙"而在安史之乱后散落的舞马，《明皇杂录》记载更详：

玄宗尝命教舞马四百蹄各为左右，分为部目，为

[①] 关于博戏的玩法，唐时的盛行情况和高手，《唐国史补》（李肇，1979：61）有载："今之博戏，有长行最盛。其具有局有子，子有黄黑各十五，掷采之骰有二。其法生于握槊，变于双六。天后尝梦双六而不胜，召狄梁公说之。梁公对曰：'宫中无子之象是也。'后人新意，长行出焉。又有小双六、围透、大点、小点、游谈、凤翼之名，然无如长行也。监险易喻时事焉。适变通者，方易象焉。王公大人，颇或耽玩，至有废庆吊、忘寝休、辍饮食者。及博徒是强名争胜谓之撩零，假借分画谓之囊家，囊家什一而取谓之乞头。有通宵而战者，有破产而输者，其工者近有浑镐、崔师本首出。围棋次于长行，其工者近有韦延祐、杨茂首出。如弹棋之戏甚古，法虽设，鲜有为之。其工者近有吉逵。高越首出焉。"亦可参阅王谠，1958：275。

某家宠,某家骄。时塞外亦有善马来贡者,上俾之教习,无不曲尽其妙。因命衣以文绣,络以金银,饰其鬃鬣,间杂珠玉。其曲谓之《倾杯乐》者数十回,奋首鼓尾,纵横应节。又施三层板床,乘马而上,旋转如飞。或命壮士举一榻,马舞于榻上,乐工数人立左右前后,皆衣淡黄衫、文玉带,必求少年而姿貌美秀者。每千秋节,命舞于勤政楼下。(郑处诲,1985:34-35)

通过对新、旧《唐书》和唐代诗文等文字资料,1970年在西安何家村出土的唐代文物的综合释读,杨泓(2021:219-222)的研究说明:唐代,尤其是玄宗时期的舞马和马舞都是可信的。事实上,这些驯马技艺在当今陕西关中还有着活态传承。

玄宗还是个作曲家。安史之乱前的明皇自制了《春光好》《秋风高》等曲。那是春光明媚、秋高气爽,一片喜洋洋的景象。志得意满、自得其乐的玄宗,就如同登高报晓的雄鸡,昂然四顾,唯我独尊,以"天公"自视:

诘旦巾栉方毕,时当宿雨初晴,景色明丽。小殿内庭,柳杏将吐,睹而叹曰:"对此景物,岂得不与他判断之乎？"左右相目，将命备酒，独高力士遣取羯鼓。上旋命之临轩纵击一曲，曲名《春光好》，神思自得。及顾柳杏，皆已发拆。上指而笑谓嫔御曰："此一事不唤我作天公可乎？"嫔御侍官皆呼万岁。又制《秋风高》，每至秋空迥彻，纤翳不起，即奏之。必远风徐来，庭叶随下。其曲绝妙入神，例皆如此。（南卓，1998：2）

元祐元年（1086），在开封的苏轼赏玩了源自唐"开元馆画直"张萱的《虢国夫人夜游图》。[①]一时兴起也思绪万千、神游八荒的苏轼，在其同名诗作中，想象性地重现了小殿内庭的好春光。他将能催发杏柳发芽而相互应和的贵妃琵琶声、花奴羯鼓声和遍赏人间春色而意气风发的明皇与他的八姨秦国夫人（？－754）、三姨虢国夫人（？－756）一网打尽。诗云："宫中羯鼓催花柳，玉奴弦索花奴手。坐中八姨真贵人，走马来看不动尘。"（曾枣庄、舒大刚，2021：470）

玄宗确实好乐！在安禄山快要打到长安时，已经准备出逃的他还登花萼楼，置酒四顾，命乐工贺怀智取调琵琶，和尚段师弹之，使美人歌《水调》（李德裕，1985：7；郑处诲，

[①] 究竟让苏轼心动赋诗的是《虢国夫人夜游图》还是《虢国夫人游春图》，或者就是同一幅图，黄小峰（2023：71-79）有详尽的辨析。

1985：41）。

因喜得杨贵妃，明皇遂作曲《得宝子》献给这位宠妃（段安节，1959：60）。《明皇杂录》（郑处诲，1985：42）和《开天传信记》（郑綮，1985：54）均载，因梦中仙人所赐，明皇制《凌波曲》《紫云回》之事。《杨太真外传》亦言明皇制作了《霓裳羽衣曲》《得宝子》（乐史，1985：131-132、135）。与创制上述诸曲的奇妙、阳光灿烂、豪爽、俊迈、轻灵、飞扬和柔情不同，逃命途中的玄宗所制的《雨霖铃》则多了几分伤感、孤寂、空旷、幽邃和实在，如受伤落单之大雁。《明皇杂录补遗》有载：

> 明皇既幸蜀，西南行初入斜谷，属霖雨涉旬，于栈道雨中闻铃，音与山相应，上既悼念贵妃，采其声为《雨霖铃》曲，以寄恨焉。（郑处诲，1985：36）[1]

---

[1] 上述诸曲是否是唐明皇所作，前人多有考证。宋人王灼就考证了《霓裳羽衣曲》《凉州》《凌波曲》《雨霖铃》《春光好》诸曲的著作权（1959：124-131、139-144）。他明确指出，《霓裳羽衣曲》是"西凉制作；明皇润色，又为易美名。其他饰以神怪者，皆不足信也"。显然，王灼的上述断言是较为公允的。在此引用这些笔记小说的记述，并非肯定这些乐曲就是唐明皇所作，而是想借助这些记述从多个侧面说明具有音乐天赋的唐明皇的艺术家—艺人角色，以及后人对他作为艺人或者说艺术家身份、角色的想象和因为他是帝王而添加的附会。

3. 只有香如故

正如寄恨的《雨霖铃》曲一样,对于马嵬坡前赐死而葬于驿西道侧的年仅三十八岁的贵妃,情深的玄宗实不得已,迫不得已。面对安史之乱这一国难,"惑主"的杨贵妃自然被史官视为"贼本""祸本"。《旧唐书》有言:"及潼关失守,从幸至马嵬。禁军大将陈玄礼密启太子,诛国忠父子。既而四军不散。玄宗遣力士宣问,对曰:'贼本尚在。'盖指贵妃也。力士复奏,帝不获已,与妃诀,遂缢死于佛室。时年三十八,瘗于驿西道侧。"(刘昫等,1975:2180)《新唐书》亦言:"及西幸至马嵬,陈玄礼等以天下计诛国忠,已死,军不解。帝遣力士问故,曰:'祸本尚在!'帝不得已,与妃诀,引而去,缢路祠下,裹尸以紫茵,瘗道侧,年三十八。"(欧阳修、宋祁,1975:3495)

面对在国难和臣子面前自己也无力庇护而香消玉碎的女人,明皇的思念不但未减,反而日浓,甚至朝夕视妃像,鲠欷悽惋无比。相较《新唐书》(欧阳修、宋祁,1975:3495),《旧唐书》列传第一"玄宗杨贵妃"记载更为详尽:

> 上皇自蜀还,令中使祭奠,诏令改葬。礼部侍郎李揆曰:"龙武将士诛国忠,以其负国兆乱。今改葬故妃,恐将士疑惧,葬礼未可行。"乃止。上皇密令

中使改葬于他所。初瘗时以紫褥裹之，肌肤已坏，而香囊仍在。内官以献，上皇视之悽惋，乃令图其形于别殿，朝夕视之。（刘昫等，1975：2181）

文史互现，诗文互补。唐时，贵妃和明皇情事就成为诗文创作的基本题材和灵感之源。张祜曾吟诵过这个形单影只的明皇复得的太真的香囊，云："蹙金妃子小花囊，销耗胸前结旧香。谁为君王重解得，一生遗恨系心肠。"（彭定求等，1960：5844）在唐人堆砌的文字世界中，不腐的香囊（扬之水，2024：168-171）、恒久不散的"香（气）"已经成为贵妃与明皇之情——永恒爱情的一个隐喻和象征，真可谓"只有香如故"！

《酉阳杂俎·忠志》有载：天宝末年的一个夏日，明皇与其兄宁王李宪对弈，贵妃在一旁观战，乐人贺怀智弹琵琶助兴。当时，骤起的风把贵妃的领巾吹到贺怀智的头巾上。过了一阵，贺怀智转身时，贵妃领巾才滑落。贵妃领巾有明皇仅仅赏赐给她的交趾进贡的瑞龙脑的香气。回家后，贺怀智闻到了自己身上浓郁的香气，于是将头巾取下珍藏在锦囊中。玄宗从蜀地还驾长安，成为太上皇的他对贵妃追思不已。为缓解明皇的相思之苦，贺怀智献上自己珍藏的头巾，说明了原委。打开这个装有贺怀智头巾的锦囊时，明皇流泪说："此瑞脑香也！"（张仲裁译注，2017：17-19）

除经久不散的"香",贵妃的遗物大抵成为明皇贵妃爱情的信物。明皇曾亲自张罗为贵妃打造的玉磬,大乱之后仍在。因顾之凄然,成为太上皇的他"不忍置于前,促令送太常"(郑綮,1985:58)。善舞《凌波曲》的新丰女伶谢阿蛮,安史之乱前深得贵妃厚遇。贵妃生前常带她出入杨氏兄妹诸宅。成为太上皇的明皇曾在华清宫召见谢阿蛮。在为老态龙钟的太上皇舞了一回《凌波曲》后,谢阿蛮给明皇献上了当日明皇也在场、贵妃收她为琵琶弟子时"所与"的金粟装臂环。睹物思人,往事如烟却在目。不仅"上持之出涕",左右亦莫不呜咽(郑处海,1985:35)!

到了宋代,乐史(930-1007)对上述香囊、金粟装臂环、贺怀智头巾等"香如故"的系列故事进行了串写,且以凄伦不已,圣怀耿耿,但吟《傀儡吟》作结(1985:143-145)。更有意思的是,原本并不稀奇的"合欢果",也成了表证明皇贵妃琴瑟和鸣之物:"外有一合欢果实,上与妃子互相持玩。上曰:'此果似知人意,朕与卿固同一体,所以合欢。'于是促坐,同食焉。因令画图,传之于后。"(乐史,1985:139)

舞者杨贵妃

作为一个历史人物,而且是貌美多才又与圣文神武皇帝、开元盛世、安史之乱紧紧联系在一起的历史人物，杨贵妃一直都在生成过程之中，不停地被跨时空也是各怀鬼胎的人言说、书写、表达与塑造。在唐代，杨妃故事，时人就"本所乐道"（鲁迅，2005b：78）。陈寅恪有言：

> 唐人竟以太真遗事为一通常练习诗文之题目，此观于唐人诗文集即可了然。但文人赋咏，本非史家纪述。故有意无意间逐渐附会修饰，历时既久，益复曼衍滋繁，遂成极富兴趣之物语小说，如乐史所编著之《太真外传》是也。（2015b：12）

在《周秦行纪》（李昉等，2020：3317-3319）这一文人的演绎中，已经位列仙班的贵妃根本不记恨自己被赐死，对她的"三郎"依旧是忠贞不渝，不愿宠幸贞元年间进士落第而在归途中梦游的牛僧孺。为了表达自己的情愫，在天界的太真还给落第的牛僧孺吟诗一首："金钗堕地别君王，红泪流珠满御床。云雨马嵬分散后，骊宫不复舞霓裳。"以自己（男性和男权）为中心的名士牛秀才，在梦里对各有理由的薄太后、戚夫人、绿珠、杨贵妃、潘淑妃表示了应有的尊重，云雨了先后适呼韩邪单于、复株累单于，自己也"低眉羞恨"的王昭君，满足了自己对世界、女性、过往的欲念和幻想。虽然杨贵妃在这个文本中发声了,但她依旧是被代言的。在这些文人士大夫不断叠加的演绎中,杨贵妃实则是"失声者"。不仅杨贵妃,唐明皇也是失声者。

1. 花想容

杨贵妃未进宫前,不缺美色的明皇是任性的,后宫也是热闹的。明皇自己常和妃嫔玩"随蝶所幸"的游戏(王仁裕,1985:68)。玄宗让妃嫔养花插花。他自己亲放蝴蝶,看蝴蝶停歇在哪个妃嫔的鲜花上,就由那位妃嫔侍寝。而为了争得皇帝的临幸,妃嫔自己也玩"投钱赌寝"的游戏(王仁裕,1985:92)。妃嫔投金钱赌侍皇上寝,亲者为胜。在这个原本你追我逐、"其乐融融"的局面下,杨贵妃能获得"六宫粉黛无颜色,三千宠爱在一身"的专宠,肯定不仅是其丰满的娇无力、光彩焕发、转动照人的美貌。与美貌一体的才艺、气质,应该同样是关键所在。

《新唐书》言,姿质天挺的贵妃"善歌舞,邃晓音律,且智算警颖,迎意辄悟"(欧阳修、宋祁,1975:3493)。《旧唐书》列传第一"玄宗杨贵妃"言:"太真姿质丰艳,善歌舞,通音律,智算过人。每倩盼承迎,动移上意。宫中呼为'娘子',礼数实同皇后。"(刘昫等,1975:2178)虽是演义,陈鸿《长恨传》所言同样是有力的佐证:贵妃虽然有意冶其容、敏其词、婉娈万态,但"非徒殊艳尤态,独能致是;盖才知明慧，善巧便佞，先意希旨，有不可形容者焉"（李昉等，2020：3298）。

天宝二载（743），欣承诏旨、奉命填词的诗仙李白拟就的《清平调词三首》，虽然被后人释读出婉讽的微言大义，但其主旨无疑都是歌颂贵妃的美貌和玄宗在美貌前的不能自拔与痴迷。李白"奉旨填词"的创作情境、现场"巨星天团"的歌唱、琴瑟和鸣的欣赏和接受效果，《全唐诗》编者主要根据李濬《松窗杂录》（李昉等，2020：1308）所载写就的"题注"里都有交代。云：

> 天宝中，白供奉翰林。禁中初重木芍药，得四本红紫浅红通白者，移植于兴庆池东沉香亭。会花开，上乘照夜白，太真妃以步辇从。诏选梨园中弟子尤者，得乐一十六色。李龟年以歌擅一时，手捧檀板，押众乐前，欲歌之。上曰："赏名花，对妃子，焉用旧乐词？"遂命龟年持金花笺，宣赐李白，立进《清平调》三章。白承诏，宿酲未解，因援笔赋之。龟年歌之，太真持颇梨七宝杯，酌西凉州蒲萄酒，笑领歌词，意甚厚。上因调玉笛以倚曲，每曲徧将换，则迟其声以媚之。太真饮罢，敛绣巾重拜。上自是顾李翰林尤异于（他）学士。（彭定求等，1960：1703）

对此，与李昉同时期的乐史的《杨太真外传》也有明确的记述（乐史，1985：136-137）。让皇上兴起鸣笛媚妃，而妃意厚笑领的歌词具体又是怎样的呢？以其随时都可以井喷的才华，李白多少也是发自内心地赞叹了贵妃的花容月貌和明皇对宠妃的甜情蜜意。对影成三人又挥洒自如、驰思泉涌、语由信笔的李白，朦胧而又清晰地将人视——自视、旁观、情人凝视/对视——与物视的太真婉腻动人的美貌——道来：

> 云想衣裳花想容，春风拂槛露华浓。
> 若非群玉山头见，会向瑶台月下逢。

> 一枝秾艳露凝香，云雨巫山枉断肠。
> 借问汉宫谁得似，可怜飞燕倚新妆。

> 名花倾国两相欢，长得君王带笑看。
> 解释春风无限恨，沉香亭北倚阑干。

实际上，诗仙的这三首《清平调》并非空穴来风、天马行空，而是多少有着事实的依据。至少可以说，一度常伴皇帝左右、出入宫廷的他确实对明皇贵妃的生活日常有着了解。天宝年间，禁中沉香亭培育木芍药（牡丹）的成功——诸多异象，

《开元天宝遗事》"花妖"（王仁裕，1985：72）有载："初有木芍药，植于沉香亭前，其花一日忽开一枝两头，朝则深红，午则深碧，暮则深黄，夜则粉白；昼夜之内，香艳各异。帝谓左右曰：'此花木之妖，不足讶也。'"

"云想衣裳花想容""一枝秾艳露凝香""名花倾国两相欢"既是抒情，也是写实。《开元天宝遗事》"助娇花"（王仁裕，1985：74）有言："御苑新有千叶桃花，帝亲折一枝插于妃子宝冠上，曰：'此个花尤能助娇态也。'"而且，玄宗相信，国色天香的木芍药能醒酒（王仁裕，1985：86），而人面桃花相映红的"桃花"能销恨。经常与贵妃在桃树下宴饮的他曾认真地说："不独萱草忘忧，此花亦能销恨。"（王仁裕，1985：78）当然，鉴于《四库全书总目提要》对《开元天宝遗事》采自遗民之口，"委巷相传，语多失实"的总体评价，后起的王仁裕（880-956）根据李白诗意而敷衍成这些宫中逸史、轶事也不一定。

2. 解语花

贵妃迎意辄悟，倩盼承迎、动移上意。新、旧《唐书》皆有载，贵妃在天宝五载（746）、九载（750）因忤旨而先后两次被送归外第（刘昫等，1975：2179-2180；欧阳修、宋祁，1975：3493-3494）。前一次，聪颖的她回宫后"伏地谢罪"，给足了原本因谴她出宫而茶饭不思、震怒不已的玄宗面子,遂恩宠如初。后一次,贵妃则引刀剪发一缭附献,以示以死相报明皇的恩情、爱情。其以死谢罪——死给你看——的诚心、真心与决心,再次赢得了明皇的欢心,恩宠愈隆。后边这一次情感危机之化解,早于新、旧《唐书》的《开天传信记》(郑綮,1985:59)的记述亦活灵活现,值得参考:

> 太真妃常因妒媚,有语侵上,上怒甚,召高力士以辎軿送还其家。妃悔恨号泣,抽刀剪发授力士曰:"珠玉珍异,皆上所赐,不足充献,唯发父母所生,可达妾意,望持此伸妾万一慕恋之诚。"上得发,挥涕悯然。遽命力士召归。

在《杨太真外传》中,乐史也详述了贵妃两次忤旨而遭外放。就第二次外放,乐史串写了《旧唐书》的相关记述和相关唐诗,演绎出了更多的细节,尤其是隐晦地批判了贵妃行为的不端、杨国忠(?-756)的奸诈权谋、明皇对贵妃的迟疑不舍和贵妃的机警务实。原文丰富曲折,娓娓道来,如作者亲见亲历。如下:

> 九载二月,上旧置五王帐,长枕大被,与兄弟共处其间。妃子无何窃宁王紫玉笛吹。故诗人张祜诗

云："梨花静院无人见，闲把宁王玉笛吹。"因此又忤旨，放出。时吉温多与中贵人善，国忠惧，请计于温。遂入奏曰："妃，妇人，无智识。有忤圣颜，罪当死。既蒙尝恩宠，只合死于宫中。陛下何惜一席之地，使其就戮？安忍取辱于外乎？"上曰："朕用卿，盖不缘妃也。"初，令中使张韬光送妃至宅，妃泣谓韬光曰："请奏：妾罪合万死。衣服之外，皆圣恩所赐。惟发肤是父母所生。今当即死，无以谢上。"乃引刀剪其发一缭，附韬光以献。妃既出，上怅然。至是，韬光以发搭于肩上以奏。上大惊惋，遽使力士就召以归，自后益嬖焉。又加国忠遥领剑南节度使。（乐史，1985：133-134）

《酉阳杂俎》中的那个贵妃观弈的小故事，同样鲜明地体现了其倩盼承迎与乖巧。观弈时，杨贵妃带着她那只来自康国的宠物狗。在看到玄宗可能要输时，贵妃故意把小狗放在座位旁边。会意的小狗爬上棋盘，呆萌地搅乱了棋局。这让玄宗高兴不已。晚些时候，王仁裕（1985：100-101）再次重写了这个故事，并以"猧子乱局"名之。如下："一日，明皇与亲王棋，令贺怀智独奏琵琶，妃子立于局前观之。上欲输次，妃子将康国猧子放之，令于局上乱其输赢，上甚悦焉。"

贵妃的乖巧，还表现在用语奇警，比象可爱。一年冬至大雪。雪停时，后宫独处的贵妃，让侍儿敲下房檐所结的冰条玩耍。晚朝视政后，明皇回到后宫。当他问贵妃在玩啥时，贵妃以"冰箸"应之。明皇对左右说："妃子聪惠，比象可爱也"；也因此，明皇毫不吝啬地将贵妃比作其"解语花"（王仁裕，1985：90、96）。当然，动移上意的贵妃更是多才多艺。

3. **舞掩千古**

贵妃善舞，而且有着满满的自信，自以为"《霓裳羽衣》一曲，可掩前古"（乐史，1985：137）！那么，在明皇眼中，贵妃舞又如何呢？一次，明皇与诸王在木兰殿宴饮。虽然木兰花开，明皇的心情却不是太好。乖巧的贵妃醉中舞了《霓裳羽衣曲》。结果，龙颜大悦，"方知回雪流风，可以回天转地"（乐史，1985：135）。

不但善舞，贵妃还善琵琶，且弟子众多。《明皇杂录·逸文》有载："贵妃每抱是琵琶奏于梨园，音韵凄清，飘如云外。而诸王公主洎虢国以下，竟为贵妃琵琶弟子，每奏曲毕，广有进献。"（郑处诲，1985：37）《杨太真外传》亦云："诸王、郡主、妃之姊妹，皆师妃，为琵琶弟子。每一曲彻，广有献遗。"当然，贵妃所用琵琶也是神品："乃逻逤檀，寺人白季贞使蜀还献。其木温润如玉，光耀可鉴，有金缕红纹，蹙成双凤。弦乃末诃弥罗国永泰元年所贡者，渌水蚕丝也，光

莹如贯珠瑟瑟。"（乐史，1985：136）

此外，或者与其曾在道观为女冠的这个过渡仪礼——朝野内外心知肚明的障眼法有关，贵妃还善于击磬。《开天传信记》言其拊拃之音，"泠泠然新声。虽太常梨园之能人，莫能加也"。为此，妻唱夫随的唐明皇为表达爱意，专门为之精心打造了一玉磬：

> 上令采蓝田绿玉琢为器，上造冀虞流苏之属，皆以金钿珠翠珍怪之物杂饰之。又铸二金狮子，作拏攫腾奋之状，各重二百余斤，以为趺。其他彩绘缛丽，制作神妙，一时无比也。（郑綮，1985：58）

杨贵妃自己善舞，对于善舞的同行，作为舞者的她同样赞誉有加。《全唐诗》中收录的她唯一一首诗《赠张云容舞》（彭定求等，1960：64），就是赞叹自己侍女张云容舞姿的。身为杨贵妃的侍女，张云容同样擅长霓裳羽衣舞。杨贵妃写道：

> 罗袖动香香不已，红蕖袅袅秋烟里。
> 轻云岭上乍摇风，嫩柳池边初拂水。

从诗句中，我们看到的是杨贵妃对动人舞姿的沉醉和赞美。写人又仿佛是在写己。曼妙舞姿、动人舞者、现场观感、恰切的通感比拟，都不仅仅是一个舞者自身的体验，没有细致的观察和才情，没有对"艺"的推崇礼敬，是难以写出这首"舞诗"的。《赠张云容舞》让人情不自禁地想起那首唐玄宗晚年常常欷歔独吟的《傀儡吟》：

刻木牵丝作老翁，鸡皮鹤发与真同。
须臾弄罢寂无事，还似人生一梦中。

显然，贵妃这首"唯一"的诗与《傀儡吟》有着心灵的默契和跨时空的对话与呼应。甚或说，原本各自独立的两首诗完全是互文。合体品读时，才明白它们道出了大唐的盛衰、人生的荣枯、短暂与永恒的悖谬、生离与死别的悽惋。真人与傀儡（真假）、云容与老翁（男女）、罗袖与鸡皮（肥瘦/老少/荣枯）、舞与弄（软硬）、风柳与刻木（动静）、轻云与牵丝（刚柔）、红蕖与鹤发（浓淡）、袅袅与须臾（快慢）、动香与寂梦（虚实）、不已与一梦（长短）、云容与贵妃/老翁与明皇（观演）、贵妃与明皇（戏里戏外），等等，因为贵妃和明皇两位知音天人两界的"四手联弹"、高歌浅吟和凝视观想，观演得以完美无缺地自然转换。在两位艺痴的真心赞美、吟诵中，或隐或现地诉说着"人生一梦"的飘忽，人生苦短而捉摸不定如秋烟般的春愁,诉说着韶华易逝、人生迟暮的不可逆转、苍凉,诉说着及时行乐、沉醉当下的苟且和迷思。

这两首七绝,俨然隔空的贵妃和明皇自己给自己的艺、才与情编织的"长生殿",是这对痴男怨女自己谱写的生死两界、天人两隔的"长恨歌"。无论真情、才情、性情,还是爱情,以三八虚龄缢死在马嵬坡前的贵妃,终究定格在弱柳扶风而香不已的嘉年华,而以"太上至道圣皇天帝"之尊号长眠在龙盘凤息的泰陵的明皇,则定格在那位鸡皮鹤发的傀儡老翁。人生如戏,戏如人生。人在诗中醉,诗在人中魅。

掖庭、教坊、五王宅、清元小殿、花萼楼、华清宫等都是作为艺人的唐玄宗与杨贵妃狂欢的地方。二人在自己快乐时,也会把快乐分些给周围的人。《明皇杂录》卷下云:"每正月望夜,又御勤政楼,观作乐。贵臣戚里官设看楼,夜阑,即遣宫女于楼前歌舞以娱之。"(郑处海,1985:23)但这些场合规模的大小、氛围的松紧,皆取决于作为导演和主角的明皇与贵妃。《开元天宝遗事》"风流阵"云:"明皇与贵妃,每至酒酣,使妃子统宫妓百余人,帝统小中贵百余人,排两阵于掖庭中,目为风流阵。以霞被锦被张之,为旗帜攻击相斗,败者罚之巨觥以戏笑。"(王仁裕,1985:106)天宝年间,明皇贵妃还曾选六宫风流艳态者,以"花鸟使"名之,专门主宴饮(王谠,1958:178)。

为庆贺善舞的谢阿蛮进宫，在清元小殿，唐玄宗和杨贵妃亲自参加了演出。其演出阵容强大如是："宁王吹玉笛，上羯鼓，妃琵琶，马仙期方响，李龟年觱篥，张野狐箜篌，贺怀智拍板。自旦至午，欢洽异常。"然而，如此明星阵容，仅秦国夫人端坐观之。曲罢，明皇对他的这位姨子调笑说："阿瞒乐籍，今日幸得供养夫人。请一缠头！"（乐史，1985：135-136）也就是这次顶格的欢迎演奏会，杨贵妃收了众多的琵琶弟子，在每一曲都收受弟子们的孝心礼敬的同时，反而赏赐给了贫穷的谢阿蛮"红粟玉臂"。

不仅是唐明皇，唐武宗也喜嬉戏作乐，且欢快如民间宴席。《唐语林》卷三（王谠，1958：78）言："武宗数幸教坊作乐，优倡杂进。酒酣作技，谐谑如民间宴席，上甚悦。谏官奏疏，乃不复出。遂令召优倡入，敕内人习之。宦者请令扬州选择妓女，诏扬州监军取解酒令妓女十人进入。"

4. 善歌孟才人

有意思的是，在诗文基本"无讳避"的唐代，文人骚客还演绎出了一个"小号"的明皇和贵妃，即以灭佛而著称于世的唐武宗李炎（814-846）和他善歌的孟才人。

对于明皇贵妃旖旎雄浑、大胆张扬而风生水起、满朝风雨的情事，白居易的《长恨歌》和其至交元稹的《连昌宫词》无疑在这一情事的书写史、叙事史和传播史上占有重要地位。

以这一"双子星座"为轴和主体,陈寅恪(2015b)探究了唐代士人之间的交往习气,描摹、渲染出了那个年代以精英男性为主体的士风、礼俗。大致与元、白二人同期的诗人张祜,以"故国三千里,深宫二十年"十字赢得生前身后名。这十字出自其《宫词二首》(彭定求等,1960:5834),云:

故国三千里,深宫二十年。
一声河满子,双泪垂君前。

自倚能歌日,先皇掌上怜。
新声何处唱,肠断李延年。

这两首宫词,广景概写还是微距特写,历来意见不一。因为那声河满子,因为双泪垂君前,因为皇帝掌怜,因为肠断,人们多数会将这两首宫词与张祜《孟才人叹并序》(彭定求等,1960:5849-5850)连带释读,认为张祜咏叹的是善歌而被武宗宠幸的孟才人。《孟才人叹并序》的正文是七绝,序则不短,交代了该诗的史实、消息的来源、传播过程和哀兴叹的创作动机。云:

武宗皇帝疾笃,迁便殿。孟才人以歌笙获宠者,密侍其右。上目之曰："吾当不讳,尔何为哉?"指笙囊泣曰："请以此就缢。"上悯然。复曰："妾尝艺歌,请对上歌一曲,以泄其愤。"上以恳许之。乃歌一声河满子,气亟,立殒。上令医候之,曰:"脉尚温而肠已绝。"及帝崩,柩重不可举。议者曰:"非侯才人乎?"爰命其榇,榇至乃举。嗟夫!才人以诚死,上以诚命。虽古之义激,无以过也。进士高璩登第年宴,传于禁伶。明年秋,贡士文多以为之目。大中三年,遇高于由拳,哀话于余,聊为兴叹。

偶因歌态咏娇嚬,传唱宫中十二春。
却为一声河满子,下泉须吊旧才人。

在《新唐书》本纪第八中,只述这首诗"序"提及的主角唐武宗的帝王业,未言及任何妃嫔事(欧阳修、宋祁,1975：239-245)。诗序所言的唐武宗与孟才人在深宫不为人知的生死相依、同死同穴的情事本传于禁伶,稍后由懿宗朝重臣高璩(?-865)带出宫外。这个诚死诚命的深宫情事,就是高璩亲口也是满怀伤感地讲给张祜的。《新唐书》列传第一百二中,有高璩的传。这篇短传记述了高璩是高元裕子和历任官阶。不知是不是高璩四处叨叨武宗与孟才人情事的关系，抑情主理且要讽谏的宋人编撰的这篇短传还特意提及在高璩身后，太常博士曹邺（约816-875）对他的品评："交游丑杂，取多蹊径，谥法'不思妄爱曰刺'。"（欧阳修、宋祁，1975：5286-5287）

显然，与万众瞩目的明皇贵妃之情事不胫而走一样，在武宗过世不久，其在深宫演绎的情事很快就在宫廷内外传播开来，成为禁中、文人士子茶余饭后闲谈、感慨、嚼舌头的"话把儿""话根儿"。因为张祜的吟唱，唐末康骈（軿）《剧谈录》就"复写"了孟才人这个动人的故事，且直接以"孟才人善歌"为目。云：

> 孟才人善歌，有宠于武宗皇帝。嫔御之中，莫与为比。一旦，龙体不豫，召而问曰："我若不讳，汝将何之？"对曰："以微眇之身，受君王之宠，若陛下万岁之后，无复生焉！"是日，俾于御榻前歌《河满子》一曲，声调凄切，闻者莫不涕零。及宫车晏驾，哀恸数日而殒。禁掖近臣以小棺殡于殿侧。山陵之际，梓宫重莫能举，识者曰："得非候才人乎？"于是舆櫬以殉，遂窆于端陵之侧。是岁，攻文之士或为赋题，或为诗目，以为冯媛、班姬无以过也。所知者张祜有诗云："偶因清唱咏歌频，奏入宫中二十

春。却为一声河满子,下泉须吊孟才人。"(康骈,1991:37-38)

然而,在后起的《新唐书》"列传第二"中,殉情武宗、生死同穴的并非已经活灵活现的孟才人,而是死后才由即位的宣宗嘉其节、赠"贤妃"的王才人(欧阳修、宋祁,1975:3509)。列传言,善歌舞的王才人,邯郸人,身世则不详,所谓"失其世"。她十三岁入宫,性机悟,成功阴助武宗上位。其貌与为求长生不老而常年服用丹药的武宗相像,"状纤頎",以至于苑中游猎时,外人分不清都着锦袍骑骏马的皇帝和才人。因服丹药而身体恶化,武宗感到时日不多,就对陪伴在侧的王才人惜别。王才人当即表示一旦驾崩,"妾得以殉"。在武宗驾崩后,王才人如言"自经幄下"。此时,原本忌她获专宠的后宫嫔媛,"皆义才人,为之感恸"。

诗文中孟才人和志书中的王才人不同,引起了比主持编撰《新唐书》的欧阳修稍晚的沈括(1031-1095)的兴趣。在《梦溪笔谈》"补笔谈"卷一中,沈括(2017:216)还注意到武宗重用的朝臣李德裕《文武两朝献替记》的记述。即,有专房之宠的王妃娇妒忤旨,日夕而殒,这造成群臣对上位成功的武宗喜怒不定的惊惧。而且,李德裕言王氏为妃久矣,并非宣宗即位后的追赠。进而,沈括认为:《新唐书》所载的王妃殉情事，"疑其孟才人也"。

无论王贤妃还是孟才人，或者因为殉情抑或说殉葬的她们并未像杨贵妃一样，对唐代的政局、社会风气产生太大的影响，或者因为"会昌中兴"的历史效应远小于开元盛世，也或者因为脉温肠绝的殉情少了捕风捉影、附会演绎的可能，文人骚客对武宗和孟才人/王贤妃这一"小号"的明皇和贵妃的叠加叙写，也就一直笼罩在多才多艺且潜存演绎的多种可能性的明皇贵妃情事的阴影里，局限在有限的范围，未能青出于蓝。

王德布大饮酒也

掖庭中风流阵的艳美、清元小殿中协奏的和美、花萼楼听琴的凄美，均使为权力厮杀、尔虞我诈充斥的宫廷在那一瞬间纯然成为艺术的演练场。这些时刻，因为艺术，专制与卑贱的界限淡化了，更多的是对声美、形美的追求、品味与陶醉。对美的认同，也就在一定程度上认同了美的表演者。在唐代，好乐的皇帝对艺人不时"慷慨"赏赐也就成为正常与自然，不但要在室内把玩艺人与艺术，也要在室外、广场搞规模尽可能大的"会演""义演"，陶醉其中。

在这些规模不一的会演与欢乐中，酒与艺人皆是主角。正所谓"每宴乐，则宰臣尽在，太常教坊音声皆至，恩赐酒馔，相望于路"(李肇,1979:27)。

1. 百戏竞作

宫外,狂欢的场域要大得多,这就是"酺"。《说文解字》卷一四下对"酺"的解释是:"王德布大饮酒也。"(许慎,1963:312)在大唐,帝王们喜好的不仅是酺,而且是大酺。与酒相连、以酒为魂的大酺是喜乐的、张扬的、无序的、忘我的、迷狂的。

大唐物产丰富,不缺酒。在《唐国史补》中,李肇(1979:60)所列唐时名酒就有:"郢州之富水,乌程之若下,荥阳之土窟春,富平之石冻春,剑南之烧春,河东之乾和葡萄,岭南之灵溪、博罗,宜城之九酝,浔阳之湓水,京城之西市腔、虾蟆陵郎官清、阿婆清。又有三勒浆类酒,法出波斯。三勒者谓庵摩勒、毗梨勒、诃梨勒。"

酒具在唐代同样讲究,并有个演化过程。一直到唐宪宗元和年间(806-820),酌酒使用的都是樽和杓。樽和杓做工精美,颜色分明。唐代夷陵女郎《空馆夜歌 其一》(彭定求等,1960:9795)云:

明月清风,良宵会同。星河易翻,欢娱不终。
绿樽翠杓,为君斟酌。今夕不饮,何时欢乐。

因宴饮使用的樽杓,当时的丞相高公[①]亦有"斟酌"之誉。《唐语林》曾言樽杓的妙处与盛况:"数千人一樽一杓,挹酒而散,了无所遗。"(王谠,1958:283-284)后来,唐人也用注子。注子形状像罂,盖、嘴、柄都有。太和九年(835)后,时人因恶"注子"之名犯权臣郑注,而去柄安系。改装后的注子,与喝茶的瓶子小有不同,取名"偏提"。

至于酒令,唐人同样多有描述。白居易有句:"鞍马呼教住,骰盘喝遣输。长驱波卷白,连掷采盛卢。"(彭定求等,1960:4876)唐人皇甫松所著《醉乡日月》载骰子令云:

聚十只骰子齐掷,自出手六人,依采饮焉。堂印本采人劝合席,碧油劝掷外三人。骰子聚于一处,谓之酒星。依采聚散,骰子令中改易不过三章,次改鞍马令,不过一章。又有旗幡令、闪擪令、抛打令。今人不复晓其法矣。唯优伶家犹用手打令以为戏云。(转引自王谠,1958:287-288)[②]

[①] 在《唐语林校证》中,周勋初(2008:732)指出,高公是高郢(740-811)。

[②] 在大唐,包括酒类、酒具、酒令在内的酒文化是一个繁杂而宏大的话题。这里只是浅尝辄止地提及。就唐代文学中的酒文化,杜浩(2017)的博士论文《唐代文学中酒文化的传播研究》有系统梳理。在唐宋诗词中,樽杓、注子、偏提等酒具的演进变化,扬之水(2024:94-147)有着考究图释。

在唐代，朝廷每逢立皇太子、更改年号、祭祀天地山川、征服敌国及皇帝即位、太子加元服、朝臣加封号、获祥瑞、皇后复位、皇孙满月等，都会设三、五、七、九、十天时间长短不一的酺宴，纵民饮酒，与民同乐。当然，酺的规模不等，或仅在宫廷，赐宴宰辅百官戚里，或是普天同庆同饮的"民酺""天下酺"。就次数而言，宫廷之酺明显多于民酺。《唐语林》卷七有言："三二岁，必于春时，内殿赐宴宰辅及百官，备太常诸乐，设鱼龙曼衍之戏，连三日，抵暮方罢。"（王谠，1958：250）

设酺最频繁者是武则天，最铺张者是唐玄宗。"盖因则天好夸，玄宗好乐。"（黄现璠，1936：203-212）根据《新唐书》卷四"则天皇后"可知，在武则天当政时期，共赐酺18次，计107天。其中，赐酺三天者五次，赐酺五天者三次，赐酺七天者七次，赐酺九天者二次，赐酺十天者一次。而《新唐书》卷五"玄宗"所载，玄宗所赐酺多为三天或五天，但却是民酺或天下酺，参与者范围更广、规模更大，共计有14次。其中，三日酺十二次，五日、七日酺各一次。

从玄宗本人的《春中兴庆宫酺宴并序》（彭定求等，1960：37-38）这首诗，我们可以知晓他频频设酺的基本要素是人多、繁丽、热闹、酒、乐、舞、戏，而设酺的本意则是彰显文治武功、天下太平、人神厚眷、万物融通，从而君民同乐、乐以忘忧的"王德"。换言之，在大小酺宴的现场，圣文神武的唐明皇和作为艺人、常人的唐明皇同时得到完美的体现。这里有必要抄录玄宗该诗全文：

> 夫抱器怀才，含仁蓄德，可以坐而论道者，我于是乎辟重门以纳之；作扞四方，折冲万里，可以运筹帷幄者，我于是乎悬重禄以待之。是故外无金革之虞，朝有搢绅之盛，所以岩廊多暇，垂拱无为，不言而海外知归，不教而寰中自肃。元亨之道，其在兹乎。况乎天地交而万物通，阴阳和而四时序。所宝者粟，所贵者贤，故以宵旰为怀。黎元在念，尽力沟洫。不知宫室之已卑，致敬鬼神，不知饮食之斯薄。往以仲冬建子，南至初阳，爰诏司存，式陈郊祀。把夷夏之诚请，答人神之厚眷。烟归太乙，礼备上玄，足以申昭报之情，足以极严禋之道。然心融万类，归雷雨之先春。庆洽百僚，象云天而高宴。岁二月，地三秦，水泛泛而龙池满，日迟迟而凤楼曙。青门左右，轩庭映梅柳之春。紫陌东西，帟幕动烟霞之色。撞钟伐鼓，云起雪飞。歌一声而酒一杯，舞一曲而人一醉。诗以言志，思吟湛露之篇。乐以忘忧，惭运临汾之笔。

九达长安道，三阳别馆春。
还将听朝暇，回作豫游晨。
不战要荒服，无刑礼乐新。
合酺覃土宇，欢宴接群臣。
玉斝飞千日，琼筵荐八珍。
舞衣云曳影，歌扇月开轮。
伐鼓鱼龙杂，撞钟角牴陈。
曲终酺兴晚，须有醉归人。

同样，大酺场景的艳丽、宏大、浮华，从玄宗时元宵节上阳宫影灯陈设可略窥一斑：

上在东都，遇正月望夜，移仗上阳宫，大陈影灯，设庭燎，自禁中至于殿庭，皆设蜡炬，连属不绝。时有匠毛顺，巧思结创缯彩为登楼三十间，高一百五十尺，悬珠玉金银，微风一至，铿然成韵。乃以灯为龙凤虎豹腾跃之状，似非人力。（郑处诲，1985：40）

张祜专门写有《大酺乐二首》，云："车驾东来值太平，大酺三日洛阳城。小儿一伎竿头绝，天下传呼万岁声"；"紫陌醺归日欲斜,红尘开路薛王家。双鬟笑说楼前鼓,两仗争轮好落花"。其《正月十五夜灯》和《千秋乐》两诗则分别描绘过元宵夜灯歌舞和千秋节倾城而出观杂技百戏的盛况,云:"千门开锁万灯明,正月中旬动地京。三百内人连袖舞,一时天上著词声";"八月平时花萼楼,万方同乐奏千秋。倾城人看长竿出,一伎初成赵解愁"(彭定求等,1960:5838)。

勤政楼、五凤楼等楼前的广场,是唐玄宗常设大酺的地方,是唐玄宗使自己和万民欢腾的地方,也主要是以表演百戏、杂伎、歌舞等散乐为主的教坊艺人大显身手的地方。设大酺最多的地方莫过于勤政楼。《旧唐书·音乐一》有载:

> 玄宗在位多年,善音乐,若宴设酺会,即御勤政楼……太常卿引雅乐,每色数十人,自南鱼贯而进,列于楼下。鼓笛鸡娄,充庭考击。……又令宫女数百人自帷出击雷鼓,为破阵乐、太平乐、上元乐,号太常积习,皆不如其妙也。若圣寿乐,则回身换衣,作字如画。又五坊使引大象入场,或拜或舞,动容鼓振,中于音律,竟日而退。……每初年望夜,又御勤政楼,观灯作乐,贵臣戚里,借看楼观望。夜阑,太常乐府县散乐毕,即遣宫女于楼前缚架出眺歌舞以娱之。若绳戏竿木,诡异巧妙,固无其比。(刘昫等,

1975：1051、1052）

对此，《明皇杂录》亦云："玄宗御勤政楼，大张乐，罗列百伎"；"玄宗宴于勤政楼下，巷无居人"；"每赐宴设酺会，则上御勤政楼"（郑处海，1985：17、22、23）。参加的人则有：大吃大喝的诸蕃酋长；列队举旗、披黄金甲，衣短后袖袍的金吾及四库军士；陈乐的太常乐人；浓妆艳抹，饰以珠翠、穿着锦绣并击鼓表演《破阵乐》《太平乐》《上元乐》等舞蹈的数百宫女；和着音律节拍起舞的大象、犀牛；大陈山车、旱船，寻撞走索，丸剑角抵，戏马斗鸡等的府县教坊（郑处海，1985：23）。

在这些表演中，教坊王大娘的表演格外显眼。她"善戴百尺竿，竿上施木山，状瀛洲方丈，令小儿持绛节出入于其间，歌舞不辍"。该表演如此动人，使得杨贵妃命当时坐在自己膝盖上的神童刘晏（716-780）咏之，于是有了如下诗句："楼前百戏竞争新，唯有长竿妙入神。谁得绮罗翻有力，犹自嫌轻更着人。"（郑处海，1985：17；乐史，1985：134）妓女石火胡与其挈养的五个少女舞《破阵乐》曲，亦使观者目眩心怯（苏鹗，2000：15）。永新的歌声更是惊人。一次，玄宗在勤政楼大摆酒宴时，观者数千万，喧哗嘈杂，这让玄宗根本听不到鱼龙百戏之音。于是，高力士建议让永新出楼高歌。永新乃

"撩鬓举袂，直奏曼声，至是广场寂寂，若无一人；喜者闻之气勇，愁者闻之肠绝"（段安节，1959：47）。

五凤楼前的大酺盛况不逊色于勤政楼。在东都洛阳五凤楼设大酺时，玄宗曾下令三百里内县令、刺史都率所辖地域的声乐前来参加，并进行评比、赏罚。前来参加的河内郡守命令他的数百乐工在车上，都衣以锦绣，伏厢之牛则蒙以虎皮，扮成犀牛大象形状，观者为之骇目（郑处诲，1985：23）。

不仅仅是在已有的宫楼殿宇的广场前举行大酺，兴之所至的皇帝还可能在桥头、广场搭设帐殿，举行大酺，与艺人同乐。而假扮为内伎的小儿精美的筋斗表演，为玄宗向世人夸耀自己宠爱和调教的教坊艺人提供了时机：

上于天津桥南设帐殿，酺三日。教坊一小儿，筋斗绝伦，乃衣以彩缯，梳洗，杂于内伎中上。顷缘长竿上，倒立，寻复去手。久之，垂手抱竿，番身而下。乐人等皆舍所执，宛转于地，大呼万岁。百官拜庆。中使宣旨云："此伎尤难，近教坊教成。"其实乃小儿也。（崔令钦，1959：22）

如同马舞一样，由"神鸡童"贾昌率队的斗鸡表演也是开元、天宝年间大酺的亮点与看点之一。陈鸿《东城父老传》有载：

> 岁或酺于洛，元会与清明节，率皆在骊山。每至是日，万乐具举，六宫毕从。昌冠雕翠金华冠，锦袖绣襦裤，执铎拂，导群鸡，叙立于广场，顾眄如神，指挥风生。树毛振翼，砺吻磨距，抑怒待胜，进退有期，随鞭指低昂，不失昌度。胜负既决，强者前，弱者后，随昌雁行，归于鸡坊。（李昉等，2020：3294）

为玄宗表演的绳技，同样精美绝伦，极具观赏性。《唐语林》有载：

> 明皇开元二十四年八月五日，御楼设绳技。技者先引长绳两端属地，埋鹿庐以系之。鹿卢内数丈立柱以起，绳之直如弦。然后技女自绳端蹑足而上，往来倏忽，望若飞仙。有中路相遇，侧身而过者；有着履而行，从容俯仰者；或以画竿接胫，高六尺；或蹋肩蹋顶，至三四重；既而翻身直倒至绳，还往曾无蹉跌，皆应严鼓之节，真可观也。（王谠，1958：174）

其实，开元年间，不时举办的州县大酺，各种表演同样精彩。《原化记》就记载了开元年间嘉兴县大酺时精彩的绳技。这位原本在押的狱囚为了能免除牢狱之苦，在诸戏之后登场："遂捧一团绳，计百余尺，置诸地，将一头，手掷于空中，劲如笔。初抛三二丈，次四五丈，仰直如人牵之，众大惊异。后乃抛高二十余丈，仰空不见端绪。此人随绳手寻，身足离地，抛绳虚空，其势如鸟，旁飞远扬，望空而去。脱身行狴，在此日焉。"（转引自李昉等，2020：1225-1226）

2. 咬猪食猫

显然，皇帝设大酺的本意是要彰显文治武功、天下太平，为自己唱赞歌。但是，大酺经常是喧闹、无序、失范的。在永新唱歌无效或者没有永新引吭高歌时，唐玄宗不得不让"严公界境"：

> 上御勤政楼大酺，纵士庶观看。百戏竞作，人物填咽。金吾卫士白棒雨下，不能制止。上患之，谓力士曰："吾以海内丰稔，四方无事，故盛为宴乐，与万姓同欢，不知下人喧乱如此，汝何方止之？"力士曰："臣不能也。陛下试召严安之处分打场，以臣所见，必有可观。"上从之，安之到则周行广场，以手板画地示众曰："逾此者死。" 以是终五日酺宴，

咸指其地画曰"严公界境",无一人敢犯者。(郑棨,1985:52;王谠,1958:20-21)

但不论是永新高歌还是严公界境,盛唐被酒浸染、渗透的大酺之广场不可能是安宁的、规矩的。助兴同时也能乱性的酒,是恢宏的大唐文化的基本特质,也是大唐文化的助产士和催生素。众所皆知:天才诗人李白斗酒诗百篇,酒后让高力士为之脱靴;只有在酒后的迷醉状态下,张旭的书法才入佳境(李肇,1979:16、17)。大酺之本意就是让所有人都放松,愉快地饮酒、玩乐,释放日常被压抑的欲望与本性。所以,与日常迥然有别的大酺,不一定是对日常的反动,也不一定就是反结构,但常常是失范的。上至帝王将相、达官贵人、妃嫔公主,下至贩夫走卒、三教九流、教坊艺人,每个个体都在极力彰显自己,或有声或无声,直至癫狂。尤其是大酺时的豪吃,更触目惊心。对此,《朝野佥载》多有记载:

虔州司士刘知元摄判司仓,大酺时,司马杨舜臣谓之曰:"买肉必须含胎,肥脆可食,余瘦不堪。"知元乃拣取怀孕牛犊及猪羊驴等杀之,其胎仍动,良久乃绝。

……

> 贞观中，恒州有彭闼、高瓒二人斗豪，时于大酺场上两朋竞胜，闼活捉一豚，从头咬至项，放之地上仍走。瓒取猫儿从尾食之，肠肚俱尽，仍鸣唤不止。闼于是乎帖然心伏。（张鷟，1979：18、140）

在雄伟的大唐，这样癫狂而惨烈的吃并非是大酺时才有的异态。《朝野佥载》卷四就记载了在武则天时期的日常生活中，多数人都知晓和实践的很多吃人肉、吃动物等恣肆凌辱肉身的场面。兹举一例：

> 周张易之为控鹤监，弟昌宗为秘书监，昌仪为洛阳令，竞为豪侈。易之为大铁笼，置鹅鸭于其内，当中取起炭火，铜盆贮五味汁，鹅鸭绕火走，渴即饮汁，火炙痛即回，表里皆熟，毛落尽，肉赤烘烘乃死。昌宗或拦驴于小室内，起炭火，置五味汁如前法。昌仪取铁橛钉入地，缚狗四足于橛上，放鹰鹞活按其肉食，肉尽而狗未死，号叫酸楚，不复可听。易之曾过昌仪，忆马肠，取从骑破肋取肠，良久乃死。后诛易之、昌宗等，百姓脔割其肉，肥白如猪肪，煎炙而食。昌仪打双脚折，抉取心肝而后死，斩其首送

都。谚云"走马报"。(张鹭,1979:31-32)[①]

在酺这样忘乎所以、竞豪奢、张狂的氛围中,本身就不乏紧张的艺人也因为高歌、暴食与嬉戏,终至病狂。一位掖庭女曾自叙说:

> 尝因大华公主载诞三日,宫中大陈歌吹,某乃主讴者,惧其声不能清,且常食豚蹄羹,遂饱而当筵歌数曲。曲罢,觉胸中甚热,戏于砌台,乘高而下,未及其半,复有后来者所激,因仆于地,久而方苏而病狂,因兹足不能及地也。(郑处海,1985:39)

3. 随驾老鸱

虽然是被动地在这些场合表演,艺人无疑是纵酒、狂欢、满足人欲之大酺的行动主体和助兴者。广场有序与无序相间的张力同样是艺人表现自己的场域之一。如同前述之掖庭女,艺人们是紧张、认真而兴奋的。此时,晓音律、喜歌舞的唐玄

[①] 联系到前些年不时被媒体曝光的诸如吃"活猴脑"等多样的吃法,联想到米歇尔·福柯(Michel Foucault, 1926-1984)梳理的西方对肉身惩戒的酷虐(2003:1-77),嗜杀、虐待肉身而以此获得快感应该是人类共有的本性之一。关于盛唐文化、中国传统文化中的"吃肉身"的民俗学、人类学无疑是一个有趣的话题。

宗，不仅是至尊皇帝，同时也是观众，是艺人、导演与艺人的知音。

勤政楼前多次的大酺、宴饮、表演、欢乐，给教坊艺人留下了美好的回忆，甚至是深深的思念。《因话录》卷一（赵璘，1979：71）有载：唐德宗初登勤政楼时，并无外人知道，但德宗发现一个戴帽子、穿绿衣、骑驴的人在楼下仰视良久。后经追查，才知此人乃天宝教坊乐工。这位乐工常随唐明皇来勤政楼。

在夸张某种品质和德性时，古人常会以物相衬相托，俨然万物有灵、万物相通，进而将之视为祥瑞或奇迹。玄宗朝，都中名姬楚莲香，倾城倾国，国色无双。她出行时，不仅贵门子弟争先恐后随行，一睹尊容，蜂蝶也因其香而与之同行（王仁裕，1985：67）。在宋朝，在人为布局下，仙鹤会适时出现在宣德门等皇帝需要出现的宫廷内外等关键场合。这使得宋徽宗本人亲自操刀描画了流传后世的《瑞鹤图》（祝勇，2023）。与此相类，明皇驾幸勤政楼时，必有好明皇而通人性，俨然祥瑞之兆的"随驾老鸱"，群集楼上。在勤政楼下仰视良久、被德宗发现的那位天宝年间的"随驾"乐工并无别图，只因为是日有老鸱云集勤政楼。他感怀伤时，目睹老鸱，念想昔日与老鸱同在的明皇而已（赵璘，1979：71）。

不仅是对作为艺人兼皇帝的玄宗的思念，甚至有如雷海清者

不惜为可视为知音的明皇"献身",表现出忠贞的品德和气节:

> 天宝末,群贼陷两京,大掠文武朝臣及黄门宫嫔乐工骑士,每获数百人,以兵仗严卫送于洛阳。至有逃于山谷者,而卒能罗捕追胁,授以冠带。禄山尤致意乐工,求访颇切,于旬日获梨园弟子数百人。群贼因相与大会于凝碧池,宴伪官数十人,大陈御库珍宝,罗列于前后。乐既作,梨园旧人不觉歔欷,相对泣下,群逆皆露刃持满以胁之,而悲不能已。有乐工雷海清者,投乐器于地,西向恸哭。逆党乃缚海清于戏马殿,肢解以示众。(郑处诲,1985:31)

同期,诗人王维(701-761)也被安禄山拘押在洛阳菩提寺。知晓雷海清事后,特意赋诗《菩提寺禁裴迪来相看说逆贼等凝碧池上作音乐供奉人等举声便一时泪下私成口号诵示裴迪》(彭定求等,1960:1308)云:

> 万户伤心生野烟,百僚何日更朝天。
> 秋槐叶落空宫里,凝碧池头奏管弦。

显然,如果考虑明皇晓音律的"戏班"班头身份,我们就不能仅仅将唐德宗发现的那位乐工视为怀旧,更不能将雷海清在凝碧池不为贼演,"投乐器于地,西向恸哭",终被肢解示众,简单地理解为愚忠。这里面多少还应包含有"士为知己者死"的个人情感因素,以及江湖之义。避难归后,虽然只有"烟云满目",玄宗却仍然要"夜阑登勤政楼,凭栏南望"(郑处诲,1985:35)。同样,我们也不能武断地将唐明皇不乏伤感的举动视为是对杨贵妃一人的念想。

在大酺这种特殊的氛围中,不论出于怎样的初衷,艺人的表演都是积极的、忘我的,无论永新,还是王大娘与那位小儿、石火胡和她的五个养女。就观者而言,帝王贵胄也好,平民百姓也罢,他们不会因为是教坊艺人等乐工在表演而逃匿。相反,他们一样陶醉在这些精美绝伦,使人心旷神怡或目眩心怯的表演中。此时,良人与非良人的界限模糊了!

香火兄弟

1. 有别的结拜

唐代,下层妇女有结社习惯。较之中上层妇女,下层妇女结社有不附属于男性的独立和社交的性质,在家庭和社会生活中具有更为独立的地位和社交活动(段塔丽,2000:88-89)。从《教坊记》"香火兄弟"可知,教坊中的女艺人也有

结社的习惯:

> 坊中诸女,以气类相似,约为香火兄弟,每多至十四五人,少不下八九辈。有儿郎聘之者,辄被以妇人称呼——即所聘者兄见,呼为新妇;弟见,呼为嫂也。儿郎有任宫僚者,官参与内人对同日。垂到内门,车马相逢,或褰车帘呼阿嫂若新妇者,同党未达,殊为怪异。问被呼者,笑而不答。儿郎即娉一女,其香火兄弟多相奔,云:"学突厥法。"又云:"我兄弟相怜爱,欲得尝其妇也。"主者亦不妒。他香火即不通。(崔令钦,1959:13)

在神明前焚香结拜盟誓,是中国传统社会不同阶层都有的一种社会性行为,持续久远(陶金,2023:174-218;孙江,2004)。《北齐书》卷一"神武上"已经有了相类似的记载,并强调香火结拜的庄重性、神圣性和可信性,正所谓"香火重誓,何所虑也"(李百药,1972:5)。到唐代,香火结拜尤盛,帝王将相多有为之。《旧唐书》卷一一一"高适传"记载了"监军李大宜与将士约为香火,使倡妇弹箜篌琵琶以相娱乐,樗蒲饮酒,不恤军务"之事(刘昫等,1975:3328-3329)。《旧唐书》卷一九四"突厥上"亦言太宗与突厥结香火之情，云："太宗又前，令骑告突利曰：'尔往与我盟，急难相救，尔今将兵来，何无香火之情也？亦宜早出，一决胜负。'……突利因自托于太宗，愿结为兄弟。"（刘昫等，1975：5156）

《唐国史补》卷上"安禄山心动"（李肇，1979：18-19）有言："安禄山恩宠浸深，上前应对，杂以谐谑，而贵妃常在坐。诏令杨氏三夫人约为兄弟，由是安禄山心动。及闻马嵬之死，数日叹惋。"《杨太真外传》亦叙述了这次结拜，安禄山的老谋深算、不动声色，溢于言表：

> 时安禄山为范阳节度，恩遇最深，上呼之为儿。尝于便殿与贵妃同宴乐，禄山每就坐，不拜上而拜贵妃。上顾而问之："胡不拜我而拜妃子，意者何也？"禄山奏云："胡家不知其父，只知其母。"上笑而赦之。又命杨铦以下，约安禄山为兄弟姊妹，往来必相宴饯，初虽结义颇深，后亦权敌不叶。（乐史，1985：132）

显然，以帝王为代表的这些盟誓——香火结拜，多出于政治、军事、外交等目的，是暂时的"苟合"。虽然教坊女艺人结为香火兄弟也有生存策略和维护自身利益的考虑，但在一个以男权为主导的等级森严的结构社会，身份低微、属于非良人的教坊女艺人的香火兄弟显然有着特殊的意义：它是不同族群文化交流中西域胡人习俗的东进，亦可视为对男权世界的戏仿、嘲弄、反叛和挑战。

《教坊记》引文中所言香火兄弟所习的"突厥法"，是作为游牧民族的突厥人在其特有生活环境中形成的男女关系。即，为了种的繁衍，人们没有后来儒家所倡导推行的守节、守寡等节烈观念。寡妇可以与同亡夫有关系的小辈男子婚配。《北史》卷九九"突厥传"有言：突厥人"父、兄、伯、叔死，子、弟及侄等妻其后母、世叔母、嫂，唯尊者不得下淫"（李延寿，1974：3288）。在向达（1900-1966）看来，《教坊记》中记述的香火兄弟，就是当时在长安的突厥流民对长安社会习俗影响的例证（1957：43-44）。

《教坊记》关于香火兄弟的记载说明：（1）香火兄弟在教坊中甚为普遍，并非个别现象；（2）香火兄弟之间气类相似、平等、自由、义气；（3）香火兄弟中，男女关系易位、倒置，女性以兄弟相称，是"男性"，生活中的宫僚等男性儿郎成为"妇人""新妇""阿嫂"，乃女性；（4）在香火兄弟内，女性是主导、主体，在众女的调笑、戏谑面前，为"妇"的男性儿郎只能尴尬地笑而不语；（5）唐代胡风影响深远，"学突厥法"，香火兄弟中一人娶妇（儿郎），其他人可将此儿郎共妻之;(6)教坊女艺人的香火兄弟既不同于上层社会之间的政治、军事结盟,也不同于唐代属于良人的一般妇女的结社,它直接指向男女之间这一人类社会最为基本的对立。

2. 共妻儿郎

与内人、宫人等公开的级序不同,香火兄弟是教坊女艺人自己对生活世界的建构,是属于她们自己的组织和生活制度,是按照她们自己的喜好、性情自觉自愿形成的。因此,香火兄弟的功能虽不能说比显性的层级、制度更重要,二者之间至少存在着互补。前者主要是支配者强加的、公开的,后者则主要是自发的、秘密的,二者相结合才构成了教坊女艺人完整的生活世界。

在公开的生活空间,她们是供权贵娱乐和宣扬文治武功、彰显太平盛世的工具。在香火兄弟这个虚拟而又实在的生活场域,她们则是独立自主、任性而为的。她们一起欢笑、嬉戏,率真地传递、交流、表达自己的思想情感。在这个场域,通过对男权社会生活规则的戏仿,或者是她们原本有的族群生活文化的自然位移,教坊女艺人戏剧化地,也是无意中对男权社会所奉行的伦理准则进行了嘲讽与解构。

香火兄弟是对男权社会生活观念、制度、组织、方式的戏仿,是与男权社会相对立的一种常态的反结构。在教坊,不但

"兄"可将所聘儿郎呼为"新妇","弟"将之呼为"嫂",而且"兄弟"还可以共"妻"之。那么,香火兄弟这种与儒家伦理准则相违的组织、制度,其存在的动因在哪里?纵观整个唐代及中国传统社会,香火兄弟在宫廷的教坊中得以存在有以下显性原因。

首先,相对于其前其后的朝代,唐代社会的开放、多元文化的并存和中唐之前礼教的相对松弛,使"唐代妇女所处地位与儒家经典文本中所倡导的女性行为规范相去较远"(段塔丽,2000:305)。即,唐代女性有的社会地位并不像现在人们想象中的那样低。

其次,皇帝,尤其是深谙音律的唐玄宗,对教坊艺人的需求、宠爱及在一定程度上的纵容。虽然他责成范安及穷治裴大娘与赵解愁等人谋杀侯氏一案,但其结果不过是"皆决一百"而已。

再次,多民族的融合,包括突厥在内的西域众多族群对汉人社会生活的影响。如前文所述,教坊的成立本身就与胡人俗乐相关。教坊中多有胡人,如被黄幡绰訾诟的"康太宾阿妹",有姿媚而微愠羝的竿木家范汉女大娘子,有能歌善舞、自己婢都惊曰"娘子眼破也"的"眼重脸深"而异于众的颜大娘,等等。香火兄弟自己也说她们是"学突厥法"。同时,也不排除香火兄弟中本身就有突厥女性的可能。

复次，教坊女艺人被结构社会所赋予，同时也是她们群体无意识中部分认同的那种"法外之人""化外之人""域外之人"的非良人身份及其奉行的价值观。这种身份与相应的观念使教坊女艺人少有后来良家妇女所遵从奉行的三从四德、三纲五常之类的自我规训。

最后，更为关键的是，统治者自己为这些艺人所营造的，与统治者近在咫尺的教坊这个特定的社会空间的存在。教坊是在统治者的专制与庇护，压榨与培育，摧残与娇宠正反合力的作用下形成的。因此，一旦懂乐好乐的皇帝自身难保，一度在极小空间占主导地位的教坊女艺人又不可避免地重新陷入其命中注定、欲罢不能的生活泥潭。随着强调贞节并占统治地位的儒家学说不断地更新、完善和向草根社会的蔓延、渗透，香火兄弟在汉人社会就终成空谷回音的绝响。

3. 香火姊妹与手帕姊妹

宋代，有"香火姊妹"之说。《新编醉翁谈录·潘琼儿家繁盛》有载："儿家凡遇新郎君肯访蓬舍，曲中香火姊妹则必酿金来贺，此物粗足以为夜来佐樽利市之费。"（金盈之，1958：52）显然，与唐之香火兄弟不同，宋代的香火姊妹已经是以男性为中心了。

清代，则有"手帕姊妹"。《桃花扇·访翠》云："相公不知，这院中名妓，结为手帕姊妹，就像香火兄弟一般，每遇

时节,便做盛会。"(孔尚任,1982:37)《书影》卷一有载:

> 南京旧院有色艺俱优者,或二十三十姓,结为手帕姊妹,每上元节,以春挈具肴核相赛,名盒子会……今日院鞠为茂草,风流云散,菁华歇绝,稍负色艺者,皆为武人挟之去,此会不可复观矣。(周亮工,1981:11)

如果说香火姊妹还有群女与孤男相戏的影子,那么手帕姊妹就全无此意。手帕姊妹几乎是女性之间闺房式的娱乐了,甚至连闺房式的娱乐也会因"稍负色艺者"被"武人挟之去"而不可复观,正如《红楼梦》中才高八斗的妙玉之结局。但是,为了生存,作为社会中的弱势群体,不论什么样的身份,妇女之间的互助组织到今天都还存在。近些年引起学界广泛关注的湖南江永的"女书"(宫哲兵,1995;贺夏蓉,2013)、广东的自梳女(马建钊、乔健、杜瑞乐主编,1994:70-140;萧凤霞,1996)等都是例证。在女权意识已经十分高涨的今天,华北乡村依然有女性拜干姊妹(田传江,1999:145),广东梅州也有因信仰相连而形成的"香烟姊妹"(徐霄鹰,2006:56-67、115-124、159-167)。

由此观之,面对受儒家学说支配的男权文化,在中国历史上女性出于自觉的所有组织中,唐代教坊女艺人结成的"香火兄弟"无疑最为张扬、最具反抗性。颇为巧合也值得深思的是,古典小说《西游记》和《镜花缘》中所书写的"女儿国"都是以唐代社会为背景的。这恐怕不仅仅是因为唐代出了个女皇武则天和她宫闱生活影响所致。

与社会事实相较,库尔特·勒温(Kurt Lewin,1890-1947)的"准社会事实"更强调主观感受(1997:22-24)。如是之故,香火兄弟形成的反结构的小社会就是这样的一种"准社会事实"。它使作为非良人的教坊艺人感受到自己尚有可为,生活多了些嬉笑,精美才艺得以传承,也使教坊艺人很少像一般的奴婢那样以极端的方式反抗良人对其的区隔与压制。

沉重的轻盈

沿袭旧制、应运而生的唐代教坊作为宫廷的音乐机构,集中、培养了大量艺人,繁荣了艺术。无论是迫于生计还是因高超的演技进入教坊,无论原本是良家子弟还是本来就是乐家女或配隶之属,虽然他们可能会伴皇帝左右并不时得到赏赐,但他们一样被良人所轻贱、蔑视。

在一定程度上,教坊艺人认同了主流社会赋予他们的身份和角色。然而,他们也尽可能尝试摆脱这些既定的地位,对艺术本身的痴迷又使其深爱自己的职业，相互提携，无怨无悔。因少受四民社会伦理道德的束缚，他们比良人更加讲义气，知恩必报，豪侠放任，敢作敢为。在可能的范围内，他们尽一切可能反叛添加在其身上的种种禁锢，向帝王谈条件、讨封赏。尤其是女性艺人，她们结成香火兄弟，将男人妻之。这种准社会事实营造出一个反结构社会。

由于社会巨变、年老技衰、统治者兴之所至的个人好恶等诸多原因，教坊艺人常流落市井江湖。在九曲回环的宫廷，在繁华的勤政楼前，在夜色苍茫的船头，在人头攒动的街头，在以泪洗面还强装笑脸的歌楼妓院，在觥筹交错的豪门府邸，在清寂的宫观庙庵，都有教坊艺人的身影。包括明皇、贵妃在内，作为一个有特殊技艺的群体，唐代艺人用其表演、欢笑与血泪丰富了当时世人的生活，也谱写出了中国女性的赞歌。

即使不能说艺人的"肉身"是后世津津乐道的盛唐气象的基石和载体，但我们或者可以说：以艺人肉身为核心的表演所形成的大酺时酒、色、才、气同在的广场狂欢化氛围，是被若干史家强化的盛唐气象的一个基本特征和组成部分。艺人的肉身，或者说他们与我们一样的某个器官或几个器官，被他们有而我们没有的奇技淫巧所占有。但是，这些拥有奇技淫巧的器官与肉身，又不完全被艺人自己占有、支配，而是被强调理性与道德、建构、维护秩序和规范的良人，尤其是帝王将相、举子士人、商贾贵胄等支配、调控、征用、书写和表达。

这一切都源于唐代艺人"沉重的肉身"（刘小枫，2004：70-100），同时也是轻盈而清新的肉身。这些多姿多艺的肉身，邪乎得美妙绝伦！无论从古典叙事、现代叙事还是后现代叙事而言，如果这些叙事真正存在差别的话，唐代艺人既不仅仅是身体丰盈的卡吉娅，也不单单是身体沉重的阿蕾特，而是卡吉娅和阿蕾特的完美合体，是丰盈与沉重的谐美。

对标榜只用"上半身"行走的人而言，这些肉身有着不可抗拒的诱惑，也是良人骨子里想占有却又不愿表露出来的一种期待。这种矛盾的心态也就必然决定了在一个结构社会中，艺人禁锢而又"自由"的矛盾生活状态和生命真实。肥沃、多才、张扬又邪乎、低贱、不自由的艺人，养育了今人爱戴也标榜自己修养、品味的艺术，养育了盛唐的良人，也养育了盛唐。反之，艺术、良人与盛唐，也孕育和成就了唐代艺人的沉重与轻盈、多艰与伟大！

身份

打野呵

连同《清明上河图》等宋人画卷,孟元老《东京梦华录》、吴自牧《梦粱录》和周密《武林旧事》诸书,让后人能较详细地知道千年前的开封、杭州繁华的都市生活和勾栏瓦肆的卖艺情形。与《教坊记》多记与宫廷关联紧密的艺人表演和生活不同,宋人这些"忆旧追梦"之作关注的是在勾栏瓦肆为更广大人群表演的艺人,并罗列了不少当时的表演类别和艺人名字。

在宋代,艺人不在勾栏而在街头巷尾卖艺谋生称之为"打野呵"。《武林旧事》卷六"瓦子勾栏"云:

> 或有路岐，不入勾栏，只在耍宽阔之处做场者，谓之"打野呵"，此又艺之次者。（周密，2001：108）

《梦粱录》卷二一"百戏伎艺"中列有理庙时的"路岐人"名将十喜、常旺两家（吴自牧，2001：289）。

随着都市本身的发展和社会的近代化进程，清末民初的大都市都有一块艺人集中撂地卖艺的杂吧地儿。杂吧地儿的表演包括以形体语言为主的杂技，以说唱为主要表演方式的曲艺和数人结班合演的小戏等。诸如：幻术、练把式、马戏、车技，落子、数来宝、相声、评书、大鼓、琴书，评戏，等等。因为面向的是平民与贫民，杂吧地儿通常也是其所在都市热闹、喧哗的地方，如北京天桥、天津三不管、济南大观园、南京夫子庙、上海徐家汇、青岛劈柴院、沈阳北市场、开封相国寺、成都青羊宫，等等。

对历史上以表演为生的乐户，人们已经注意到其生活史（项阳，2001；乔健等，2001）。同样，清末以来一直备受精英阶层青睐的京剧艺人等与统治者往来密切的艺人的生活也多有研究（如潘光旦，1941）。除《江湖丛谈》（连阔如，2010）之外，虽然杂吧地儿艺人表演早已被人们关注（张次溪，1936，1951），但是对这些街头艺人本身仍然少有研究，尤其是对其与之生计于一体的个体身份的获得少有记述。这在杂技史、曲艺史的书写中都是如此（傅起凤、傅腾龙，1989；倪钟之，1991）。

天桥一直伴随着北京城的演进而变化。因为北京特有的历史地位，鸦片战争后百余年在天桥撂地的街头艺人也就具有相当的代表性。同时，由于街头艺人的流动性，对天桥艺人的研究也可以一窥近代中国其他都市街头艺人的身份建构，并有助于对近代城市生活的认识，进而反观历史上艺人的形成过程。

与今天从事歌舞、杂技、说唱等表演的人被称为文艺工作者、艺术家并受世人的追捧迥异，传统社会从事技艺表演的艺人在良人的观念中多属"下九流"。下九流之上有"中九流"，中九流之上还有"上九流"。正如仍在晋东南流传的民谣所云：

一流佛祖二流仙，三流帝王四流官，
五流刀笔六流吏，七工八商九庄田。

一流举子二流医，三流堪舆四流推，
五流丹青六流相，七僧八道九琴棋。

一流玩马二玩猴，三流割脚四剃头，

五流幻术六流丐，七优八娼九吹手。

对下九流，包括统治者在内的士农工商四民，即中九流、上九流皆以另类视之。这也使得下九流有着大相径庭的社会化过程和生活习俗。因此，对街头艺人的研究也有助于对中国传统社会的认识。

在反思功能学派、象征互动学派、现象学派等偏重历史与结构分析的冲突社会学的社会化理论的基础上，张茂桂（1985）反对将社会化视为个体被动的内化过程。他对社会化的分析加入了结构、历史、权力与冲突等因素，强调社会化的冲突性和在社会化过程中社会化人与教化者同样有的主体性与能动性。兼顾客观实体与主观意义以及二者之间的互动关系，他详述优势—劣势的支配关系，个人社会化情境中的相互折冲（negotiation），结构中的生命机会（life chance）对个人折冲权力的相互影响。在此基础之上，考虑到在特定社会中的文化传承，本书提出并强调社会化的延展性。

社会化的延展性将突破惯有的社会化研究局限于个体或群体生命存在，甚或局限于特定年龄段和单位或群体组织的狭隘，将社会化视为不以个体生命诞生和终结为界限的长时段、跨地域历程，是在社会结构与历史、具体折冲情境中的主观认同中交互完成和互现的。犹如镜渊，已有的对特定社会地位、身份及与之相应的角色的惯性认同,当下社会优势—劣势群体各自的承传和相互之间的支配、互动,共时性的自叙、他叙及二者之间的互动,后起的言说、叙事、描摹与刻写,都是个体或群体社会化历程的有机组分。因此,本部分除详述一位新人(novice)能动地在街头艺人这个另类社会社会化过程之外,还将新人的出身与街头艺人群体在整体性消失前后异质性群体的不同言说、表达、书写纳入考量范畴,探究街头艺人群体的社会化历程,探究包括艺人、良人在内,人们心灵集体化的社会化历程。

街头艺人是指不从事物质性生产,除自己擅长的技艺外,再无其他谋生之术,只能靠其技艺,主要在都市杂吧地儿谋生及养家糊口的个人和群体。街头艺人并非都是打野呵的路岐人,它仅是一种概称。就旧京天桥而言,在天桥谋生的艺人最初都是露天卖艺,他们自称"明地""撂地"。后来,为了遮风挡雨才搭盖了一些临时性的棚子,仍然是"风来乱,雨/雪来散"。在棚子里卖艺又称"上大棚的",与"撂地"同义。再后来,天桥才有了简易的园子。这些后起的席棚、茶馆、落子馆、小戏院子等演出场所并未取代露天的撂地场子。相反,撂地长期是天桥艺人重要的卖艺方式。而且,天桥这块都市杂吧地儿的室内卖艺场所之简陋,是"街北"——珠市口以北的大戏院子中的演者、观者不屑一顾的。所以,这里将在天桥卖艺为生的艺人统称为街头艺人或天桥艺人。

本书中"近代"指从鸦片战争以来到20世纪中叶这一百多年的历史时期。在今天的口头回忆中，老人们通常把最早在天桥撂地卖艺的历史追述到1862年。因为给咸丰皇帝戴孝，清廷勒令全国一百天不准演戏、动响器，戏园子封闭。本来唱京戏且博学的朱绍文（亦写为朱少文，1829-1904）迫于生计，只得流落天桥撂地卖艺，并自取艺名"穷不怕"。天桥的撂地场子是在20世纪50年代才断裂性地消失的。因此，本书关注的是19世纪中叶到20世纪中叶这一时期的天桥艺人。

穷于途

天桥原本是一座桥的名称，《京师坊巷志稿》云："永定门大街，北接正阳门大街，井三。有桥曰天桥，桥西南井二，街东井五。东南则天坛在焉，西南则先农坛在焉。"（朱一新，1982：195）即，天桥位于现北京天坛路西口、永安路东口、天桥南大街北口、前门大街南口四条大街的汇合处。

此桥称为天桥，市井街头有多种说法。其中，最为普遍的是，它曾经仅仅是在祭天、祭农等郊祭时，皇帝才能通行的桥。后来，天桥才渐渐演化成其所在地域的名称。作为城市空间一部分的天桥地处前三门（崇文门、正阳门、宣武门）外的南城，在前门（正阳门）外永定门内。现今，天桥这个街区的外观与巨大的北京其他街区没有多少不同。可是，在老北京人记忆中，天桥更多指的是天桥这座桥西南方圆二里大的地方。那里曾经有着种种撂地场子和表演。而且，在老北京人的观念中，贫贱的空间属性仍然未与当下外观光鲜亮丽还不乏豪奢的天桥完全脱钩。

金元时期，天桥一片江南水乡风光，几近于如今作为旅游目的地远足、赏玩的乡野。土木堡事变之后，出于多种原因，明朝统治者才修建了北京外城城墙。但是，外城城墙的坚固度、外观都逊色于内城城墙。前来京城讨生活的乡下人也渐渐云集在内、外城墙之间的天桥一带。天桥也因而成为一个以脏、乱、差和杂合为主要特征的都市杂吧地儿，称其为"贫民窟"亦不为过。《鸿一亭笔记》云：

> 北京正阳门前搭盖棚房，居之为肆，其来久矣。崇祯七年，成国公朱纯臣家灯夕被火，于是司城毁民居之侵占官街搭造棚房拥塞衢路者。金侍御光辰虑其扰民，上言：京师穷民僦舍无资，藉片席以栖身，假贸易以糊口，其业甚薄，其情可哀。皇城原因火变恐延烧以伤民，今所司奉行之过，概行拆卸，是未罹焚烈之惨而先受离析之苦也。且棚房半设中途，非尽

接栋连楹，若以火延棚房即毁棚房，则火延内室亦将并毁室内乎？疏入，有旨停止。（转引自于敏中，1987：886-887）

实际上，元、明、清对整个京城的规划、建设和北京城在明清以迄民国本身发展的规律，都加速了天桥所在南城的商业贸易的发展和贫民在天桥云集的速度（章英华，1985）。元代的郊祭之所在南郊。明代永乐年间在天桥东南修建了天地坛，后于永乐十八年（1420）在天地坛的西边修建了山川坛。由此，天桥成为皇帝祭祀天地山川的必经之桥。万历十三年（1585）四月十七日，明神宗因天旱"祷于郊坛，自宫中步行而出，祷毕仍步还宫"（于敏中，1987：922）。清初，天桥在改朝换代之后迅速恢复了往日风光，所谓"正阳门前棚房比栉，百货云集，较前代尤盛"（于敏中，1987：887）。

与明代天桥在京城的贫贱不同，清政府的满汉分城别居的政策，使城市空间作为一种"权力配置"的空间更加分明。这强化了天桥"低下"的政治属性和"低贱"的社会属性、文化属性，也基本决定了在天桥谋生者的来源：首先是在政治上无特权者，抑或失势者和落魄者，其次是在城市中无以为计的人，再次是周边乡村流落到城市的农民，最后是长期被四民社会轻视的艺人、乞丐和妓女等贱民。

洋务运动后，京津铁路、京汉铁路的车站都设在天桥附近。民国时期，北京有轨电车的总站亦建在天桥。1913年，在天桥左近的香厂修建了新世界。1918年，为了与新世界竞争，在先农坛北部旧址上修建起了城南游艺园。这些都使得原本是旗人等有头有脸的人不愿涉足的天桥，成为清末与民国期间北京城最热闹的地方之一。正所谓，"倾城车马下天桥，多少游人不忆家！"1950年，在给《人民首都的天桥》写的序言中，社会学家李景汉（1895-1986）把天桥称为"旧式的平民文化宫"，认为它象征了"东方的文化和中国人民杰出的智慧"，认为到天桥和在天桥的人更显露"原形"。天桥的这些特质，在老舍（1899-1966）《四世同堂》《鼓书艺人》《龙须沟》等作品和张恨水（1895-1967）《啼笑因缘》等小说中多有再现。

清末，层出不穷的内忧外患使得作为权力配置结果的京城不同部分的空间属性有了松动，发生着变化。在此渐变中，天桥日益与贫贱、卑微、肮脏和丑陋关联紧密。作为一个标志性事件，辛亥革命意味着封建帝制的终结。可正如《阿Q正传》揭示的那样，它并未能从根本上对国民的观念进行革新。这既表现在北京城后来还上演了袁世凯称帝和张勋复辟的一本正经，也表现在北京人的日常生活之中。北京城"内（北）贵外（南）贱"的格局印象仍深深地镶嵌在人们的观念和行为之中。稍有办法维持生计的内城人、顾面子的有身份有地位的人，依然不愿前往天桥。在邓云乡（1998：45）的记忆中，天桥枯燥单调、杂乱喧嚣。满族老人祁继红女士晚年的回忆更为直白："那会儿天桥让我们住我们都不住，说那儿是下流之地，有唱戏的，还有窑子，姑娘不让带着上那边去，一般的好人都不去。"（定宜庄，1999：12）

同在前门外，以珠市口为界，在诸多演艺行当还有"街南"与"街北"之分。合作者们强调：街北指珠市口大街以北，天桥因在珠市口大街以南，又俗称"街南"。这种区分在戏曲艺人中更为明显。街北常与在大栅栏左近大戏院子中出入的大戏班及京剧名角相连，街南则与天桥的撂地场子和简陋的小戏院子相连。两种空间有着不同的社会属性。街北的京剧名角不会到街南来，街南唱戏的、撂地的更进不了街北的戏院子。

虎瘦了拦路伤人，人穷了当街卖艺！

辛亥革命动摇了以前作为统治阶层的旗人整体上尊贵的命运。曾经过着悠闲、典雅生活的旗人以及其他寄生于旗人的群体，都不可避免地在不同程度上与往日的辉煌话别。最具代表性的是原清廷善扑营的扑户。帝制的终结、交通的快捷、热兵器的日渐盛行，使他们不得不纷纷走上街头卖艺为生。天桥后来有名的掼跤（摔跤，也写作"蹾跤"）艺人沈三（？－

1945）、宝三等都是曾在善扑营任职的宛八老爷的徒弟。原先作为标榜旗人典雅、闲适的吹拉弹唱的种种玩意儿，也成了一部分落魄而不顾面子的旗人谋生的工具。相声艺人的始祖朱绍文、张三禄等都是迫于生计在清廷灭亡之前就早早地走向了街头巷尾，走向了天桥。晚年有"琴书泰斗"之称的关学曾的父亲、车技艺人"小老黑"金业勤的父亲也都是一步步从内城流落到外城。最后，关学曾和金业勤都不得不学艺卖艺。

1930年，留洋归来后在政府任职的雷齐虹（Lynn Jermyn）也对满族这一族群生活的骤变有着真切的记述：

> 在清帝国覆灭之前的很长一段时间里，满人就在城内的府邸里与汉人聚居，自从民国以来，满人变穷了，而现在，甚至那些贵族们也要拍卖自己的府邸和珍宝，而那些贫穷的居住在营地的满人被迫离城出走以谋生计。北京城的常住人口有一百二十万，其中三分之一是满人，现在这四十万满人中只有很少人尚有生计，也只有很少人能够体面地谋生。据说，他们如今最高尚的职业是教外国人北平方言……有些满人上街卖艺，因为他们有一副天生的好嗓子和优雅的举止，他们赚的钱显然比给外国人教书来得多，但许多满人过于自尊，宁可受穷也不肯登台卖艺。此外，在

北平的九千名警察中,至少有六千名是满人……然而穷满人的最流行的职业是拉洋车……这个不幸的民族的妇女和儿童所经受的痛苦更甚于族中的男人……许多非常漂亮非常年轻的姑娘在妓院里卖身,天坛附近的天桥大多数的女艺人、说书人、算命打卦者都是满人。更有甚者,昔日权贵的女性后裔被迫卖给汉人当姨太太……(转引自吴永平,1999:28)

在近代,日渐成为京城内外交通枢纽的天桥,渐显其地理位置上的重要。然而,这种地理位置上的重要性和没落旗人流落天桥从事他们以前嗤之以鼻的职业都没能从根本上改变天桥原有的属性,反而强化了其"阁楼""垃圾回收站"的中介、过渡和循环再生的城市机能与区位、地块属性(Dong,2003:172-207;董玥,2014:175-215)。诸如:内城人的贵贱转换、乡下人进城身份的调适、乡野文艺的市民化抑或说都市化,等等。在内城人心目中,它是一个边缘地带,迫于不得已的原因,内城人才会去。鸦片战争以来,殖民者的入侵、洋货在中国市场的流通,加速了小农经济的破产。华北频繁的旱灾、蝗灾、水灾等自然灾害和人祸——战乱,使得京畿乡村无以为计的农民纷纷流入城市。天桥武术家"朱大麻子"朱国良的祖父、快板艺人高凤山(1921-1993)在六岁左右都是因这些原因到了天桥一带的。同时，快捷的交通等因素加速了京津唐地区城乡之间的流动。落子、大鼓、杂技等民间技艺也纷纷涌到天桥。天桥有名的杂技艺人"狗熊程"就是从杂技之乡河北吴桥来到天桥的。

然而，天桥并非是一个简单意义上的都市平民文化宫。因前述原因，天桥的众多玩意儿的观者仍多是贫民。1914年，多愁善感的诗人易顺鼎（1858—1920）《天桥曲序》云：

> 天桥数十弓地，而男戏院二，女戏院三，落子馆又三，女落子馆又三。戏资三大枚，茶资仅二枚。园馆以席棚为之，游人如蚁，窭人居多也。落子馆地稍洁，游人亦少，有冯凤喜者，楚楚动人。自前清以来，京师穷民，生计日艰，游民亦日众。贫人鬻技营业之场，为富人所不至，而贫人鬻技营业以得者，仍皆贫人之财。余既睹惊鸿，复睹哀鸿，然惊鸿皆哀鸿也，余与游者，亦哀鸿也，书至此，余欲哭矣。（转引自张次溪，1951：34）

无论原本是艺人流落到此卖艺，还是流落到此之后不得不学艺卖艺，面对有限的生存资源，天桥艺人自然形成一种内在的运作秩序和机制。即，要具有一定身份的人才能在此卖艺，哪怕仅仅是举行拜师、出师等象征身份的标志性仪式。

总之,由殖民者入侵为导火线所带来的中国社会近代化历程、以辛亥革命为标志性事件引发的旗人命运的骤变、小农经济的渐变和天桥经过差不多八百年时间伴随京城演进而拥有的复杂也是别具一格的空间属性等多重因素,使在那个年代破败并无以为生和不顾脸面的旗人、京郊破产的农民、无家可归的孤儿、乞丐、妓女(所谓的北京"八大胡同"就在天桥左近),江湖上的风马燕雀、金皮彩挂、评团调柳等行当纷纷汇聚天桥,使天桥成为一块都市中的杂吧地儿。在这块杂吧地儿上生活的多个异质性群体也构成了都市中的边缘社会,抑或说江湖。

当然,天桥的沿革及其空间属性、艺人的来源及其空间属性与社会变迁之间的关系十分复杂(岳永逸,2019:367-435)。在此,对这种关系的粗描,除为提供天桥艺人社会化的情境,也想初步表明天桥艺人在其成为街头艺人之前本身就是被主流社会及其原有生活秩序、生活空间抛出的一群。它是代表结构性不平等的,既承认个人选择的自主性,也肯定社会结构因素对个人自主性的限制的"生命机会"(张茂桂,1985:175、187)的体现。

从被原有的社会秩序抛离而言,这些后来成为天桥艺人的人经历的是一个被动的过程。从个体原本就拥有有限的生命机会而言，这一过程则是主动的。在其随后经历的由街头艺人所构成的另类社会社会化的过程中，其"公开文本"（public transcript）是处于劣势的徒弟—新人在被动地接受以师父为代表的处于优势的街头艺人的教化。可是，只要考虑到认同是个人与群体间互动中呈现的相互定义的过程，考虑到既存的优势群体与劣势群体的结构性冲突，我们就会发现新人在此过程中的主动性，即徒弟学艺的"隐藏文本"（hidden transcript）。[①] 在此过程中，虽然是师父、艺人群体和他们所奉行的规范在教化新人，但新人为了尽快地习得这个另类社会的知识、技能并被新群体认同，他自己也在主动地追寻、认同这个另类社会的规则，并能动地建构、巩固之。实际上，在一位新人决定要拜街头艺人为师之前，他自己或者其家庭已经认知到了他们可能会面临的生活及前景。

这个对新人被动与主动杂糅的社会化过程包括：拜师、学艺、摆知（出师）、盘道（异地演出时，当地同行当艺人用行话考问祖师爷信仰、行规禁忌、行话等行当内部知识）、表

[①] 斯高特的公开文本和隐蔽文本主要是对下层群体的政治对抗和政治话语的形式研究中创立和使用的（Scott, 1990）。实际上，围绕任何有形、无形的资源、资本，不仅仅是在有权的统治者和无权的下层群体之间，任何对立冲突的双方都会同时使用公开文本和隐蔽文本这两种斗争形式，处于优势的师父和处于劣势的徒弟同样会在不同的时候运用不同的手段、策略来折冲其关系。本书正是在这一意义上来使用这组概念的。

演和绰号的获得等过程。每个过程都是结构性的限制与个人能动性互动的过程。同时,这些过程是在四民社会对街头艺人本身惯性认知和角色期待以及街头艺人群体对这些认知、角色期待的回应、调适下发生和传承的。良民的优势和艺人的劣势,师父的优势和徒弟的劣势,艺人不同行当之间的优势与劣势,都同时对一位流落到天桥并愿意拜师学艺的新人身份的建构产生着影响,新人也主动地回应着这些影响并使与之关联的人身份、观念发生变化。

天桥撂地卖艺的行当众多。《人民首都的天桥》一书中记载的说唱有38类,软硬杂技有28类之多。不论哪个行当的艺人,虽然说唱艺人和杂技艺人习艺的方式有别,但其身份重构的过程大致相同。这一方面与他们共同的社会属性,四民社会对他们的角色期待和他们对这种角色期待的部分认同相连,另一方面也是他们演艺生活需要而形成的行当内部的认同和行当之间的认同所决定的。这些艺人除不同行当之间存在一定的流动之外,他们还常常组成小班在城乡流动卖艺,不同行当的艺人之间经常"反串"。所以,在一个人拜师、出师时经常会邀请不同行当的艺人参加,以强化不同行当艺人之间的认同。这样,在天桥不同行当的艺人之间事实上形成了一种拟制的"大家庭"式的师承关系(岳永逸,2007:143-179)。每个艺人都可以在这个大家庭式的师承谱系上找到自己的位置,跟曾在天桥撂地卖艺的人产生或远或近的拟亲属关系。这在不同的说唱艺人，尤其是在相声和说书两个行当的艺人之间非常明显。

拜师

天桥艺人是众多行当构成的异质性群体，行当之间有着级序之差和优劣之分。

就说唱而言，天桥艺人长期不准数来宝艺人在天桥撂地卖艺。在结班演出时，相声长期不准攒底，分成也少于唱大鼓的。在近代已经颇受四民社会喜欢的街北京剧艺人面前，唱大鼓、评戏的艺人始终都低人一等。在天津，如果评剧艺人在中国大戏院唱了，"京剧的名角就不进了"（新凤霞，1982：144）。正是由于说相声和唱大鼓比唱戏更轻贱，马三立家长时间忌讳说母亲恩萃卿（相声名艺人"大恩子"恩绪之女）是唱大鼓的（马三立，1983）。曾经一度想学相声的新凤霞（1985：61），被唱戏的杨金香痛骂，"怎么这么没出息？"杨金香认为，相声是小丑行当，要新凤霞学梅兰芳（1894-1961）、尚小云（1900-1976）。

这样，行当之间的级序和尚未入门的新人及其家人对这种级序的认同，使一个游离到天桥欲拜师学艺的新人不得不根据自己的喜好、所具备的条件和期望值，在有限的范围内、指向性很强地拜师学艺。换言之，历史性形成的优势—劣势支配关系和社会结构中的个体生命机会，强化了个体社会化情境的折冲。

不言而喻，本身就出生于街头艺人之家的人拜师有不少优势。而孤儿或原本与艺人无关的人，要拜师就颇费周折。因此，"穷不怕"朱绍文、"云里飞"白宝山、常连安（1897？-1966）等不少天桥艺人，最初都曾有学京戏的尝试和经历。"相声八德"之一马德禄（1882-1935）的儿子马桂元（1911-1940）、马三立就分别拜了同样是相声八德之一的"万人迷"李德钖（1881-1926）和"周蛤蟆"周德山（1878-1955？）为师。反之，父亲是在天桥卖估衣的王学智，最终没能拜他喜欢的拉洋片"小金牙"罗沛林为师，而孤儿高凤山就只有自己直接求乞数来宝艺人"曹麻子"曹德魁收他为徒了。

拜师是新人学艺必经的起始阶段。从艺者必须磕头拜师才算有了门户，才能得到同行的承认，出师后无论走到哪儿才敢大胆卖艺。否则，他会被同行戏称为"没爹的孩子""海青腿儿"，遭受排挤、歧视，甚至驱赶。

那时，艺人习惯将自己的授业师父称为业师、奶师，意指像母亲一样给自己奶吃的师父，也即给了自己生计的师父。合作者非常强调师父的写法是"师父"，而非"师傅"。一朝为师，终身为父。作为徒弟，除三节（端午、中秋、春节）两寿

（师父、师母生日）到师父家送礼探望外，给孤寡师父养老送终在艺人社会也是天经地义的事。孟继永和南城"丐李"都是独身艺人。孟继永一直和朱国良一家人生活在一起，是朱国良的母亲——朱寿山的妻子带着儿子们为孟继永送终的，且将其送回老家安葬。在20世纪70年代初，王学智在自己极端贫困的情况下，从北京城里接来了他的数来宝师父——南城丐李，每天将师父背进背出，并送终安葬。

为了光明正大地卖艺，完全是从父亲高老二那里学会相声的高德明（1911-1960）就在已故的相声艺人"冯六爷"冯昆志（1889-1946）的坟头叩头拜师。马三立在跟随自己的哥哥马桂元、父亲马德禄学艺后，还得拜周德山为师。这样，无论说唱还是杂技，不论是师传、家传或者师传与家传结合，天桥艺人都有明晰的师承关系，并有着相近的拜师仪式。

在条件许可的情况下，拜师仪式会邀请尽可能多的人参加。这对师父而言，有"添丁增口"之喜，也说明师父的能耐。对徒弟而言，他获得了新群体的初步认同。对同行而言，他们又多了一位同伴，意味着其所从事的行当的魅力。对同门师兄师姐而言，新人拜在师父门下，一方面说明师父的影响和地位，另一方面也预示着他们自己在小群体内地位的提升和资历的增长。与家族社会同辈人常以年龄大小论尊卑长幼不同，在街头艺人中，先入师门的就是师兄，后入师门的年龄再大也是师弟。师弟对师兄必须以礼相待。同时,拜师仪式本身也创造了一种交际空间。它给需要人缘却终日繁忙的街头艺人以与故交加深情感、结识新人甚或切磋技艺的机会。

因此,有名望的艺人会尽可能地把其收徒仪式办得规模宏大。1927年4月12日,评书艺人、北京评书研究社社长潘诚立(1872-1929)收徒弟李豫鸣,在隆福寺宏升饭庄举行拜师仪式,前来贺喜的有50人之多。根据现在所能看到的照片,能辨明的说书艺人有王杰魁(1874-1960)、袁杰英(1888-1947)、陈士和(1887-1955)、品正三(1896-1953)、傅阔增(1900-1976)和连阔如等。

在天桥,说书说相声的、变戏法儿的、唱八角鼓的、练把式的属不同行当。然而,撂地时圆脸(亦写作圆粘或圆黏,指开场时招呼观众)、打杵(打钱)均有说口(说辞),所以在拜师时,各门都要请一位师父参加。这既是天桥艺人不同行当之间的群内认同,也是对其表演上的姻缘关系的肯定。简言之,拜师仪式既强化参与者的身份与角色,也整合联谊。

1999年10月14日,在集相声、数来宝、拉洋片于一身的老艺人王学智家中,在其忘年交张卫东的帮助下,按照传统的拜师礼举行了收徒仪式。从该仪式我们可以对以往并无详细记录的拜师仪式略窥一斑。该仪式中,师徒都穿长袍,过程如下。

拜师前，在王家的客厅靠北墙正中的桌子上摆放好王学智师父高凤山的照片（相当于神马）和供品。供品包括面供和水果，如苹果、橘子、香蕉、葡萄、柿子等，取平平安安、世世有余等吉利之意，但不能用梨。供品摆放随意，对女性也无禁忌。仪式的主持人上首就座，由年龄、辈分在一定范围内最高的长者担任。

仪式开始时，主持人诵赞辞："世人传艺兼传德，德艺二字难分割。有德乏艺难糊口，有艺无德人笑责。德艺双馨成杰俊，江湖中人但难得。先师开创张口饭，徒辈传承留艺德。"之后，由下首坐的王学智向自己师父的牌位行弟子礼，向师父禀明自己在收徒传艺："恩师，孩儿王学智向你上香了。你在世的时候，孩儿没给你磕头，现在给你补上。"然后三叩首。

接着，新拜师的徒弟跪下听宣，恭听家门大义，由主持人宣读，上一炷香念四句。内容如下：

> 打鼓宣教设孝坛，讲孝谈忠劝世篇。
> 彭祖洪武尊始祖，历代相传到今天。
> 相声快板江湖艺，求生江湖数百年。
> 学智今举收徒礼，源流师承应先谈。
> 奶师叩拜高德亮，德魁曹师原在前。
> 相声快板两门艺，二者兼学高凤山。

高师也曾收徒辈,学智王姓艺双全。
洋片学智亦久练,相声快板兼洋片。
师承高氏徒学字,再传友字接学班。
今日学智大喜日,收徒典礼在此间。
就此举行拜师礼,拜帖一张献师前。

然后,徒弟宣读自己的拜师帖。如陈友全的拜师帖是:

久慕学智先生,精通相声快板洋片艺术,学生陈友全愿拜在先生门下为徒习艺,愿先生赐教。习艺期间一切听从先生教诲。如有不逊,敬请引、保、代诸师管教。空口无凭,立此为据。弟子陈友全敬上。

除徒弟各自名字之外,其他内容大致相同。

再后,签字画押。主持人诵读赞辞:"大红拜师帖一张,一秉虔心写中央,今朝赐我江湖义,恩同再造记心房。"之后,请引师、保师、代师、徒弟在拜师帖上签字画押或盖章。

继而,赐艺名,徒弟给师父磕头行礼。主持人宣读王学智给徒弟赐的艺名:"为师接过帖一张,重若千钧非寻常,友鑫友全和友才,闯荡江湖走八方。"然后,隆重的磕头行礼开始。每个徒弟手持一支香,点燃,并排跪下。主持人诵道:

"一炷高香奉明王，留下板子万载长，江南江北四门祖，徒继前贤理应当。"随后，师父从徒弟手中接过香插在香炉里，回转身面向徒弟。在主持人的指挥下，徒弟们一叩首。主持人接着诵读："彭祖寿有八百春，二炉高香朝上焚，朱祖留名穷不怕，吃水不忘挖井人。"徒弟们二叩首。主持人再诵："三炉高香谢师尊，高门真嫡传后人，再谢诸师引保代，江湖路上多赐春。"徒弟们三叩首。

接着，引、保、代三师就位，徒弟给引、保、代师叩头。引、保、代师分别给徒弟发话，大意都是告诫新拜师的徒弟要尊敬师父，遵守行规，虔心学艺，不要给师父丢脸。

最后，业师王学智向在座的人介绍自己新收徒弟的情况，而后大家围聚就餐，谈天说地，拜师仪式结束。

引师是引荐师父的老师。保师有保人、证明人之意。代师，又叫代笔师，指师父不在时，可以跟弟子说一些技艺方面的知识，帮忙找一些学习演出的地方。引、保、代三师有的是徒弟自找，有的是师父找。引、保、代师都是与师父平辈，关系较亲近的同行当或不同行当的艺人。主持人的身份要复杂些，有可能是饭庄老板，也有可能就是引、保、代师中的某一位，或者是某个班社的班头，抑或前述三重身份兼有。当然，也存在高凤山这样的孤儿直接求乞曹德魁收自己为徒的特例。

拜师仪式举行的时间、地点，一般由师父定。时间要么与师父的生日重合，要么是其他喜庆吉利的日子。地点常在饭庄，有时也在师父家里。如果在饭庄，仪式一般在上午八九点开始，中午一两点结束。如果在家里，一般就在晚上进行了。很明显，前者的声势要相对大不少。究竟怎么办，要根据师徒双方的具体情况而定，并无完全确定模式。以前在举行拜师仪式时，师父或者师母要将本行当的道具赐给徒弟一套，如说书艺人用的醒木、手巾、扇子，相声艺人用的装白沙子的布袋。当然，有的是徒弟自己就准备好了的。

从王学智的收徒仪式，我们可以推测清末民初拜师仪式的大体情况。拜师仪式中，聆听家门大义，宣读拜师帖，恭听引、保、代诸师的训示和庄重的焚香叩首，都是对徒弟进行塑造的过程，也是徒弟为获得新身份和新群体认同而主动追寻，认真虔诚的操演过程。凡1949年前拜师的艺人，如关学曾等就说自己在拜师的当日像一个磕头虫似的。显然，以往的拜师仪式或者要严肃复杂些。这从遗存的拜师帖就可看出。

拜师帖又称"门生帖""写字"或"字据"，常见格式如下：

师道大矣哉，入门授业投一技所能，乃系温饱养

家之策，历代相传，礼节隆重。今有×××（师赐艺名×××）情愿拜于×××门下，受业学演××。×年期满，谢师效力×年。课艺期间，收入归师，吃穿由师供给。自后虽分师徒，谊同父子，对于师门，当知恭敬。身受训诲，没齿难忘。情出本心，绝无反悔。空口无凭，谨据此字，以昭郑重。下面是艺徒签字画押，引保代师签字画押。×年×月×日立。有的还写有"死路生理、天灾人祸、车轧马踏、投河觅井、悬梁自尽，各听天命，与师无涉。中途辍学，赔偿×年膳费"。（ZGQYZ，1999：550；连阔如，2010：242-243；张次溪，1936：54）

如今，还能看到的1949年6月佟大方（1919-1984）的拜师帖是这样写的：

> 立字人佟大芳〔方〕艺名钰承情愿拜金凤魁字晓珊门下为授业学鼓曲书词代学口技言明六年为满期限内所挣之钱与老师均分吃穿自备年期月满谢师后挣钱归自己并养赡老师直到养老送终钰承担负完全责任恐口无凭同众立字为证由国立三十八年六月日起至

四十四年六月止双方各无返〔反〕悔立字为证

    立字据人佟钰承

    介绍人

    保师

    代笔师

    师父

（ZGQYZ, 1999：559）

可见，拜师字据一般都说明了拜师学艺的正当性，规定了授业内容、学艺期限、收入分配方法及应负担的责任，对师父绝对权威的承认。含有"投河觅井、悬梁上吊，各听天命，与师无涉"之类字句的拜师字据，更近似于卖身契。有了这样的字据，究竟因何原因，徒弟觅死，与师无涉，师父可置身事外。而对把自己幼子/女送去学艺的父母来说，究竟孩子将来如何，只有听天由命。对于尚是幼童的徒弟来说，或许他已知晓学艺的辛酸，但多数是把希望寄予在将来有一天，能像师父那样赚钱就行。按关学曾的回忆，在正式拜师仪式举行之前，要把字据先写好，在写字时，引、保、代师都得在场，当徒弟的要先给这些师父一一磕头。

字据是徒弟和师父关系的固化，师父把字据看得非常重。

如果徒弟要回字据或者师父将字据归还徒弟，就意味着师徒关系的终结。在天桥艺人这个另类社会中，字据如主流社会具有法律意义的合同，有明显的约束力。因为每一位艺人的字据规定了其辈分和新的名字——艺名，字据就是其身份的标志，并表明了他与其他艺人的关系和他在一个行当中所处的位置。因此，字据的习惯性约束力也就强化了艺人之间的整合与链条关系。它既是艺人自我强化与认同的手段，也是这种认同与强化的标志。作为街头艺人中的一员，每个人都十分愿意看到自己在链条中的位置，上行线条更希望能与高辈分、名师相连，下行线条自然是枝杈越多、人越多越好。这样，在识字率不高的这个另类社会，有着限制人身自由等多重负面因素的字据反而有着更加重要的作用。

　　如果师父随和，或者徒弟与师父之间存在或近或远的亲属关系，那么拜师仪式与字据要相对平和得多。"三蘑菇"常宝霆（1929-2015）是相声艺人常连安的三儿子。他与杜三宝同时拜郭荣起（1917-1999）为师。郭荣起的妻子是三蘑菇的姑姑——常连安的妹妹。杜三宝的父亲弦师杜茂田和他母亲筱月楼与郭荣起也是多年的老关系。因此，这次拜师仪式就在相当轻松的氛围下进行。另外，也有师父向徒弟的父母许诺的情况。关学曾拜常德山为师时，常德山就向关的父母许诺，保证这孩子将来每天能拿回一个大洋来。如果徒弟家特别贫穷，或本身就是孤儿,再加上年龄、亲属关系等方面的原因,拜师的仪式会出现许多变通方式。

拜师有有仪式与无仪式的分别。前一类又分三种:第一,授业,即"入室弟子",自幼拜师学艺,这是天桥艺人较为普遍的情形。第二,"拜门儿",即"带艺投师",在原有基础上受些指点。如侯宝林后来拜相声艺人"大面包"朱阔泉(?-1940)为师,高凤山后来拜相声艺人高德明,朱国良后来拜杂技艺人刘景斋,就属此种情形。第三,"代拉师弟",指艺人由于年龄或其他原因,不便直接将投师者收作自己的徒弟,就以替自己师父收徒弟的名义,将此人收为弟子。如"小蘑菇"常宝堃(1922-1951)的父亲常连安,就是在小蘑菇拜张寿臣(1898?-1970)为师的同时,被张寿臣收为代拉师弟。

无仪式的拜师也有两种情形。第一,口盟,又称"寄名",只凭一封信或一句话就算某老师的弟子了。如王学智拜高凤山,高凤山拜曹德魁。第二,"私淑弟子",指某人特别喜欢某人的演技,由于种种原因,无法举行拜师仪式正式拜师学艺,只好借观摩他人演出之机,偷偷用心学习并学得惟妙惟肖,遂自称是某某的私淑弟子。王学智就自称是罗沛林的私淑弟子。"天桥的马连良"梁益鸣(1915-1970),则被称为是马连良(1901-1966)的私淑弟子。

在讲究师道尊严的传统社会，拜师仪式在艺人社会也就成为一种结构性的存在。它强化师徒之间权利和义务，规范与协调的是师父的优势地位和徒弟的从属地位，并使这种关系合规矩、合情理。因此，不论社会发生怎样的变化，拜师作为一个艺人行艺的必经阶段在整个20世纪始终存在。1949年后，凸现礼数，磕头顶大帖的拜师仪式被视为陋习，字据也被部分急于给自己正名的艺人藏匿或销毁，但拜师本身仍然没有被新的主流意识形态和昔日的艺人所否认。

在由众多昔日街头艺人组成的曲艺团、杂技团等单位中，党和组织、单位安排某人拜某人为师，以体现师徒之间平等氛围的茶话会代替了以往的拜师仪式，并成为20世纪五六十年代拜师的公开文本。主流社会和艺人群体对师徒关系的认同直接影响到改革开放后，尤其是在一些曲艺、杂技团解体后，当表演成为一种收入不菲也时尚的谋生技艺时，拜师仪式的师徒都极力在形式上回复到1949年以前讲究礼数和尊卑的仪式。换言之，1999年王学智在家中举行的收徒仪式并非偶然和特例，而是含有旧的新风尚。

这些都说明，拜师对街头艺人社会化、新身份获得的重要性。在师徒关系中，徒弟虽然处于附属地位，但徒弟并非全然就是被动地存在于师徒之间不平等关系所孕育的结构性冲突中。徒弟常常会主动地、尽可能地为自己的学艺与生存争取更多权利,这鲜明地体现在学艺的生涯中。

当然,街头艺人学艺本身是一种教育。但是,这种教育与当下一统天下的学校教育大相径庭。艺人学艺是日常熏染、潜移默化,是经验、直觉重要莫名的口传心授、言传身教和身体力行,是全身心的修炼与修行,是一种别有风味和逻辑的文化制度。

日常熏染

1. 另一种教育

不论是三年、五年还是八年,也不论是在天桥哪个行当,学艺都是一个繁杂的过程。除该行当特定技艺的习得,学习的内容还包括对祖师爷信仰、行当来源、师承渊源、行规禁忌和春点(行话)等方方面面的行业知识。这里将主要以技艺习得和祖师爷信仰的传承为例加以说明。

天桥艺人的技艺习得,对说唱艺人而言,是以口传心授、言传身教为主,靠强记与领悟。因为他们不是落魄走投无路就是出身穷苦,基本没有条件读书,读了点书的,学校教育程度也普遍偏低。20世纪三四十年代,在京津两地众多的相声艺人中,仅马桂元、马三立兄弟有相当于高中的学历。杂技艺人就是苦练二字。相较而言,杂技艺人不太看重后代读书。除经济因素外,这还与其行当本身的特色和教育理念有关。合作者弦师李嘉康（1931-2021）曾对我说："我眼睛看不见，就什么也不想，只是琢磨这东西（弦子），所以才能记住这么多。"

人类的教育类型与范式原本是多元的。在世界范围内，心无旁骛地沉浸其中、规避无关的信息，是靠身体传承的技艺习得的共性。如果必须将靠身体传承的技艺习得——学艺冠以"教育"之名，那么这种教育迥然有别于以书本和教室为轴的学校教育，它是一种"练功比'学文化'更重要"（傅谨，2023）的教育。作为广义的教育和一种另类教育，正如小川三夫所说：学艺是"怀着一颗诚实的心去理解对方工作的过程"，"要让脑子保持一片空白"，"所有的信息在学徒中都是多余的"（盐野米松，2000：16）。因此，小川三夫的师父，日本最后一位宫廷木匠西冈常一（1908-1995）明确地要求小川三夫不读书、不看报，连看跟工作有关的书都不行。

换言之，学艺是"长时间的修炼过程"（盐野米松，2016：22），是一种"修行"。它需要的是体会、积累，经验和直觉更重要。对此，西冈常一曾说：

> 手艺人的技能和直觉是学校里教不了的，是靠人与人、师父跟徒弟一起生活、一起做活，才能体会得到的。……"技艺"这东西，不是你手上的功夫有多

棒就厉害。技艺，来自你自身的灵感和对事物判断的直觉，而这些是需要在无数的经验中慢慢摸出来的。

（盐野米松，2016：24、53）

清末，在街北兴起的富连成等京剧科班，已经有了群体教学、统一管理的学校教育之意涵。虽然学戏就是"打戏"的本质变化不大，但外在管理上已经规规矩矩，节点分明，步调一致。与之不同，街南的天桥艺人的技艺习得相对随意。对小孩子，师父高兴了就说一两句，不高兴了就一言不发，让徒弟天天干活。这时，就得靠徒弟眼疾手快，勤琢磨、苦练习。在相当意义上，天桥艺人学艺是在与师父一家的日常生活中和在师父撂地卖艺时给"熏"出来的。这也即西冈常一所言的"长时间的修炼"，是中国艺谚"师父领进门，修行在个人"所言的修行。按照片面或者被误用的阶级论观点和不同的教育理念，这些很容易，也大抵会被定性为师父对徒弟的欺压，甚至是"剥削"。

自小就流落到天桥一带的老街坊刘景岚是1931年生人。1999年11月，在丰台芳星园他的家中，老人是这样给我回叙街北、街南孩子学艺的：

真正有一点生活出路的是不会上天桥学艺。去了的也是落魄，实在没有出路的，有的艺人这时也会可怜他，收他为徒给他一碗饭吃。街北与街南的艺人收徒在条件上、生活习惯上都有很大的不同。科班有组织、有纪律，一出门都是排着队，打着旗子，穿着灰布大褂。街南的就没有这套，什么都没有。在街北学艺的孩子条件要相对好一点，而且还签的有合同条约之类的，去了都得立字据。科班中师父打徒弟的有，受不了跑了的，是一种违约关系，家长要给班里赔钱的。街南学艺的孩子具体怎么个拜师法不是很清楚，但肯定有。

从一位老街坊、老天桥迷的追述中可以看出：进入民国后，上戏班学戏，已不是很耻辱的事情，在天桥学艺是真正的穷途末路；在街北科班学戏较正规，有统一的衣着服饰和管理，在天桥学艺的具体情形透明度不高，很少被外人知晓。当回顾天桥艺人的自述时，我们可以对其技艺习得的具体情况略窥一二。

1949年后，说相声的侯宝林日渐享有盛誉。1929年，他拜颜泽甫学艺时仅11岁。其在师父家的一天学艺生活如下：早上天不亮就起来，将煤球火炉收拾干净、点着，等浓烟冒过，坐上一大壶水；然后去坛根喊嗓子，估计水快开了，就回来扫院子、倒垃圾；早饭后学戏两小时，然后去买东西做午饭；午饭后背着"大罗锅"（驼背）师兄与师父一起去云里飞场子搭班卖艺；晚饭后，他又背着大罗锅师兄串天桥附近的下等妓院卖唱至午夜，方才回家。学艺期间，师娘一度嫌他吃得多，就给他很少的钱，让他自己做饭吃，其实根本吃不饱。他穿的衣服是师兄剩下的衣服。因为受不了，他曾逃跑过（侯诊、谈宝森，1996：18-20）。

在7岁被曹德魁收为徒后，高凤山开始了学艺生活。一大早起来，高凤山先背着小筐捡煤核儿，回来就生炉子、烧水、伺候师父起床，然后买早点、热菜。吃罢早饭，给师父背上牛胯骨等道具去"上早儿"（借别人的场子在别人演出之前先演），下午有一场"上晚儿"或"上板凳头儿"，晚上再串妓院卖唱。对他学艺，师父并不放在心上，只是让他干活。他自己有心眼，用心记师父所唱的段子，在捡煤核儿时练习打板、背词，还趁余暇时串场子观摩偷学艺（高凤山，1985）。

合作者朱国良老人是民国元年生人。他八九岁时，经张连书介绍拜山东人孙占奎为师。学艺练功时，他经常被挖苦，也没少挨打。早上起来得很早，练功地点隐蔽，不让别人看见。一到街上有人时，就不练了，回家再在院子里练。朱国良的儿子朱有成在临近解放时，跟随他父亲的拜把兄弟——天桥宋家茶馆的宋老五学艺时，和几个师兄弟/妹就在宋家一间专门用作练功的小屋子里练功,谁也不可能看见。

从这些自述可知:(1)在天桥学艺的徒弟与师父及其一家人的生活紧密相连;(2)学艺仅是徒弟日常生活的一部分,学艺的同时也要上场演出或做演出相关的事,并要替师父做大量家务事;(3)师父的指点似有若无;(4)技艺的习得主要靠徒弟自我修炼,经验、直觉和吃苦耐劳相当重要。

2. 祖师爷信仰

祖师爷是一个行当的成员愿意组成一个群体存在的理由所在。它并非一个行当觉得需要一个中央权威,才制造出来。

天桥的各个行当都有祖师爷。多数艺人在成为艺人以前都是穷途末路者,且常流动卖艺,其对宗族观念和祖先敬拜都相应淡漠。这强化了祖师爷在艺人生活中的重要性。从学艺开始,艺人就得接受祖师爷信仰并践行之。在艺人生活中,祖师爷信仰处处可见。艺人在拜师出师,艺人之间、行当之间出现纠纷时,遇到困难时,被他人欺辱时,卖艺时,乃至于结婚时,都要向祖师爷顶礼膜拜。艺人张容奎、王玉文就是在后台给祖师爷行了礼、磕了头算是结婚(新凤霞,1985:217)。

在我的调查中,流传最多的是周庄王(?—前682)的传说,包括说书艺人在内的多数说唱艺人都说周庄王是他们的祖师爷。在北京,先后有评书研究会、北京长春会(民初)、北京鼓曲长春职业公会(1940)、北平市曲艺公会(1946)等组织。每年农历四月十八，后三种组织还会集中北京鼓曲界艺人在红桥东小市药王庙举行祭祀活动。这些都强化了周庄王传说的散布。旧时，包括天桥各茶馆在内的杂耍园子里表演说唱，后台都设有周庄王的牌位。有的园子有佛龛、香炉、蜡扦儿，有的园子就只有写有"周庄王祖师之牌位"字样的纸质神马。

关学曾回忆，在他拜师时，祖师爷的神马是这样的：贴在一块木板上的红纸正中写有"周庄王之神位"，左边写的是"清音童子"，右边写的是"鼓板郎君"，下边还有"四大门"（即梅、清、胡、赵），木板挂在墙上，下面再放一个香炉（或碗替代）。徒弟在拜师后，自己家就供有这样的神马，但一般只在周庄王的生日或其他节日时才烧香磕头。按合作者杜三宝的回忆，周庄王的神马一般是木制的，大约有15厘米宽，83厘米高。他自己在1948年与其他人结拜把兄弟时，供桌中央的神位就是周庄王。

有关周庄王的传说较通行的是曾在宫里给慈禧说书，后流落到天桥说书的张福魁的说法：

> 我在宫里听一个老太监说，周朝的第十五代王是周庄王姬佗，他特别孝顺母亲，是个大孝子。母亲有病时，为了解除一些母亲的病痛，周庄王在母亲病床前给老人讲故事。母亲听了很高兴，病也见轻了。时

间一长，周庄王的故事都讲完了，可母亲还想听，周庄王就让梅、清、胡、赵四位大臣轮流给母亲讲故事。后来周庄王去世了，换了新君，（新君）认为这些大臣就会讲故事，对朝廷没什么功劳，要去掉他们的俸禄，轰出朝廷。四位大臣说老王有旨，让他们给民间讲故事，并且拿出了证据。后来这梅、清、胡、赵四大臣就成为曲艺界四大门户的祖师爷。据说说书人的扇子是代表周庄王的令箭，醒木代表官印。起初，国家给说书人俸禄，说书的怎能是下九流？（崔金生，1995a：133）

这个传说除说明说唱的起源、说唱不同门户的起源、说唱用的道具原型之外，还传达出最早从事说唱的人的身份是王或大臣这样位高的良人、说唱艺人符合儒家孝道的品行、被后继统治者承认这三条重要信息。正是因为这些潜在信息，四民社会对其表示了默认，这则传说也才得以流传。与其说对徒子徒孙讲述该传说是要徒子徒孙明白祖师爷是谁、行当怎么来的而知恩报恩，不如说是借此要徒子徒孙在卑微的实际生存境况中获得生存的信心和勇气。比如，竹板书艺人宋来亭的二伯父就痛恨他卖艺为生，认为他丢尽了宋家的脸面。在打得他无法在天津、塘沽卖艺而逃到天桥时，张福魁给他讲了这段故事。

天桥艺人中的说书艺人也有拜敬孔子、文昌公（文昌帝君）、明末清初的大说书家柳敬亭（1587-1670）、北派说书发轫者王鸿兴，相声艺人也有尊奉朱绍文、张三禄的。说书艺人张枢润（1913-1990）曾指出：说书人供奉的三位祖师爷是孔夫子、周庄王和文昌公（1986：157）。折扇、醒木、手巾是说书艺人的三宝。手巾的来源就与文昌公紧密相连。传说文昌公是某朝皇帝的幼弟，博学多才，不愿闷坐京城，经常云游天下，在人群中讲史述今，很受黎民百姓欢迎，故被皇兄诰封为文昌公。为了便于文昌公游历各地，皇帝赐予他弟弟一道写在白绢上的圣旨，令各地官府驿站加以优待。这方白绢圣旨即后来说书艺人的手巾。

柳敬亭、王鸿兴、朱绍文和张三禄等，更多是被视为俗世凡人而让艺人念想和敬拜。与此不同，与孔子、文昌公一样，周庄王位列神明，在庙宇和杂耍园子中供奉。王学智说拉洋片艺人以唐朝护国军师袁天纲（亦写为袁天罡，547-634）、李淳风（602-670）为始祖，这是从"大金牙"焦金池（1891-1943）那儿传下来的。

出身于穷家门的数来宝艺人，内部还有着不同的门派。他们或供奉范聃或供奉朱元璋（1328-1398），同样有着种种说明自己行当身份、来源的传说。传闻范聃是春秋名士。孔子带着弟子周游列国时曾向范聃借粮。以自己的门人后来可以凭打狗棒向孔门弟子讨要为条件,范聃借给了孔子具有再生能力的一小竹筒米(有的说是一小竹筒银子),救了饿于途的孔子及其门人。因此,穷家门的人向高门大户和有招牌的地方讨要,天经地义,理直气壮。朱元璋这个皇帝被穷家门供奉为祖师爷,除因他曾经也讨过饭外,主要是传闻他曾被两个老叫花子讨的残羹冷炙救过命。在当上皇帝之后,他就将这两个老叫花子御封,乞丐因此成了一个正式的行当。因范聃更古老,王学智信奉范聃老祖,不认为朱元璋是祖师爷。

天桥杂技艺人的祖师爷,成连宝(1918-1995)曾提及是吕洞宾。他说小时候学艺经常挨打,动不动就跪在祖师爷的牌位前。到了祖师爷的生日,旧历四月十四日,这一天就可以不挨打了。其供奉的祖师爷牌位,中间是吕洞宾,左边是济仙,可能是济公活佛,右边的柳仙就不知道是谁了(白夜、沈颖,1986:131-132)。在我的调查中,老艺人朱国良、金业勤都不知有祖师爷一说。他们没拜过什么祖师爷,也未听祖辈或师父说过。朱国良说得更有意思:"我们卖艺的不拜神,没什么祖师爷,挣的钱多就是祖师爷。撂地的有的家里有'关公',但都不怎么信!"同一时期的杂技艺人对祖师爷信仰的不同表述有着其深刻的历史背景。

其一,与盛唐的统治者好百戏不同,杂技艺人在清代更容易被统治者视为不法之徒,受到打压(倪钟之,1991:312-

313；冯尔康、常建华，1990：310-312）。对1711年的陈四一案，康熙皇帝毫不犹豫地下令处决陈四等人，将其他成员及家属男女72人发配黑龙江为奴，并在全国禁止杂技演出，仅陕西一省就拿获杂技艺人589名。雍正皇帝查拿杂技艺人有过之而无不及。这些举措，自然对杂技行业组织的形成和行业神信仰不无影响。其二，我所调查的时间是在世纪之交，健在的老艺人都经历过反反复复的破除迷信运动，这样就不排除合作者因其个人经历而对祖师爷信仰的隐晦。当然，这也与今天靠表演为生的艺人地位普遍提高不无关联，祖师爷对其行当的维护和支撑已经不再重要，艺人自身也无需对传人讲述传承这些知识。

与祖师爷信仰一样，行规禁忌和行话同样是学艺内容的重要组成部分，是一个艺人独立卖艺必须熟知的，十分庞杂。只有懂得并能熟练运用这些知识，一个艺人才能应对来自同行内部的责难或挑战，从而在街头卖艺谋生。根据拜师时所立字据的时间年限，到师父觉得徒弟艺成时，就可以出师了。

我这徒弟没学满师

拜师仪式，是一个新人被街头艺人群体接受和新人自己认同街头艺人群体的开端。经过数年的修炼、得到师父认可后的出师仪式，即摆知。摆知是进一步强化艺人身份认同的"事状碑"。

现在可看到的摆知记载,仅见于《江湖丛谈》:

> 徒弟将艺学成了,必须先谢师,然后才能挣工钱作活,评书界管谢师叫作"入摆知"。摆知与拜师不同,拜师有一两桌酒席便可,摆知多者二三十桌,少者十数桌。(连阔如,2010:243)

在我的调查中,合作者也不时提起这种盛况,但均无确切个例。天桥艺人多是穷苦人。他们是否也能摆酒席,很令人怀疑。这种情况可能更多地发生在街北京剧名角或声誉非常显赫的其他名艺人之徒出师时。然而,不论在哪种情形中,徒弟能否出师卖艺,师父都有着绝对的权威。

侯宝林最初是拜颜泽甫为师学戏的。后因外国人拍电影的事,颜泽甫与云里飞出现摩擦不合而出走北京。临行前,他没忘记对云里飞说:"我这徒弟没学满师,你别用他。"(侯诊、谈宝森,1996:33)这样,简单的一句话,使侯宝林没有撂地卖艺的资格。相较而言,关学曾比侯宝林要幸运些。常德山因自己烧大烟(抽鸦片),乃至于无法教关学曾学艺,就亲自把关学曾转交给了石金荣。

拜师、学艺、出师及后文的盘道,所展现出的师父或长辈艺人的权威、优势都是以祖师爷信仰为根基的。祖师爷不仅不同程度地维系着行当的存在，同时也赋予了师父所拥有的地位、权威、优势和对徒弟身心教化、支配的合法性。不论祖师爷附会到了主流社会哪位有头有脸的人物身上，也不论在演出地和艺人家中摆放的是什么形制的祖师爷神马，祖师爷信仰在艺人日常生活中的体现和对艺人日常生活的规范、维护，基本是通过师父表现和实践的。

如果说祖师爷是远离世俗生活高高在上的神，那么他在街头艺人世俗生活中的中介、使者、化身就是威严的师父。作为神明，祖师爷给一个行当在主流社会和艺人社会内部以生计和合法性。作为人，师父传衍的是该行当的所有知识技能，同时给徒弟以新的生计和生存的正当性。祖师爷与师父相互倚重，时而神时而人，神人一体。其共同根基，又是徒弟对二者及二者所代表的规范的遵从。所以，大多不知身世的艺人对在主流社会有身份的祖师爷的膜拜、对师父的尊敬和孝道，不仅仅是对儒家父权文化的遵循和片面模仿，也是主动追寻和认同的结果。师徒之间的关系也就有了"投师如投胎""师徒如父子"等亲情化表述。

在我们将审视的重心从祖师爷、师父转向徒弟时，从前述徒弟学艺的日常生活，我们就发现"师徒如父子"的亲情表述掩盖了师徒之间的结构性冲突。徒弟要伺候师父及其一家人的生活起居，不仅要打扫卫生，还要端洗脸水、倒尿盆，如谚语所云"徒弟徒弟，三年奴隶"。因此，"师父领进门，修行在（靠）各人"不仅强调的是徒弟的主动，多少也暗含了对师父强势、优位的批评；"爱徒如爱子"不仅是对好师父德行的肯定，更从反面表现出徒弟对与师父之间较为平等与柔和关系的期待，以及在师徒双方对各自的角色反观调适后，大部分艺人对师徒关系的正视。

教会徒弟，饿死师父！一般而言，师父常会留一手，乃至像曹麻子这样的师父根本就没有意识要专门教徒弟。"能给十亩地，不教一句戏。"作为结构性冲突中的一方，修炼的徒弟就形成了不少甚至是系统的"抵抗"，也即米歇尔·德·塞托（Michel de Certeau，1925-1986）所言的应对的策略（stragégie）与战术（tactique）（2015：38-41、94-99）。尤其是弱者"以他者的场所作为自己的场所""不断地借助于强大的异己力量"，在"敌人"的视域内实现"卑微的却非常基础的各种转化"，而将"统治秩序隐喻化，使之在另一个层面上运行"（塞托，2015：39、97、92）。这样，弱者的日常生活实践也就成了一种"实践的艺术"。街头艺人的学艺过程正是如此，诸如"投师不如访友，访友不如偷艺""一处投师，百处学艺"，等等。评剧艺人新凤霞和京韵大鼓艺人孙书筠（1922-2011）的学艺过程都典型地经历了这种"投师不如访友"的历程。

一位师父一道符。街头艺人的门户观念很深。但是，与侯宝林一样，众多后来从天桥出来的有名的艺人实际上都有着多种师承关系。他们或偷艺，或改行当学艺，或靠自己的虔诚打动同行当的其他师父，或灵活运用其各种社会资源达到向不同师父学艺的目的，变劣势为优势，完成自己的修炼。这时，作为权力、技艺化身的师父反而成了要达到自己目的的徒弟的工具，真正地成为徒弟的"符"。因为是主动追寻师父，也就默认了师父棍棒式的教育方式的合理性。学艺中就有了"打"的种种借口，诸如"钟不敲不响，人不教不会""棍打出孝子，棒下出名优""不打不成艺（才）"，等等。

从师徒之间终需相互借重的事实而言，师父希望徒弟成为高足。在师父看来，年岁小、懒惰、不懂啥的徒弟天然需要打骂的"暴政"；而徒弟为了将来也成为名师，像师父一样拥有威权和风光，对于师父的景仰，自然使徒弟能容忍师父近似暴虐的言行和在师父家中"小厮""使唤丫头"般的角色。这同样从正反两面影响到徒弟将来对自己徒弟的教化方式。给石金荣伴奏的小关学曾，随时都得准备承受从远处先生那里飞来的强有力的唾沫。在回忆小时学艺时，马三立（1983：207）最心有余悸的就是曾教授他的兄长马桂元对他的各种狠打。

在师徒的结构性冲突中，祖师爷不仅是艺人顶礼膜拜的对象，他有时也是徒弟或晚辈艺人用来反抗师父或长辈艺人的"强武器"。吴桥的杂技艺人在遇到重大疑难问题时、掌班的行为超过规矩时、盘道双方互相不服时，众艺人或小辈艺人就会提出"悬祖"：

> 祁庆臣在访谈中说，杂技行有个"悬祖"。艺人行有句话，生意人怕"悬祖"，生意行有事了，特别是小辈的生意人想要说话，就提出"悬祖"。届时，艺人集中起来，先举行"悬祖"仪式，烧香，磕头，把吕洞宾的像或牌位摆上，叫"悬祖"。完后，艺人们当着祖师就可以不分大小辈解决行内事情，老辈人的不是也只有这时才能说。（杨双印、杨柳，2007：149）

从悬祖可知，包括磕头、顶礼膜拜在内的祖师爷信仰，在强化艺人社会内部师父等强势群体的优位的同时，也自身孕育、支持着徒弟等弱势群体对平等的诉求和实践（岳永逸，2010：302-346）。这与宗族社会有着明显的不同。

在说书艺人中，不谢师是不准教徒弟调侃儿（行话）的，非得要谢师之后才能知晓本行当盘道时的问答言语。生存资源的有限、艺人卖艺的流动性，使得他们到异地卖艺时，身份会再一次被异地同行确认。这行话叫"盘道"。只有在盘道顺利通过后,才能获取在异地卖艺的资格和可能。

从哪儿来了两个姑奶奶

就天桥各行当艺人,目前所能听到的、从文字记载中能看到的是说书艺人盘道的全过程。对于一个外来的陌生行艺的说书艺人,盘道如下:

> 同行艺人走进书场,见到生人行艺,便用书桌上放的手巾将醒木盖上,将扇子横放在手巾上,然后瞧这说书的怎么办。若说书的不懂怎么回事,说没拜过师,来人就会把演出道具连同所挣的钱一并拿走,不准此人再说书了。此称为"收笸箩"。如果说书的有门户有师父,知道行内规矩,就会按规矩行事。先用左手拿起扇子,说:"扇子一把抢枪刺棒,周庄王指点于侠,三臣五亮共一家。万朵桃花一树生下(说到这里放下扇子,将手巾拿起来往左一放),何必左携右搭。孔夫子周游列国,子路沿门教化。柳敬亭舌战群贼,苏季说合天下。周姬佗传流后世,古今学演教化。"说完末句,一拍醒木继续说书,盘道

的就不敢再说什么了。如说书的为人狡猾，说完这套词儿再用手巾把醒木盖上，将扇子横放在手巾上，叫这盘道的拿开。盘道的也得按照行内规矩另说一套词："一块醒木为业，扇子一把生涯，江河湖海便为家，万丈波涛不怕。醒木能人制造，未嵌野草闲花，文官武将亦凭它，入在三臣门下。"说完，拍醒木替说书的说下一段书后才能走。如果盘道的不会这套词儿并不能替说后一段书，就得包赔说书的一天损失。（ZGQYZ,1999：551；连阔如，2010：239-241）

20世纪40年代，盘道仍有发生。1947年，天津平心茶社就发生过一件令京津艺人震动的盘道事件（崔金生，1995b：88-91）。"小桂香"孙雅君（1929-2019）本是学唱评戏的，出师后在天津城乡流动卖艺。她不愿"交际"，无法继续唱评戏。在票友李庆良的劝说、指点下，小桂香改唱大鼓。由于她聪明又肯钻研，很快就能卖艺。一开始，她在天津钱德庄挂脚寺弄了块场地，和妹妹挂出了水牌，自取艺名孙庆艳和孙庆霞。后来又到天津南市的东兴市场和平心茶社演出，同样叫座。就在平心茶社演出不久，一天，来了三四十位天津唱西河大鼓的艺人，说"平心茶社从哪儿来了两个姑奶奶？"（实际上，当时孙庆艳才十八岁）说她俩是海青腿儿，不许演出。

后来，姐妹俩才明白，在西河大鼓艺人的字辈中，"庆"字比"田"字高一辈。而当时，天津的西河大鼓演员多数是"田"字辈。为了能继续吃西河大鼓这碗饭，孙庆艳只好托人请老前辈田士杰（1881-1953）出面调解。最后商定，她姐俩转个门户，从梅家转到清家，从而降下一辈与"田"字辈同辈。接下来，姐妹俩把天津所有唱西河大鼓的艺人都请来，在艺人左田凤（1915-1976）家摆桌，当众焚香叩首，拜西河大鼓艺人朱起云（1908-1974）为师，再请大家吃喝一顿才算完事。

这一盘道事件起因明显复杂：不但突然冒出两个新竞争对手，辈分还高出一辈，更关键的是其生意还好。盘道产生的原因在于，尽管艺人卖艺是流动的，但街头艺人一般都有相对稳定持久的演出场所、较为熟悉的观众、相对稳定的收入，以维持其本人及一家人"等米下锅"的生活。当新面孔出现在自己的地盘时，无疑会和自己抢夺观众，这就直接威胁到"坐地户"的收入与生计。为了不致发生恶性冲突，北京城在民国初年成立的评书研究会与后来的长春曲艺公会等行业组织，都有一定的调节功能。尤其是评书研究会，它规定了在北京城内说书艺人两月一转的行规。

对于新出现的抢饭碗的陌生面孔，盘道既是异地同行之间冲突的具体化，也是这种具体化冲突的缓冲剂和减压阀门。外来艺人的攻势和本地艺人的守势，外来艺人的劣势和本地艺人的优势，都在盘道的仪式性表演中通过共认的行当知识转化。反之，两者之间的冲突和转化，又强化了祖师爷信仰等内部知识。因此，盘道虽然在表面上是针对个体的，实际上则是异地同行当两个群体之间的较量和攀比。能否顺利"盘"与"被盘"，将关系到双方不在场的师父师兄弟等其他人的声誉及其将来的前景。这自然又会强化师父对本门技艺、行规行话等知识的传授和徒弟的学习。

"人不亲，艺亲；艺不亲，祖师爷还亲；祖师爷不亲，呱哒板还亲""见面道辛苦必定是江湖"等艺谚都说的是江湖艺人的团结、义气。与之相对，"相揆相，隔一丈""当场不让父，举手不留情""同台不让艺""道三句辛苦，道不出一碗菜来"等艺谚则说的是艺人之间的竞争与张力。两相对立的艺谚反映出艺人之间认同的矛盾心态：外来艺人期待被接纳和当地艺人接纳，当地艺人潜在的拒斥与外来者的有艺不让人。

然而，一个外来艺人能够顺利在其"侵入地"卖艺，不是同行之间的盘道就能完全解决的。它还牵涉到行当外的关系，尤其是要给在杂吧地儿有影响的黑白两道的头面人物"请安"。这在天桥、三不管都是如此。在处理好与同行当艺人之间的关系的同时，一个前来天桥撂地卖艺的艺人还必须拜见或间接知会天桥"四霸天"（成善卿，1990：382-383）中的一位或数位，以寻求其保护，给自己撂地卖艺减少麻烦。就是常年在天桥撂地卖艺的艺人，不但与不同行当的艺人结拜把兄弟，他们也尽可能地与警察等非艺人结拜把兄弟，以最大限度地给自己的卖艺提供顺畅的环境。

盘道在民国期间的减少，也显示了社会动荡交替对街头艺人行帮观念的冲击和对其"领土"意识的破坏。火车、汽车等现代交通工具的便利也加速了人在城市内部、城市之间和城乡之间的流动。本地艺人不得不对外来艺人或想侵占其领地的艺人持更强的包容心理。如是之故，盘道也以不同的弱化形式残留。

在天桥，撂地卖艺有"抄肥"或"捡板凳腿儿"的说法。王学智把捡板凳腿儿作为一个行艺的阶段讲述给我。朱国良的叙说则体现了抄肥与盘道之间的弱关联。因为师爷、父亲及众多师伯师叔的努力，他们三兄弟的精湛技艺，20世纪二三十年代朱国良家在天桥已经有一个固定的撂地场子。他说：

> 卖艺时，一般上午九点左右就摆上地了，即把板凳什么都摆好了，下午一般在四五点或天黑的时候收。我家的场子上还有"抄肥"的，也叫"捡板凳腿儿"的，就是那些没有自己场子的艺人借别人的场子，在别人演出之前、之后或中间不演休息的间歇借

用场子演出，既不给官方交税，也不给该场子的主人（专门摆地的或场子所属的艺人）分红提成，演出所得钱全归自己所有。"抄肥"又分"抄早"和"抄晚"，曾在我家场子中抄肥的有说琴书的关学曾、说数来宝的曹麻子曹德魁、骂街卖药糖的大兵黄、拉洋片的小金牙罗沛林、说书的李继有等。关学曾一般抄早，小金牙一般抄晚。

咱们艺人呀最团结，讲义气。如果你在这儿，他在那儿，两人同时做买卖，要是你这儿一开场，他那儿就弄不上人（没人看）。你这儿就得先歇着，让他叫完座、挣完钱之后，你再干。穷人跟穷人真团结，跟有钱人联系不上，说相声的、耍杂技的、说书的都是没饭门（没饭吃的），拉家带口只有一人在天桥挣钱。挣完钱之后，赶快回家，一家人还等着吃饭呢。"山东徐"来我家场子上地的时候，是"满爷"满宝珍（掼跤的）介绍来的。他也表演武术，在北京没辙，只好在我们场子上摆地。他摆地时，我儿子朱有成帮他一块表演，演出后所得的钱全归了他，我们既没有收场子钱，也没有分股子，他给我儿子饼都没买一个。

这表明：在民国时期的天桥艺人只要是相识的，哪怕不同行当，在实在没辙的情况下都相互迁就宽容，让其借地卖艺；对于外来的陌生艺人，只要有一个信得过的人介绍就行。

天桥艺人在学艺时就经常随师父撂地卖艺。在其出师后，无论经过严格的盘道，还是宽容式的默许，他在当地获得表演权之后，要想能留下来卖艺谋生、养家糊口，则更需要衣食父母——观众对其表演的认同。

惹得游人啼笑非

天桥的把式——光说不练！

这句至今都在流传，也见之于文字间的北京俗语，强调的是天桥艺人普遍具备的话语能力。无论杂技，还是说唱，从最早在天桥撂地的朱绍文起，会说能说是一个街头艺人的基本功，否则演得再好也是瞎子点灯——白费蜡，竹篮子打水——一场空。在一定程度上，这也决定了天桥艺人的表演特征和不同行当之间的亲缘关系。

"圆脸"，是正式开演前招呼观众的垫活儿的行话。其方式包括说笑话、讲故事或体态表演等。这些都伴有"卖口"。这些卖口多是街头艺人即兴发挥，现场编的，至少能逗人一乐，从而招呼人，让观众慢慢围上来。杂技艺人成月川（？-

1973）因卖口好如相声，因此有不少老观众。钻刀圈的杨振林初到天桥卖艺时，不善卖口，经常招揽不到观众而饿肚子，朱国良就多次主动帮忙圆脸。1945年，朱国良和他儿子"小百岁"朱有成（当时仅六岁左右）在天桥自家场子撂地时，有这样的卖口：

父：你会练什么？

子：我会练把式。

父：把式把式，

子：全凭架势。

父：没有架势，

子：称不起把式。

父：对，把式人前短少。

子：如同拜海栽花。（把海的里水放干栽花。）

父：想当年拜过老师，才敢当场玩耍。

子：枪有枪法，棍有棍论。

父：枪扎一点，棍打一片。

子：远了长拳，近了短打。

父：挨腰抵靠，打躺下。

子：再爬起来。

父：你怎么爬起来了？

子：好把式才爬得起来，赖把式我就爬不起来了！

父：对呀！

白全福（1919-1993）六岁与父亲"云里飞"白宝山撂地时，也有这样的一段开场白：

父：你几岁了？

子：六岁了。

父：家里还有比你小的吗？

子：家里比我小的还有六个呢！

父：六个，一年一个吧？多大了？

子：还没有扒眼哩！

父：啊，原来是猫呀！

子：可不是嘛！（白夜、沈颖，1986：102-105）

不言而喻，艺人圆脸的卖口多少都带有作践自己而讨好观众的味道。与之不同，演出前后打杵的卖口就有些软硬兼施、软磨硬泡了：

小哥儿几个伺候你一场不容易，玩艺儿是假的，精气神儿是真的，带着零钱，你费心掏点，带多了多给，带少了少给。你若一时不便没带钱也没关系，许你白瞧白看，请你站脚助威，你若看完扭脸就走，把人群撞个大窟窿，拆我们生意，那可是奔丧心急，想抢孝帽子戴。（ZGQYZ, 1999：547）

"我们这回叫××和×××摔一跤，摔完了和众位要几个钱，有走的没有？"说到这里往四面一看，围着观众全都不走，接着又说："伙计你摔吧，没有走的，这场力气没白练，我们四面作个揖托咐托咐，南边财神爷，西边是福神爷，北边是贵神爷，东边的也是财神爷，四面都作到了揖啦，摔完了，众位带着钱给我们往场内扔几个，几个大小伙子挣众位顿饭钱。没带着的白瞧白看，如若要走可早走，别等我们摔完了要扔钱的时候你再走。这可似我们小哥几个煮熟了一锅饭，给我们往锅里扔沙子。我们凭力气挣钱，亦没有刮钢绕脖子，话是交代完了，四面再作个揖，该摔就摔，插手就练。"（连阔如，2010：203-204）

在天桥，云里飞的场子一直声名远播，有着很强的吸引力，主要是以打诨、出洋相的形式演唱京剧，即滑稽二黄。云里飞的怪相主要在他穿戴的行头，如帽子是用颜色各异的纸烟盒糊成的，有的上面插几根鸡毛；胡子的制法是用长头发系在铁丝上；戏衣有的是用不同颜色的布片拼凑而成的，有的就是打执事、抬杠穿的绿衣服。这些配上其本身就五官乱动、充满滑稽表情、瘦长的脸，滑稽好笑之感自然而生（张次溪，1936：82-83；成善卿，1990：242-243）。就云里飞的扮相，金水《首都杂咏》云：

小戏争看云里飞，蓝衫破帽纸盒盔。

诙谐百出眉开眼，惹得游人啼笑非。

（雷梦水辑，1987：209）

庚子年间，天桥艺人韩麻子每逢表演完就"叉腰"要钱。"韩麻子叉腰——要钱"，也成为北京人耳熟能详的歇后语。

据老街坊崔金生（1937-）回忆，云里飞要钱也有特殊的动作。他的舌头能像蛇吐信一样伸缩自如。向东、西两边的观众要钱时，他将舌头分别伸进左、右鼻孔里；向南、北两边的观众要钱时，他将左、右耳朵的耳郭分别塞进耳朵眼里。当年"老云里飞"白庆林（？-1939）与儿子云里飞白宝山在天桥撂地演滑稽二黄时，大抵是这样的场景：

在唱演《连环套》时，先表演"插刀盗钩"，祖父饰朱光祖，先唱"石榴花"和翻筋斗吸引观众，然后祖父和父亲分别扮喽啰兵。祖父问："做什么的？"父亲答："奉寨主之命，下山打一桩好买卖，禀报寨主知道。"祖父又问："可有腰牌？"父亲答："怎地没有！"接着他唱"从身上取下腰牌，何言列位去交代，见大王急忙交差，见大王急忙交差，山底下来了好买卖"。这时就翻筋斗，小翻四十个，最后走到场子前边，来一个虎跳前坡，一条腿站着，念着锣鼓经"崩、登、仓"，用手一指观众说："掏钱！"引得观众哈哈一乐，于是纷纷解囊掏钱。要完钱以后，接着表演"拜山"，两人又换角儿了。祖父饰窦尔墩，父亲饰黄天霸。演到送黄天霸下山时，祖父骂父亲："出去吧，小王八蛋！"父亲说："你骂我小王八蛋，你在哪里？"祖父说："我成了王八啦！"这是一个"包袱"，引得观众哄然大笑，于是又趁机向观众要钱。（白全福，1988：207-208）

天桥艺人的表演不一定滑稽，但往往各有绝活而极具诱惑力。诸如：卖药糖的"大兵黄"拖着一条辫子，穿着长袍，见啥骂啥令人心情舒畅的骂街；朱国良的"双风贯耳""钉板开石";"神弹张"张玉山"心心准"的弹弓;张玉山次子张宝忠(1895-1979)挥舞180斤重的大刀和能拉开五张硬弓的上下牙齿;"飞飞飞"曹鹏飞(1920-1982)的盘杠子;成连宝的"八字顶";王雨田(1880-1964)父女的空竹;金业勤的车技;沈三的中幡;狗熊程家叫做什么就做什么的狗熊,等等。"赛活驴"关德俊的表演,同样具有代表性。撂地时,他钻入用黑绒布制成的空心驴型套子中,躬身猫腰,手拄两条拐杖作驴的前腿,然后手脚并用,跑起来抖动红色笼头上的铃铛,跟活驴一样。其妻关金凤跨在驴背上,骑驴上桌,进而爬上放在桌上的三条腿的板凳。

在天桥艺人的表演中,圆脸、表演、打杵是一体的。艺人们会抓住空隙、不失时机地向观众讨钱。如果是一个小的班社,演完一段,几个艺人都会拿着小笸去打钱。对于天桥落子馆、小戏园子、茶馆中有一定名声的艺人,则有人专门为之戳活(点段子)、打钱。为了较快出名有人捧,刚出道的鼓姬则不得不亲自在观众中戳活。此时,就不乏引诱与挑逗了。

如前文所述,前往天桥逗留或者寻乐子的,观看艺人卖艺的多是穷人。从经济状况而言,天桥艺人与观众有一定程度的同一性,他们会利用惺惺相惜的心理,向观众要钱。但街头艺人又毕竟是艺人,受传统观念的影响与良民在身份的认同上存在很大差异。当四民社会的良民说"卖艺的""唱戏的"时,本身就暗示着轻蔑。这种蔑视也部分地被街头艺人认同。从"咱们都是老合""咱们都是爬小店的""咱们都是吃开口饭的"这些自白,可窥知这种被内化的自我定位。艺人们深知,观者在鄙弃他们的同时也愿看他们表演,但只要有一线生机,这些穷苦的观者就不愿像他们那样卖艺为生。所以,从上面所列的卖口、怪相,我们都能感受、体味到艺人陌生化自己,自贱自轻以求观众一乐的成分。

云里飞父子的滑稽二黄实际上就是无视京剧的戒规,对京剧的"调侃"。在天桥,艺人的表演只要能逗观众发笑就行。赛活驴的妻子关金凤晚年曾说:

> 至于那七怪,我都见过。唉,这些怪人,都同赛活驴一样,装出怪样子来吸引人看。这些怪样子,又多是丑化自己的,把自己丑化得不成样子,供人笑乐。(白夜、沈颖,1986:87)

朱国良曾说:"无论春夏秋冬,练把式的都是光脊梁、光膀子。你要是同观众一个样,他们就不可怜你了,不可怜你就不给钱了。"

由于唯一的目的是吸引人,为了谋生,也为了满足观众的口味、激发观众的热情,早年天桥相声中的荤段子、洋片中夹杂的春宫图和部分女艺人以色诱人的表演甚至卖艺兼卖身，便在天桥有了存在的理由和土壤。1949年后，张寿臣、侯宝林、马三立等在回忆中对其早年所说相声的"文明"的强调，在一定意义上反证了当年天桥的"粗俗"。事实上，对张扬欲望的"粗野"的把握和适度使用，实乃街头艺人表演和谋生的策略。这也是长时期自诩为洁净和自甘洁净的良民不愿染指、涉足天桥并贬视天桥的原因之一。

绰号与艺名

观众对一位街头艺人承认最好的表示，莫过于给他起绰号或喊其绰号。在一定程度上，艺人绰号的播布意味着该艺人与观众的一种互相示好的亲昵关系和观众对艺人演技以致扮相的认同。换言之，绰号实乃观众和艺人的黏合剂。

天桥艺人多是撂地演出，并不张贴海报，在观众中流传的演出信息主要就是这些艺人的绰号。其本名和师父给起的艺名，反而少为人知。除了部分研究者，笔者曾访谈的辈分较高的相声艺人杜三宝等也很难说清在天桥最早两代相声艺人的名字。但是，后辈相声艺人都知道穷不怕、贫有根、富有本和万人迷等前辈的这些艺名或绰号。在天桥长期卖艺的街头艺人差不多都有绰号，如前文已提到的云里飞、穷不怕、赛活驴、大面包、神弹张、大金牙、小蘑菇、小金牙、小老黑、小百岁、狗熊程，等等。这些绰号大致可以分为以下三类：第一类缘于师承，如罗沛林是大金牙焦金池的徒弟，虽没像大金牙包了两颗金牙，但仍被称为小金牙；第二类缘于艺人自己独特的表演或形象，如百鸟张、空手卢、赛活驴、狗熊程、飞飞飞；第三类缘于艺人的外表，如朱国良因脸上有麻子遂被称为"朱大麻子"，滑稽双簧艺人孙宝才（1900-1991）因硕大的脑袋被称为"大狗熊"，另外还有汤瞎子、田瘸子、小鼻子小眼、架冬瓜，等等。

显然，这些绰号既有赞誉性的也有贬斥性的。对因身体突出特征而来的绰号，有的艺人在其身份地位以及自我定位发生变化后就表现出排斥。20世纪40年代，孙宝才曾对一位拉他的人力车夫说："观众叫我大狗熊，我没的说，谁让我靠卖艺吃饭呢？……咱们都是伺候人的人；伺候人的不能拿伺候人的开心……"（ZGQYZ，1999：587）

无论哪类绰号，只要有了，无论雅俗、毁赞，它就在相当程度上意味着这位艺人可以在此地卖艺为生了。然而，绰号不仅是他群体对艺人的认可，一旦它与艺人连在了一起，它也巩固、强化了该艺人在群体内部的地位。因为这意味着该艺人有了较为独特并得到观众认可的演技，甚或绝活。虽不乏排斥心理，他群体的认同仍变相地强化了街头艺人之间的认同。尤其是源于师承的绰号，它对该艺人的生活有着更多的积极意义和良性功能，标示着该艺人在群体内部的先天优势。

健在的艺人和其他对天桥艺人感兴趣的人，都时常争论究竟谁是真正的小金牙。除罗沛林之外，还有一说是大金牙的儿子。云里飞祖孙三代都沿用了云里飞这一绰号。相声艺人也有老万人迷和万人迷。相声世家常连山的几个儿子，依次被称为小蘑菇、二蘑菇、三蘑菇等。对于赞誉性的绰号，艺人之间也是乐于相互称谓的。因此，无论对艺人群体内部而言，还是对观众等他群体外部而言，绰号对于一位街头艺人乃是身份的标志和象征。绰号的获得也就成为街头艺人一个对其身份建构的主动实践过程和阶段。这样，也就很难辨别清楚常年在天桥撂地卖艺的艺人的绰号究竟是来自观众，还是艺人自己或同行。

与男艺人不同，天桥的女性说唱艺人艺名多于绰号。艺名对说唱女艺人的重要性，如同绰号对于男艺人。天桥女艺人的身世常常比男艺人更迷离叵测。很多女艺人或是随养父母长大，或是艺人收养的孤儿，或是从良家被拐骗而落入江湖。再加之在传统社会女孩先天性地易被歧视，不少女艺人在拜师学艺前，就没有名字，常以"小女儿"等代称。这样，拜师时的艺名就成了这些女艺人的正式名字。如常人相信名字与人的命、运、气相连并能左右之或促进、败坏之一样，街头艺人也群体性地将艺名的好坏与将来技艺优劣、卖艺是否叫座、红火联系起来。正所谓"起个好艺名,就能唱得红,艺名起不好,一世跑龙套"。

因此,女艺人的艺名常常镶嵌着意味向上、旺盛、红火、发达、吉利等含义或者是惹人思绪万千、怜爱的字眼。前者亮丽、鲜艳,如红、艳、美、霞、凤、玉、翠、香、喜,等等;后者柔美、温馨,如波、月、楼、霜、桂、莲,等等。对善于形象思维的国人来说,花莲舫、筱月楼、白玉霜、新凤霞、小荷花等艺名,其本身就是一幅幅灿烂的工笔画或隽远清新的山水画,能激发不同的遐思。这些形神兼备、韵味无穷的艺名,不但艺人自己喜欢,也为观众认同。女艺人本身有些宿命的信仰和艺人群体内外文化认同的合力,使天桥女艺人的名字更经雕琢而显繁丽,表现出与该群体身份反差强烈的表征。

辛亥革命后,不但有"自见天桥冯凤喜,不辞日日走天桥"之类的诗句流传,而且这些女艺人的捧角和当时的报纸都参与到对天桥女艺人,尤其是对天桥一带落子馆鼓姬的哄抬中。1914年,有人戏拟如意轩鼓姬内阁,戏拟鼓界十二公主;1919年,《燕风报》发起鼓选;1922年,《小公报》亦开鼓选;1934年,《真报》鼓选;1935年,《箴报》鼓选(张次溪,1936:48-49;1951:192-193)。结合天桥女艺人在相当长的时期内较之男艺人更少的人身自主性的生活实况,他者的聒噪和女艺人的自我定位、渴求对自己命运的改变,也进一步激发了女艺人对悦耳、艳丽、吉利、温馨的艺名的追求。所有这些因素共同创造了天桥女艺人或艳丽或典雅的艺名。

拜师、学艺、摆知、盘道的公开文本是街头艺人群体内部的认同。通过成功的表演而获得的绰号的公开文本是以下层民众为代表的主流社会对其街头艺人身份的外部认同。但是，正如对这些过程的隐蔽文本的分析，每个过程都动态地兼具师徒之间、群体内不同行当之间、艺人这个另类社会与主流社会之间、艺人与良民之间等多重不同优势—劣势之间的互动，以及在结构性冲突中的情境折冲。而且，近代都市街头艺人的形成还是一个跨地域的过程。尽管近代化以来有了更为便利的交通，但以长江为界的北中国和南中国而言，艺人流动还是有着明显的区域性。

天桥艺人流动范围主要是在京、津、唐地区的城乡。特别在国民政府南迁之后，迫于生计，不少艺人也前往济南大观园、奉天北市场、开封相国寺等地卖艺。马三立、侯宝林在日伪时期曾去过奉天的北市场。比他们成名早得多的万人迷李德钖就是客死东北。京城内，他们常流动于隆福寺、护国寺、白云观，东安市场、西安市场、什刹海荷花市场、厂甸，散落在京城显贵的堂会，京郊的妙峰山庙会、丫髻山庙会，天桥的妓院、茶馆、杂耍园子等。在京城之外，天桥艺人在天桥与三不管（连阔如，2010：23-24）之间流动尤其频繁。说唱艺人有

"北京是出处，天津是聚处"的说法。对一个说唱艺人而言，一个艺人在天桥学成了，如果能得到天津观众的认可，那么他才算是真正地成名，再回到天桥后也就能站稳脚跟。反之，在天津三不管成名的艺人也急于到天桥一试身手。新凤霞虽然在三不管已经有了名气，但她依然在1949年来到北京天桥讨生活。

在长江三角洲，街头艺人经常在上海的徐家汇，南京的夫子庙，苏州、扬州等都市和乡镇农村流动。王少堂的说书生涯典型地体现了南方近代艺人从艺的流动性特征（李真、徐德明，1996）。在20世纪三四十年代南北艺人的流动中，济南的大观院扮演了中转站的角色。不少天桥艺人从大观院再进一步到了上海的徐家汇。实际上，元代以来，连通南北的京杭大运河就成了艺人南来北往的主要通道，而运河沿岸市镇的文化娱乐生活也就格外丰富。明末清初，有名的说书艺人柳敬亭就基本是沿运河北上说书的。

言语的执拗

在天桥，获得了艺人身份的艺人的生活依旧多艰。就表达、再现而言，无论文字书写还是口头叙事，无论竹枝词的浅吟低唱还是风俗画的浓妆淡抹，不同历史时期的他们始终都是身不由己的一群人。在自我表述的同时，也被他者叙写、言说。如同其先辈唐代艺人一样，近世街头艺人也因他者言说、书写、描画而打上了特有的印记，从而始终经历着他者、后来人对其身份的再确认与再建构。在这一不停的建构历程中，天桥艺人或有意或无意地参与其中。最终，这些互相影响的不同主体的表达、叙事合流、叠加、涵括，及至成为一种充满张力也是诡异的诗学和散发着光晕的神话。

1. 穷不怕

《孟子·滕文公上》有言：

> 有大人之事，有小人之事。且一人之身，而百工之所为备。如必自为而后用之，是率天下而路也。故曰：或劳心，或劳力；劳心者治人，劳力者治于人；治于人者食人，治人者食于人：天下之通义也。（杨伯峻译注，1960：124）

经过数千年的教化，"劳心者治人，劳力者治于人"这一金句同时被劳心者和劳力者认可，真正成为人们各安其位的天下通义。在一定程度上，劳力者和劳心者之间的对立，决定了中国社会迥异于印度洁与不洁的对立，而形成中国人伺候与被伺候的对垒。这种伺候与被伺候的对立，也决定了不同国人社会地位的高低,并先天性地赋予其角色期待与认同(乔健,1998b)。虽然历朝历代都有一些解除贱籍的律令,但被归于伺候人行列的艺人在清末民初的地位并没有多少改观。

如同不少唐人对明皇贵妃爱情的唱和,清末不少关于天桥艺人的吟唱是浪漫、诗意与古典的。它们多是对艺人演技的赞誉,很难从中看到这些艺人的生活实相和他们伺候人的另类身份。如:

> 道旁有客说书忙,独脚支棚矮几张。
> 白叟黄童齐坐听,乞儿争进手中香。

> 跌腿何曾是废人,练成杠子更通神。
> 寒鸭浮水头朝下,遍体工夫在上身。

> 学来禽语韵低昂,都下传呼百鸟张。
> 最是柳阴酣醉后,一声婉转听莺簧。

> 由来杂耍演双簧,徐狗从前独擅场。
> 博得满堂开口笑,挤眉籤脑应声忙。
> (雷梦水、潘超、孙忠铨、钟山编,1997:218、229、429)

这种风格的吟唱一直延续到民初。如：

> 正阳迤逦到天桥，剧座书场处处招。
> 漫道平民娱乐地，个中粉黛也销魂。

> 金鱼池畔柳依依，春满天桥透紫薇。
> 车马如梭人如鲫，坛墙作壁松作帷。
> 歌声响澈珠砂痣，戏法巧脱仙人衣。
> 热闹场中兼斗笑，解颐还是云里飞。

> 市人环顾立中央，吐气扬眉道姓黄。
> 热骂冷嘲无忌惮，却原兜售纸包糖。

> 钹鼓冬呛静不哗，西洋美景客争夸。
> 唉声怪气愁眉脸，人人喜听大金牙。
> （雷梦水辑，1987：252、191、90、209）

考虑到那时众多仁人志士正在效法西方，从物质到精神、从国家机器到民众服饰等都在进行近代化革命，考虑到清王朝正不可避免地走上末路，考虑到这些原本是科举制度下培育的、欲效忠朝廷的文人在其奋斗之路被阻，面临着精神上的断奶和阵痛，我们就不难明了这些都市文人对同样处于命运窘境的街头艺人进行古典吟唱的隐喻意义。换言之，这些吟唱展示给我们的不仅仅是街头艺人表演的身影和末世帝都市民生活的一角，其背后矗立的同样是"同是天涯沦落人"的失意文人的身影。这些低吟浅唱寄托的是在处于尴尬时喜欢把自己与妓女、落叶、孤雁、闺中怨妇等相比照的中国大多数"心比天高，命比纸薄"的文人的情思、遐想，乃文人的自喻、放逐与解脱。

因此，也就不难理解对穷不怕的吟咏少了几分浪漫而多了些辛酸、无奈，颇有些"乐府"的哀伤与铿锵。诸如：

> 白土撒字作生涯，欲索钱财谑语赊。
> 弟子更呼贫有本，师徒名色亦堪夸。

> 信口诙谐一老翁，招财进宝写尤工。
> 频敲竹板蹲身唱，谁道斯人不怕穷。
> 日日街头沥白沙，不须笔墨也涂鸦。
> 文章扫地平常事，求得钱来为养家。
>
> （转引自张次溪，1951：136）

多数失意中的文人对街头艺人的认同和类比是虚幻的、

软弱的和单向的。与此不同，穷不怕抛却文人的清高，走上街头，成为街头艺人中的一员。他展现出的对与穷途末路相匹配的街头空间的认同，是惊世骇俗的、阳刚的和双向的。他对自己街头艺人这种新生活、新生命的宣言，是他街头卖艺时常用的两副竹板上的对联：

满腹文章穷不怕，五车史书落地贫。

日吃千家饭，夜宿古庙堂。
不作犯法事，哪怕见君王。

为此，他也被近代的天桥艺人推崇，尤其是被京津两地的相声艺人奉为楷模，尊为祖师。

穷不怕的壮举、自白和多数文人的吟唱，从不同角度说明清末街头艺人的卑微。清朝的灭亡，以民族、民权、民生为立国之本的中华民国的建立，也没有从根本上改变街头艺人骨子里被人歧视的身份。

民国初年，虽然京剧名角田际云（1864-1925）竭力请愿禁止私寓，终获成功，维护了伶人的尊严，但他也和郝寿臣（1886-1961）一样，不愿意儿子继承旧业，欲使其"专门致于学问，奈其不能上达，无法，亦为伶人"（潘光旦，

1941：238-239）。是时，已经很受上层精英宠幸的京剧艺人尚且如此，被这些京剧艺人歧视的天桥艺人的身份地位就可想而知了。新凤霞的经历很典型（1982：27、25、108、263）。她刚开始偷学戏时，其父亲气急败坏，认为她丢人现眼，败坏了杨家的门风。她祖母就与她唱戏、开下处（妓院）的二伯父断绝了母子关系。她大伯父认为唱戏的就是给人家开心解闷的，"闻闻"算不了什么。她二姨叹息她命苦，"唱了戏下地狱，活着被人欺，死了做鬼也叫人看不起啊"。这些使得幼小的新凤霞也觉得学唱戏"不是高尚职业，不大去杜奶奶家"。因此，新凤霞是在其十三岁，祖母死了，父亲也管不了她的情况下才正式拜师学评戏的。直到20世纪40年代，在天桥的艺人想拜街北大戏院的京剧名角学艺基本上不可能。天桥的梁益鸣也就只能自称是他渴慕的马连良的私淑弟子。

对伺候人的低贱属性的自我认同，虽然在一定程度上强化了街头艺人之间"咱们都是老合"的群体感，也使街头艺人无论是在表演中还是言说中都有着或隐或现的自贬，并尝试改变或脱离卑微的身份。因此，只要有一丝可能，天桥艺人都会采取一些让自己或者让后人脱离所从事的行当的尝试。朱国良父亲后来靠卖冰糖葫芦为生，朱国良自己曾经尝试卖估衣。马桂元、马三立兄弟两人之所以在当年的相声行当中有着罕见的近似高中的学历，也主要是由马德禄想让自己的儿子脱离相声这个下九流行当的主观意愿所致。

2. 百"写"天桥

近代化带来了相对便捷的交通和人口的频繁流动。这为街头艺人谋生提供方便的同时，也增加了其谋生的难度。他们虽是无"本"生意，却过着"平地抠饼，等米下锅"的生活。除要承受风、雨、雪等恶劣天气，还得面对同业的竞争、军警匪的骚扰、恶霸的欺凌、殖民侵略者的蛮横（成善卿，1990：382-401）。国民政府的南迁也深刻地影响了北京的都市生活。与城南游艺园、新世界在这前后的倒闭一样，天桥艺人的生计也受到了这一政治事件的影响。多艰的生存环境使天桥艺人之间更加团结。捡板凳腿儿等就是这种义气的典型体现。不同行当之间的禁忌也被慢慢打破。数来宝艺人能在天桥撂地，同台演出时相声也能攒底。

电影、话匣子（广播电台）、唱片、报纸、杂志等近代传媒也深深地影响到这些街头艺人的表演和生活。

国内外的制作商在拍摄关于北京的影片时，常常"染指"天桥。1931年"九一八"事变前夕，上海明星公司来北京拍摄根据张恨水小说《啼笑因缘》改编的同名电影时，沈三的武技"双风贯耳"拍入该片。其他的诸如宝三的摔跤场面及云里飞场子、张宝忠场子的演技都纷纷进入当年拍摄者的镜头。与前述靠体态语言表演为主的杂技艺人被镜头捕捉不同，以发声的语言为主要表演手段的相声、评书、大鼓等说唱艺人则纷纷被话匣子青睐。为打广告，不少厂家、商家纷纷邀请有名的说唱艺人，定点到广播电台说唱。唱片公司也纷纷为这些人灌制唱片。连阔如、关学曾的师父石金荣等都曾在广播电台表演。像王学智等后期天桥艺人就是受这些话匣子的影响，酷爱上这些说唱艺术。《燕风报》《箴报》等报纸对女艺人的鼓选，除增添其知名度、激励其对表演的高要求外，也可能在骤然间改变这些女艺人的命运：或被更多的人骚扰，或为人妻或为人妾，与舞台告别。

民国以来，《北平日报》《新民报》《晨报》《实报》《世界日报》《京报》《民强报》《华北日报》《益世报》《立言画刊》等报刊，都曾纷纷载文介绍天桥的演技与艺人。这些报道在20世纪二三十年代尤其多，不少报纸还开辟专栏，系统地向社会介绍天桥艺人，如《北平日报》的"天桥商场社会调查"、《晨报》的"天桥之一瞥"和《新民报》的"天桥百写"等。

《新民报》第七页"天桥百写"专栏起于1939年2月28日，止于同年6月3日。每一写都有实地拍摄的相片，再配千字以内的短文。据不完全统计，该专刊介绍天桥艺人、场子、演技有：蹭油的周绍棠、善骂街的大兵黄、拉洋片的小金牙、云里飞父子、掼跤的沈三、虫子大本营、驴皮影戏、擅长把式和摔跤的张宝忠、固安县到天桥吹唢呐的人、名噪一时的"小人国"、天桥的坠子、弓长太平歌、天桥的电影屋子、永盛轩茶社、唱大鼓书被称为"天桥双波"的蔡金波和牛月波、评戏园子小桃园、坤书馆、戏园、书棚、卖大力丸的牛茂生的武艺、拐子顶砖、刘德智和华子元的相声、水心亭旧址、筷子楼、朱国良家的场子、告地状的乞丐,等等。

与短篇幅的"天桥百写"不同,《世界日报》第八版是刊载以某个天桥艺人为中心的系列访谈。这些文章实际上涉及受访艺人所从事的行当在天桥的情况。除1932年5月11、12日连载的对相声名家焦德海(1878-1935)的访问记之外,该报还刊载有记者柱宇对沈三和大金牙的访谈。

《摔跤家沈三访问记》,连载于1932年12月23-25日、29-31日和1933年1月8日《世界日报》第八版,内容包括:(1)北平市去年秋季曾举行竞赛,前清皇室崇尚摔跤;(2)沈曾收美国人为门徒,强中更有强中手;(3)卖药时必表演一种之小武技,沈之武技曾入电影;(4)被摔躺下须练凤凰单展翅,沈曾连败三十余人;(5)沈在天桥为跤场之创始者,不卖牛肉专嗜摔跤;(6)某国术馆主任曾被沈摔死,全友谊劝走一条龙;(7)扑户在宫中歪戴翎顶大闻鼻烟,沈曾在军中充分队长。《拉大片的大金牙访问记》,连载于1933年1月31日、2月1-5日《世界日报》第八版,内容包括:(1)

焦金池系大金牙之名，祖孙三辈皆能挣钱；（2）溥仪曾赏给大洋八十元，胜利唱片之一段唱词；（3）艺人之长处为"帅""怪""坏"，焦之唱片共四块八面；（4）袁天罡、李淳风发明大片？何来西夏贡美女事；（5）始制大片为八张，故多西湖景，辗转传观流入民间。

另外，徐珂（1869-1928）《实用北京指南》、马芷庠《北平旅行指南》、张次溪《天桥一览》、连阔如《江湖丛谈》以及李家瑞（1895-1975）编的《北平风俗类征》《北平俗曲略》等书，都有关于天桥艺人的文字。诸如：

> 天桥早年为落第文人求生之所，挟医卜小技，以谋糊口。今则市井杂处，良莠不齐，率多江湖庶士，淫词艳语，以期迎合人心，藉博蝇头微利，其行虽贱，其情可悯。然亦有身负绝技者，若卖药糖之大兵黄，相声小焦于俊波，滑稽戏云里飞，丸药张宝忠，小人赵林垫，拉大片大金牙，等等，号称天桥八大怪。又有武术家朱国全、牛茂生、苏祥林、满宝珍、王奎亮、蓝武贵、沈三、宝善林。

> 天桥为一完全平民化之娱乐场所，亦即为北平社会之缩影。其市场之推展日渐扩大，卖艺劳动者日益增加，乃平民惟一之谋生处，盖三教九流无奇不有，

百业杂陈无所不备。凡欲维持临时生活者，苟有一技特长，能博观者之欢乐，亦可藉此糊口。昔时天桥皆系圈地为场，支棚为屋，卖艺者居其中而作，游人围其外而观，每次演毕，观众掷钱于地，自午至晚，其佳者可得五六元，次者亦得一二元，除地租棚桌等开销外，所余者系无本之利，以之养家糊口。久之，如三王老八怪小八怪等奇号出焉。近来亦知改良，渐趋文明。有易场为屋者，有茶社和卖唱合作者。（马芷庠，1936：85-86，260-261）

接受镜头的拍摄、媒体的播报和文人的书写，显示了近代社会的这些街头艺人对其时新旧传媒的认同。就这些艺人而言，能被传媒播报，是对其演技的认可，也是其扬名立万的好机会。王学智等就把能在电台说唱当作一个街头艺人的行艺阶段讲述给我。沈三曾云，"将来，若再有人拍制影片，无论赠钱多寡，本人亦必拍入"。但除《江湖丛谈》外，这些对天桥艺人的文字记述多是速写或者说简笔画。虽然能从这些传媒了解一些行业和艺人的表演情况，但我们依然不能从中了解艺人内部的生活规则和具体的生活情形，几乎看不到街头艺人的实际生活境况及其心态，也很难从这些播报中看到现今的合作者给我讲述的对他们歧视的影子。

即，这些可视、可听的传媒整体上表达出的是天桥艺人每天醉心于表演也热衷于表演的场面，勾画出的是"平民"娱乐场或"平民"文化宫的粗线条，天桥艺人是作为辛亥革命所宣扬的"国（公）民"和大都市的"平民""市民"中的一个群体其乐融融的存在。因为形式上是艺人自己的表演和自叙，所以这些近代的传媒资料所显示的这些街头艺人与他者一样的意识不仅仅是播报者的观念，也多少暗含了民国时期这些街头艺人自己对自己的定位。这不能不说是受了辛亥革命和五四新文化运动所宣扬的民主、平等、博爱等口号的影响。

如今能检索到的民国时期的官方文件，也透露出与上述相似的信息。1918年1月16日晚，天桥西市场升平戏棚失火烧毁了十三家棚之后，北平外右五区试图对天桥规范化管理进行了诸多努力，如天桥市场棚摊规划租赁场地大小、收费标准，建设模范厕所，开办乞丐收养所，捐办粥厂等，相关文件都收录在《外右五区警察署民国七年开办天桥临时市场来往文件收支租款报告书》中。从这些文件本身很难看到对天桥艺人的责难及评说。此外，天桥的摊贩公会（包括艺人）还在1928年10月8日下午前往市政府请愿，要求惩治霸占天桥地亩的天桥市场清理地亩事务所的唐雨田。为此，市政府专门于10月16日派监视员查办此事。当年，《新晨报》分别于10月9日和17日报道了这两条消息。

街头艺人也曾被作为民族精神的象征进行言说。1932年,沈三说中国的掼跤至少不会输给日本人,他曾收美国人为徒,曾对俄国大力士挑战,俄人不战而退(均见《沈曾收美国人为门徒,强中更有强中手》)。朱国良的三弟朱国勋摔倒到自家场子中捣乱的日本鬼子等都为艺人自己、观众和媒体注意。朱国良老人就曾多次给我讲述他三弟的壮举。作为观众,黄山(1996)也曾回忆自己当年耳闻目睹的天桥艺人为国人争气、扬威的情形。

虽然无法确认这些究竟是事件、经历还是神话,但这些言说明显超越了对街头艺人技艺的炫耀。在弱国子民的年代,它强调的是中、外的对立和国人抗争的精神。此时,媒体和街头艺人自己都没有把街头艺人视为卑贱的存在。反之,街头艺人是能代表国人精神和力量的"大写"的中国人,国人内部在事实与观念层面都有的良贱之别烟消云散。同样,对主流社会对他们的认同,也是街头艺人自己乐于张扬、传媒乐于播报的。如被慈禧等代表权力者的接见,与某个名人有往来,以及太平歌词、双簧等名称是慈禧赏赐,慈禧出走西安时也带着云里飞等传说。无论对洋人的蔑视,还是对上层精英的追随,天桥艺人在这些言说中都被一定程度地提升,或者说表达出了被提升的愿望。这也从反面说明当时天桥艺人在实际生活中社会地位的低下。

确实，无论是从政府对天桥的整治，还是精神上的革命，民国时期的天桥与清末相较仍未发生根本的变化。天桥艺人仍然生活在天桥这个环境恶劣的地方。1920、1921两年，天桥三遭大火，汇聚了不少坤角儿的水心亭无法复修。俗称"天桥儿大棚"，繁华一时的歌舞台、燕舞台和乐舞台，在火焰中消失。正所谓："红巾一片起山东，到处焚烧一片红。回首可怜歌舞池，断垣颓壁夕阳中。"（雷梦水、潘超、孙忠铨、钟山编，1997：246）1929年10月19日，天桥市场再次发生火灾，烧毁各种席棚十二家。1934年《正风》第2卷第12期就有以下文字：

> 天桥，为平民大多数中等以下人的消遣场所，衣着什物，吃喝玩乐，无不应有尽有，其内容的恶劣杂沓，人人都知道，实在是说不胜说。……上中阶级裹足不前，遂有贫民窟之称。

3. 文艺工作者

1949年后，天桥基本被视为旧社会的毒瘤。天桥一带的恶霸、妓女、乞丐，以及一贯道等被新政府雷厉风行地整治。1950年4月5日，《中国人民解放军北京市军事管制委员会军法处布告（1950年军判字第203号）》公布了天桥华清馆妓院老板黄树卿和黄宛氏的罪行并判处死刑。1951年1月17日,《中国人民解放军北京市军事管制委员会军法处布告（军字第13号）》宣布了天桥"北霸天"刘翔亭的罪行,并执行枪决。同年5月22日,枪毙了天桥其他五个恶霸。当天,《人民日报》刊载了苦主控诉这些恶霸的长文,23日的《人民日报》刊载了这些恶霸的罪行。1951年2月16日、6月18日,《中国人民解放军北京市军事管制委员会军法处布告》1951年度军警判字第121号和第661号,先后宣判了天桥一贯道点传师张承忠和路铭尧的罪行。

与此迥异,在天桥讨生活的艺人的社会地位实现了翻转。1949年三八妇女节,关学曾随同当时西单游艺社的侯宝林等艺人到中南海怀仁堂为毛泽东等中央领导专场演出。这使昔日平地抠饼的关学曾觉得"天儿是变了"。稍后,他同其他许多艺人一道参加了北京市文化局举办的戏曲界讲习班。他清楚地记得政府代表在讲习班上的讲话："以后,再没有人说你们是臭唱大鼓的了,你们现在是文艺工作者了,党的宣传员,你们要为人民和国家服务。"在讲习班之后,即使面对威胁嘲讽,关学曾都信心坚定地"说新唱新"。到1957年,他没有演过一段旧的,演的全是歌颂中国共产党、英雄人物和新社会新气象的新活儿。面对新政府的礼遇,如同关学曾一样,天桥众多的艺人都转型成了党的宣传员和文艺工作者。

在那两届戏曲界讲习班，有名的作家老舍、赵树理（1906-1970）等都是他们学习的领导。这些昔日的街头艺人学习完之后，或被分归到北京市曲艺一、二、三团，或被选拔到中华杂技团、北京杂技团等专业团体，或外派到其他省市的同类团体，成为专业演员。他们所从事的，以前被视为下九流的行当名正言顺地成为高端、大气、上档次的"艺术"，杰出者还有了"民间艺术家""民间武术家""××大师"等赞誉和头衔。

对土改时期及后来的农民"诉苦""翻身"，以及对社会主义新人的塑造，学界多有记叙、研究（郭于华，2011：11-156）。同样，20世纪五六十年代也有旨在将"戏子"改造为"文艺工作者"的戏改运动，诉苦是对戏子进行道德洗澡、政治洗礼、素质提高和体制改造、国有化的重要的起始阶段（张炼红，2002）。同期的天桥艺人也经历了类似的历程。两届讲习班的用意明确。如关学曾说的那样，是要他们明白今非昔比，知道党的方针政策，要为党、国家和人民服务，说新唱新，即给他们"洗澡"。

为此，新政府也采取了一系列策略。在身份层面，不但彻底打破街北街南的分野，更让这些昔日的街头艺人给党和国家领导人专场演出，选优秀者出国代表国家进行友好演出，赠予艺术家等封号。在组织层面，把艺人从由祖师爷支撑、师父支配的行当组织、班社打散,分归到各种曲艺团、杂技团之中,使其成为单位人、国家人。在经济层面,改份钱为工资制,移易其等米下锅的生计特征。在技艺层面,从看人脸色、与观者互视,甚至挖空心思讨好观众的撂地卖艺,转变为体面地到单位上班,成为需要观众坐在舞台下仰视的表演。对昔日的街头艺人而言,上述策略使他们都有鲜明的翻身感,即"天儿变了"。

翻身的感觉使这些街头艺人"皈依"到新社会之中,成为新意识形态的翻译官和传声筒。原本谋生、逗乐、插科打诨,不乏"粗俗"的卖艺也回归到教化之正统。当然,就技艺本身而言,因为有着从地摊到大小"舞台"的位移,昔日的街头百戏都在不同程度上有了由"俗"到"雅"的提升。顺势发生的是,原本与市井街坊面对面的表演渐渐远离了街坊邻里,艺人不再是观者——衣食父母中的一员,而是身份地位整体性上高出观者的上位阶层。

在后来此起彼伏的政治运动中,成为文艺工作者的天桥艺人中的不少成员受到冲击,不少人在那时去世,或企图自杀。然而,因为身份的彻底翻转,改革开放后健在的天桥艺人都衷心地感谢党,赞美新社会。也因此,新的主流意识形态想赋予他们的新中国的积极形象——新好和旧中国的消极形象——旧坏,成功地融入这些艺人感恩型的国家观念中。在很大的程度上,这种感激也影响了昔日的街头艺人对自己的定位与表述。新凤霞、孙书筠、魏喜奎（1926-1996）、赵玉明（1929-2020）、侯宝林、马三立、梁益鸣、高凤山、关学曾和金业勤等这些从天桥走出来，在新中国一直被称颂的名人的回忆与诉说，始终充斥着对旧社会行当内外的控诉，强调自己卖艺表演的文明与良善。他们似乎也热衷于回忆这些东西。我访谈的名不见经传的王学智这样的老人，也同样如此。

与民国时期的传媒对这些艺人的表述相近，新社会中天桥艺人对自己的表述和相关言说仍然是群体的人，是以群像的形式出现的，对于他们各自在新社会生活的具体情形则较少提及。与民国时期的各种形式的写作赋予天桥艺人的平民、公民身份不同，新社会给予这些街头艺人的是散发着光晕（Aura）的"人民的文艺工作者"。

4. 天桥艺人的资源化

改革开放以来，作为一种文化资源，天桥艺人有了全新的意涵，成为社会各界欲说还休的一个话题，也成为萦绕在不少人心头的一个梦。政府、助力政府有文化情怀的商人都想发展有京味特色的民俗旅游，天桥艺人也就成为一个具有此类文化属性的象征资源与符号资本。围绕天桥艺人，政府做了大量务实和务虚的工作。诸如改造小区，修建天桥剧场、天桥文化广场、天桥演艺中心、天桥印象博物馆，重修景观意义上的那座早已不在的"天桥"，成立多种天桥民俗团体或俱乐部，挖掘、宣扬老天桥艺人和老天桥文化……尚健在的老天桥艺人格外珍贵，不少人也纷纷称自己是老天桥艺人或老天桥艺人的传人。至今，不少人仍在进行着重现天桥文化的尝试。

改革开放不久，在原天桥的天乐戏院旧址上新建起了天桥乐茶园。一开始，它还时常组织健在的天桥老艺人及其传人演出，也定期准许老街坊在里面活动。很快，天桥乐茶园成了北京民俗旅游的亮点，门票很贵，服务对象也主要演变为外宾，满足着不同意义上的他者对北京以及中国市井文化之独特魅力的想象、体验与消费。2000年春节，画家王树声在朝阳区左安东路潘家园创办的"华声天桥民俗文化城"正式开业，欲全面彰显原汁原味的整套老北京的天桥民俗文化。2002年，北京市文化局和宣武区（今属西城区）政府举办了一系列文化博物馆活动。其中，重放了当年在天桥拍摄的无声电影，并让沈三的传人现场进行摔跤表演。2005年7月7日，《京华时报》报道了来自宣武区（今属西城区）政府的消息，找到了朱国良、马贵宝（1931-2018）等50位天桥绝活艺人，并聘请这些艺人加入以挖掘、搜救、保护民俗文化为主旨的天桥民俗文化社。

政府的这些举措使得健在的、为数不多的老艺人成为一种珍贵的、具有再生产能力的象征资本。一些人纷纷扮演起了尚健在的老艺人经纪人角色。改革开放后，这些老艺人也引起了研究者的注意。早在1986年，白夜和沈颖就根据自己对众多天桥老艺人的访谈整理出《天桥》一书。日本、法国、德国等都曾有学者来找寻这些昔日在街头卖艺的老人。由于其中一些人轻易拿走这些老艺人的物件或没有兑现自己的承诺,对冒昧造访的后来者,老人们的口头禅是:"我什么都不知道!"

从桥名到地名再到人们言说与叙写中的天桥,天桥经历了一个将可视的实体虚化的过程。言说中的天桥的含义,也就不断叠加,使天桥在人们的言说与书写中经常成为一个隐喻。同样,从一个有着特殊谋生技能、行当禁忌的群体到成为说写叙事的一部分,天桥艺人也经历了类似的过程。与静物天桥不同,街头艺人是会思想的人并处于不断变化的社会环境中,他们不得不根据环境的变迁调适自己。他者对街头艺人的言说、书写和艺人对这些说写叙事的反观之间形成了一个循环往复和螺旋式上升的过程。因此,当现今作为一个特殊的群体事实上已经不存在时,天桥艺人也就成为一个层累的、叠加的语词、言说与叙事,成为不同时期、不同群体表述自己观念、认识的象征和隐喻。天桥艺人也就在其自己历时性能动地参与中,不停地陌生化,呈现出镜渊之效。

2018年,在宏伟气派的北京演艺中心的地下,"天桥印象博物馆"建成开馆。与这些年全国各地如雨后春笋般纷纷面世的大小博物馆一样,地处京城闹市的该馆同样有将"虚"化"实"、将"死"盘"活"的宏大追求。通过种种科技手段,该馆力求将老天桥日常和昔日街头艺人生计物化、具象化，即"写实""坐实"（岳永逸，2021：258-265），以丰富人、教化人、启迪人。然而，"印象"之命名本身无疑是一个恰切的、充满张力与悖论的隐喻：天桥及其艺人是真实、具体与实在的，又是朦胧、遥远与虚幻的。它始终或者只能是一种缥缈依稀的印象，是一个随物赋形、变化不定的心相，是一些频频回望、怀旧的"保守者"挥之不去的情结。

或者，作为一座满含机智与技巧的艺术建筑实体，天桥印象博物馆不是别的，就是一个"镜渊"！

江湖

生死辩证法

在《龟虽寿》中,曹孟德有言:"神龟虽寿,犹有竟时。腾蛇乘雾,终为土灰。"他慨叹的是时不我待,尤其是生命的有限。事实上,有限的生命针对的是生理学意义上的肉身。死,通常指的是肉身停止运转,即生命体征的消失。然而,人还有另外一种生命——那个必将消失的肉身所承载抑或表现的精神。所以,在《有的人》这首诗中,臧克家(1905-2004)写了一句悖论式的至理名言:"有的人死了,他还活着。"

很有意味的是,日本那位最后的宫廷木匠西冈常一对树的生命也有类似的定义:

> 我说树的生命有两个。一个是我前面说的它们的生长在山林中的寿命，还有一个，就是当它们被用于建筑上的耐用年数。……因此就特别需要我们木匠在使用它们的时候，要最大限度地让它的生命得以延长。（盐野米松，2016：44、45）

上述这些洞见，或者都可以归结为"生死辩证法"。正是生死辩证法及其实践，赋予了人类社会源源不断演进的动力，也使作为事件、经历和"神话"的历史重重叠叠、扑朔迷离而成"镜渊"之象。对深研义和团的美国人柯文（Paul A.Cohen）而言，"神话"（myth）并非是关于包括人类在内的天地万物起源的叙事，而是广义上对作为历史事实的义和团的种种言说和书写，尤其是这些言说和书写所承载的各色人等对曾经发生以及经历过的义和团的观想与构拟（2000：179-250）。因为观想，名词"神话"变成了动词，与"神化"无异。反之，作为一个强调过程的动词，神化也包含了通常被视为终端形态也是静态的神话叙事。事实上，随着时间的推移，关于任何一个历史事件、历史人物的口头叙事和书面叙写——神话/化——会越加丰富，尤其是后人愿意也刻意自视甚高而君临天下式地瞻前顾后。于是，事件成为奇迹，人物成为神鬼或仙家，中国社会也终至成为钱穆（2011a：205-230）所言的城市、乡镇、山林和江湖的合体,并表现出诡异莫测、亦真亦幻的光怪陆离和眩晕。

对唐代艺人和天桥艺人性情、身份的"深描",就是想进一步揭示这一生死辩证法、镜渊之象、观想与神话叙事,将之与"社会化"这个社会学的基本术语、命题合流,并将社会化扩写为"社会化的延展性"。

显圣杨妃袜

1.了解之同情

作为一个学术事件,顾颉刚(2011b:1-287)对孟姜女故事的研究,石破天惊!借此研究,他革新了清末章太炎(1869-1936)、梁启超(1873-1929)、邓实(1877-1951)、王国维等人倡导的新史学,将史学的范围进一步拓展到"全民"(岳永逸,2023:127-130)与"全域"。该研究不仅揭示出孟姜女故事日趋繁杂的历史化,也即社会化的过程,还赋予了孟姜女这个"箭垛"(胡适,2013:333)式的故事以学术生命,使之成为百年来中国学界一个常青的话题。

对虢国夫人这个历史人物的探析,黄小峰和李志生明显有着顾颉刚孟姜女研究暗流的影响。从历史心理学、社会心理学和日渐受儒家伦理道德支配的文人心性的角度,黄小峰通过大量的图文考辨和对虢国夫人住宅在长安宣阳坊的还原，明确指出：两《唐书》、《明皇杂录》、《杨太真外传》和张祜《集灵台》《邠王小管》、薛逢《开元后乐》、郑嵎《津阳门诗》等后生的关于虢国夫人的史、文、诗的书面叙事，明显有有意为之或道听途说、以讹传讹的污名化性质，即大抵是"欲望"（色欲、贪欲、穷奢极欲）的"黑历史"（2023：41-69）。

与黄小峰对虢国夫人的还原止步于宋代不同，李志生（2022）对虢国夫人的文本和日常生活的细读延伸到了清代，这也就更加典型地体现了我所说的历史人物的生死辩证法——社会化的延展性。李志生对虢国夫人从唐到清文本衍进的梳理、对这些文本内在旨趣从"祸首"到"花仙"演进的爬梳，都意在揭示日渐成镜渊之象的虢国夫人这一历史人物的生死辩证法：肉身的从生到死，精神生命的从生到死再到生，后人叙写——神化的死（祸首）、生（花仙）之间的转换。

如同前文呈现的那样，同是历史人物，唐明皇、杨贵妃的丰富性、复杂性明显胜于虢国夫人。与新、旧《唐书》将杨贵妃明确称为"祸本""贼本"稍异，唐代诗文传奇、笔记小说等言说、书写的主线都是杨贵妃与唐明皇之间或浓烈或凄婉、或铺天盖地或遗世独立的真"情"，而非被污名化后的虢国夫人长期单一对标的"欲"。虽然不像虢国夫人在元、明、清时化身"花仙"，对让唐明皇痴迷而对历史走向有着更大影响的杨贵妃，自唐以来的文人似乎因为"情"而有着更多的认可度和包容性，恍若有着不能已的"了解之同情"（陈寅恪，2015c：279）。至少，在不知不觉、身不由己中流露出的"情"不逊色于"理"。这从光绪三年（1877）将此前贵妃和明皇书写一网打尽的胡凤丹（1828-1889）《马嵬志》、1942年人们在重庆排演音乐家黄自（1904-1938）的清唱剧《长恨歌》，可见一斑。爱之深，恨之切。要固执地说后世文人——书写者——对杨贵妃有着更多的仇与恨，同样合乎情理。

在相当意义上，史官在正史中要谆谆告诫后世的"贼本""祸本"——红颜祸水——因为文人士大夫集团中相当一部分人心心念念的"情"，而具有了截然不同的意义。要明了将杨贵妃视为"情"之化身的这一历史心性、文人心性与接受美学和这一"情"所左右的凭吊、言说与叙事，就必须有更广阔的视野。

2.贤妃徐惠

前文对唐武宗和孟才人——"小号"版明皇贵妃——的钩沉就试图说明，虽然结果都是以女子似乎心甘情愿、无怨无悔的"殉情"终，但孟才人（王贤妃？）多少有被胁迫的成分。尤其是武宗的智慧、才情、格局、气度与成就，明显逊色其先祖明皇，故其情事流布传衍有限。同样值得玩味的是，在唐代其实还有明皇贵妃的"前世"。那就是后人同样较少演绎的唐太宗和他的贤妃徐惠（627-650）。

《旧唐书》"列传第一·后妃上"有"贤妃徐氏"专节（刘昫等，1975：2167-2169）。徐惠绝对是一个贤良淑德、正能量满满的"美人""全人"与"完人"。她出生后五个月能说话，四岁能诵《论语》《毛诗》，八岁能文。因手不释卷、遍涉经史，她文思泉涌、挥翰立成、词华绮赡。被太宗纳为才人后，徐惠很快晋升为婕妤，再迁充容。旋即，《旧唐书》的编撰者引用了徐惠劝诫太宗且让太宗"善其言"的长篇疏谏，佐证其才与德。在这篇传世疏谏中，有这样响亮的金句："有道之君，以逸逸人；无道之君，以乐乐身。"尤其让史官们称善的是，太宗崩后，徐惠追思顾遇之恩，哀慕愈甚，发疾不自医。重病垂危中，她对亲人诉说自己早日殉情（葬）太宗的真心诚意："吾荷顾实深，志在早殁，魂其有灵，得侍园寝，吾之志也。"这样，因为一心求死，永徽元年（650），逝于芳龄二四的徐惠获得贤妃封号，陪葬在昭陵的石室。

《新唐书》"列传第一·后妃上"中的"徐贤妃"（欧阳修、宋祁，1975：3472-3473）直接是对《旧唐书》中"贤妃徐氏"的缩写与改写。为显其才，当然也是殉情夫君和陪葬皇帝的宿命，编撰者增加其父孝德，让贤妃模拟《离骚》的《小山》，具体内容如下：

> 仰幽岩而流盼，抚桂枝以凝想。
> 将千龄兮此遇，荃何为兮独往？

与此同时，编撰者也改写了其矢志陪侍园寝的誓词："帝遇我厚，得先狗马侍园寝，吾志也。"在这次改写中，徐贤妃自比"狗马"，更显出宋儒们想彰显的皇权、男权和在皇权、男权支配规训下，女德高度的文化自觉。

然而，或者是因为太过"正点"，因彰显妇德而被史官书写出的这个完美的徐贤妃，很少被后来的士人和凡夫俗子念想。哪怕是洪迈（1123-1202）称善的"诗无讳避"的唐代，文人士大夫们也很少借题发挥以浇自己胸中之块垒。与汗牛充栋的对明皇和贵妃的书写相较，太宗和徐贤妃的相知相遇、举案齐眉、生同床死同穴的肝胆相照俨然被遗忘。同是真情，何以至此？

与明皇贵妃情事在其生前就成为天下事不同，其前世太宗与徐贤妃、后世武宗与孟才人都仅仅是个人事、帝王私事和后宫内事。毕竟只有杨贵妃才让唐人感叹"遂令天下父母心，不重生男重生女"，并有"生女勿悲酸，生男勿喜欢""男不封侯女作妃，君看女却是门楣"的时谣（乐史，1985：134）。毫无疑问，杨贵妃的显赫与恓惶落幕，触及时人的价值观、情感世界，甚至是泪点。她改变了世人对男女看法，及至重新定位。虽然杨贵妃不得不身死马嵬坡,但其波澜诡异的生命历程所承载的意义却被文人骚客反复吟咏和铺陈,并在华夏大地上蔓延开来。不论正反,都长命不绝衰,典型地体现了我所谓的生死辩证法——社会化的延展性。

3.太真后传

到宋代,对明皇贵妃的再写作,劝诫、讽喻、警醒的特色日浓。官修的正史《新唐书》如此,比《新唐书》早的"非正史",《梅妃传》《杨太真外传》都是如此。《梅妃传》(李剑国辑校,2015:1360-1368)的作者和成书年代尚无定论。从留存文本及文本生成后的传播而言,它都是站在铁骨铮铮、两肩道义的正统道德家立场,哀"穷独苟活"的明皇:"晚得杨氏"的他"变易三纲,浊乱四海,身废国辱";梅妃淑雅温顺,是值得爱的,贵妃俨然河东狮吼的悍妇,是不该爱的;因为该传"咎归杨氏,故词人喜传之"(李剑国辑校,2015:1364、1367)。

从已经多次的征引可知,《杨太真外传》是串写了《明皇杂录》《开天传信记》《安禄山事迹》《长恨歌传》《唐国史补》以及《酉阳杂俎》等书中关于明皇贵妃事。就该书旨趣,作者自云:"今为《外传》,非徒拾杨妃之故事,且惩祸阶而已。"(乐史,1985:146)除前文提及的围绕"紫玉笛",对贵妃与宁王关系的捕风捉影,该书还隐晦地叙写了贵妃与安禄山的不同寻常，云：

> 交趾贡龙脑香，有蝉蚕之状，五十枚。波斯言老龙脑树节方有。禁中呼为瑞龙脑，上赐妃十枚。妃私发明驰使（明驰使腹下有毛，夜能明，日驰五百里）持三枚遗禄山。妃又常遗禄山金平脱装具、玉合、金平脱铁面椀。（乐史，1985：140）

当然，这是对《唐国史补》"安禄山心动"（李肇，1979：18-19）的继续演绎也不一定。此外，对因杨贵妃而荣耀一时的杨家兄弟姊妹的荣华富贵、飞扬跋扈、糜烂日常的渲染，也是该书的主旨之一。不言自明，这些负面信息的增多，都是要婉讽太平天子。宠幸贵妃后，绝逆耳之言、恣行燕乐、衽席无别，还数次欲"私幸"虢国夫人的明皇（乐史，1985：142）实在不堪，甚至可以说昏聩。这在该书对安禄山的刻写中表现得明明白白：

> 禄山本名轧荦山，杂种胡人也。母本巫师。禄山晚年益肥，垂肚过膝，自秤得三百五十斤。于上前《胡旋》舞，疾如风焉。上尝于勤政楼东间设大金鸡障，施一大榻，卷去帘，令禄山坐。其下设百戏，与

禄山看焉。肃宗谏曰:"历观今古,未闻臣下与君上同坐阅戏。"上私曰:"渠有异相,我禳之故耳。"又尝与夜燕,禄山醉卧,化为一猪而龙首。左右遽告帝。帝曰:"此猪龙,无能为。"终不杀。卒乱中国。(乐史,1985:141)

如前文所述,就在贵妃缢死马嵬之后,不仅是对于"苟活"的三郎,对于睹物思人、垂垂老矣而泪点较低、动辄泪涕的明皇而言,香囊、头巾、玉磬等贵妃遗物和遗物指陈的贵妃之间,已经实现了这样的生死转换。而且,在骚人吟唱、文人写作和好事者的"口耳"之学中,在明皇贵妃和与之相关物之间,均有着镜渊之效:物被人化,人被物化,人物互化,人人互化,物物互化;我死你在,人死物在,物销香在,香散神在,神散诗在,诗亡情在,情在人在。

其实,凡夫俗子虽然没有文人骚客那么多的神游八荒、思接千载,但他们却实实在在、直白甚至是粗粝地用自己的行动、实践演绎着明皇贵妃的社会化,让明皇贵妃成为他们自己的,而不仅仅是墨客骚人和梨园弟子的。《唐国史补》"百钱玩锦鞴"有载:

玄宗幸蜀,至马嵬驿,命高力士缢贵妃于佛堂前

梨树下。马嵬店媪收得锦靿一只。相传过客每一借玩，必须百钱，前后获利极多，媪因致富。（李肇，1979：19）

与新、旧《唐书》不同，"百钱玩锦靿"明言，在马嵬驿，是玄宗命令高力士在佛堂前的梨树下缢死了贵妃，而非贵妃一了百了的自缢。贵妃死后，当地一开店妇人——马嵬店媪，"获"得贵妃的一只锦靿——袜子。此消息不胫而走。好奇的路人争相前来赏玩，所谓"过客每一借玩"。应接不暇的"得宝"店妇，不但明了贵妃遗物这一"文化遗产"的价值，还有着经济头脑。居奇货的她，明码标价，"百钱一观"。前后获钱无数的店媪，实现了从文化经纪人向文化资本家的转型，终成富人。

不论贵妃如何死、自缢还是他缢、真死还是假死，值得玩味的是作为贵妃遗物的那只锦靿！

在李肇目的明确的这一"补"写中，无论真品还是赝品，作为贵妃遗物的锦靿已经不是明皇思妃的专利品，而是民众观想、"借玩"的显圣物（hierophany）。在对其络绎不绝的借玩过程中，好奇、伤悲、慨叹或占有欲得到虚假满足的过客，实现了自己与高高在上、才艺双绝却肉身不在的贵妃的神遇和交际。如同其只有香如故的香囊，通过其原本穿在脚上、踩在地上的锦靿,已经香消玉殒的贵妃的气息真切地得以传接。对于当时那些"借玩"锦靿的过客——俗人而言:玉环这个杨家女子死了,杨贵妃还活着;或者说,杨贵妃死了,玉环这个杨家弱女子还活着!

在唐代,无讳避的诗文,互补也互现!"百钱玩锦靿"应该不是李肇无中生有,空穴来风。与李肇大致同期的喜欢"采风"的诗人刘禹锡(772-842),写有《马嵬行》(彭定求等,1960:3963)一诗。诗中,根据自己从"里中儿"访得的讯息,刘禹锡提及待圣驾车远,里巷窥觑场景和爱踪迹的驿站邮童私手解鳌结、传看万千而凌波袜香不歇的"口述史"。当然,在明显同情心更胜的这一口述史中,多少是延续杜甫《北征》"中自诛妹妲"(杜甫、仇兆鳌,1999:404-405)将贵妃暗喻为妹喜、妲己和褒姒的这一婉讽写作技巧,贵妃有着"妖姬"的别名。而且,贵妃不是缢死,是被逼吞金自尽的。她"牵帝衣""转美目"的倩盼承迎,不再具有效用。原诗如下:

> 绿野扶风道,黄尘马嵬驿。
> 路边杨贵人,坟高三四尺。
> 乃问里中儿,皆言幸蜀时。
> 军家诛戚族,天子舍妖姬。

群吏伏门屏，贵人牵帝衣。
低回转美目，风日为无晖。
贵人饮金屑，倏忽舜英暮。
平生服杏丹，颜色真如故。
属车尘已远，里巷来窥觑。
共爱宿妆妍，君王画眉处。
履綦无复有，履组光未灭。
不见岩畔人，空见凌波袜。
邮童爱踪迹，私手解絷结。
传看千万眼，缕绝香不歇。
指环照骨明，首饰敌连城。
将入咸阳市，犹得贾胡惊。

4.圣地马嵬

基于其博览的诗文和对自己所处时代的不满、义愤、责任与担当，清初大儒顾炎武（1613-1682）对大唐遍布各地的官方建筑——驿站馆舍进行了想象性的复原和粗描。对他而言，与街道、官树、桥梁、水利、河渠等并列的"馆舍"，指的是驿舍以及官寺、乡亭等遍布州县的体面、弘敞、雅致、舒适和惬意的园林式官方建筑。而且，馆舍可能有池、有沼、有鱼、有舟、有林、有竹，融山水、万物与城郭为一体。其诗情画意，足以慰藉、安放羁客士子身心，使之相忘于江湖。在《日知录》卷十二中，顾炎武写道：

> 读孙樵《书褒城驿壁》，乃知其有沼、有鱼、有舟。读杜子美《秦州杂诗》，又知其驿之有池、有林、有竹。今之驿舍殆于隶人之垣矣。予见天下州之为唐旧治者，其城郭必皆宽广，街道必皆正直；廨舍之为唐旧创者，其基址必皆弘敞。宋以下所置，时弥近者制弥陋。此又樵《记》中所谓"州县皆驿"，而人情之苟且，十百余前代矣。（2020：642-643）

目前，尚未看到关于唐时马嵬驿建置的具体研究以及描述。唐人李吉甫（758-814）《元和郡县图志》卷二中，对京兆府兴平县马嵬故城的记载也只有寥寥数语："马嵬故城，在县西北二十三里。马嵬于此筑城，以避难，未详何代人也。"在危难之际，马嵬驿能够让明皇圣驾停留，与三军博弈，也应该不会太过简陋、素朴，哪怕不一定有沼、有鱼、有舟。至少，元和年间颇有盛名的李肇，在《唐国史补》提及马嵬驿有佛堂、有梨树。也即，与当时众多的驿站一样，马嵬驿也应该是一片可以"返景入深林"而诗意栖居之地，抑或一晌贪欢、喘气歇息之所。

重要的是，因为贵妃之死，因为这只贵妃锦韈，马嵬驿不再仅仅是一个地理意义上的自然空间，也不再仅仅是大唐帝国一个基址弘敞的驿站，而是一个在后世文人眼中充满诗情画意的人文地理学和历史地理学双重意义上的关键景观。

当下提及北京老天桥时，人们，尤其是有着天桥情结的人们，自然而然会想到平地抠饼却身怀绝技、争奇斗艳的街头艺人。换言之，是街头艺人的日常赋予了天桥这个街区以全新的意义。对于频频回首的都市文化的怀旧者而言，不是此前有着水乡风光的天桥，也不是此后日渐与其他城市街区在外在景观上趋同的天桥，而是街头有着耍把式卖艺的杂吧地儿天桥，才是他们心中的圣地。同样，作为贵妃的魂断之处，原本早已存在的马嵬这个地方获得了新生。反之，并非此前的马嵬，而是因断魂贵妃而新生的马嵬成为后来者的圣地。

光绪三年（1877），永康人胡凤丹《马嵬志》问世。该书缀集旧闻、网罗轶事，征引了从唐至清的247种文献（《马嵬志》卷首"引用书目"，页1-8），计16卷，是迄今为止最为全面再现与贵妃、明皇紧紧捆绑一体的马嵬的唯一的志书。它以古迹、事实、词曲金石、图画服饰饮食珍宝音乐、花卉果木禽兽昆虫、评论和艺文为纲目，对既有相关诗文进行了爬梳汇集，洋洋大观。尤其是古迹、词曲金石二卷，更加鲜明地说明在与贵妃、明皇有关的众多地点中，距离长安和洛阳都有不近距离的马嵬是如何脱颖而出,成为关键的人文地景,而被世人念想的。

可贵的是,该书卷首有手绘的《骊山图》《马嵬图》《杨贵妃小像》三幅图和胡凤丹的题诗(《马嵬志》卷首"图",页1-6)。作为舆地图,《马嵬图》标识有马嵬坡、马嵬驿、马嵬、杨贵妃冢、马嵬山和马嵬佛寺等标志性景观。贵妃小像则体态丰美、仪容鲜艳、神逸妩媚、华贵意远。在差不多一个半世纪前,有别于在精英间有限流转的关于贵妃、明皇的宫廷画和文人画,《马嵬志》中这些应该受众更广的图与像,仿若当下的VR(Virtual Reality)、AR(Augmented Reality)。它将景、人直观化、一体化,完美互现,培育着读者的视觉美感,激发着受者的超常体验。

其实,仅从乾隆年间《兴平县志》卷七"明皇帝贵妃杨氏故冢"并不是太长的记述,尤其是乾隆丙戌进士、时任兴平县知县顾声雷《重修马嵬故冢记》就可知,地方人士不时重修、维护与培护的杨妃故冢,始终在为马嵬的圣地化添砖加瓦和助燃。换言之,作为地方的文化资源、名胜古迹,马嵬杨妃墓一直是往来使者、骚人、逸士"登眺"、吟唱和勒石立碑的所在。而究竟讽喻还是称颂、怨恨或者同情,都无关紧要了。如是之故,马嵬驿在相当意义上不再是世俗的,不仅仅是世俗的,而具有了神圣性。甚至可以说,马嵬驿是窥觑、把玩锦靰之过客——凡夫俗子的圣地,也是千百年来写景抒情的文人骚客——另一种过客——心中的一个圣地。因为香消玉殒的贵妃,因为贵妃遗物锦鞡,凡夫俗子和文人骚客对贵妃或猥亵或圣洁、或怨恨不已或哀伤同情的念想,都汇聚、熔铸到马嵬驿这个地方和"马嵬"这两个书写符号上。何况,《说文解字》卷九中,"嵬"的本义是"高不平也"!

光绪二年(1876),胡凤丹为《马嵬志》写就的"自序"开篇是一段叙其编志本旨、心志而意在劝诫的话。然而,情涌动于中、情大于理与智的这段话,不但将历代文人书写马嵬、杨妃的盛况说得清清楚楚,还将原本平凡的马嵬转型为圣地的过程描画得明明白白。前往凭吊的文人骚客不但进行着绵延不绝地悲、慨等一系列语言建构,还前赴后继地通过寻、拾、俯仰等肢体动作,在马嵬这个地方进行着"锄禾日当午"式的身体书写。原文如下:

> 马嵬,一坡耳,驿耳。非有豪杰崛起于其乡,仙佛栖灵于其地也。徒以美人黄土,埋玉此间。千百载后,骚人韵士,过而凭吊流连。寻坠履于荒烟,拾遗钗于蔓草。悲狐狸之拜月,慨鼯鼠之啸风。相与俯仰其间,魂驰魄感,惝恍怅惘,仿佛若睹其人于尺组之

下。郁为淫思,倡为艳曲。寄厥闲情,传彼好事……
(《马嵬志》卷首"自序"页1上)

怜香不尽千词客!每一次书写、吟诵,都是将杨贵妃"激活",都是对杨贵妃的再发现、再制造与再编码。每一次朝拜,都使得当下、眼前的马嵬,回到佛堂梨树下缢死杨妃的那个瞬间的马嵬、过去的马嵬、原初的马嵬,也是对马嵬的再一次圣化与加持。

对马嵬驿的"恋地情结"(topophilia)(段义孚,2018)和对贵妃的"自我化"也就水乳交融。贵妃明皇、佛堂野草、瓣瓣梨花、三尺孤坟、为尘轻骨、锦鞓香囊,相互滋养、相得益彰,都是千古词客吟诵、书写的对象与意象!原本是交通中转站、歇息站、加油站的马嵬驿,也成为不同阶层、不同时代、各色人等的心灵交换器、离合器,甚至是大功率的情感涡轮发动机。这也是在贵妃身死后对其的海量写作中,总是与马嵬捆绑一起的心理学抑或说心灵学动因,及至衍生成为众说纷纭、纷繁复杂、不绝如缕的"杨贵妃文化现象"(王炎平,2012)。

其实,与其说"杨贵妃文化现象",还不如说是"贵妃情结"。在相当意义上,中国古代的士人集团没有西方古典的俄狄浦斯情结（Oedipus complex），但一直有着浓厚的贵妃情结，甚或说自恋（Narcissism）进而自我封圣、志得意满的情结。当然，这里的"贵妃"不仅仅是杨贵妃，而是对以身试/护法也是以身效/祸国的所谓古典美女（其实是悲剧美女）——西施、貂蝉和杨贵妃——的概称。这些集红颜、祸水、才艺与智慧于一身，对家国、历史都重要莫名的"贵妃"，心比天高，命比纸薄，想左右自己，又身不由己。如误撞蛛网的飞虫，其左右手互搏的人生困境，实乃同样随时都不得不左冲右突的士人集团的群像。在明清时期，失意文人为了强调自己的忠孝而群体性对节烈女性的推崇、塑造与颂扬达到了极致（田汝康，2017），终致群体性地形成了对镜贴花黄式的踌躇满志、顾影自怜的"影恋"（潘光旦，1929）。

我手写我口，写我心！

与清末民初落魄、心不甘又孤芳自赏、自怨自艾的文人对天桥艺人的吟唱一样，历代士人集团对"贵妃"的涂抹、无奈、叹惋和凭吊，对不得不如此且只能如此的悲壮美的颂歌、挽歌与暮歌，为他们自己的生存状态赋予了想象中的合情合理性。不难理解，在中国历史的书写中，在古中国的诗、词、歌、赋、文与画中，这种贵妃情结都挥之不去，凝聚在指端、笔尖，散布在字里行间。诅咒也好，歌颂也罢，婉讽也好，叹息也罢，如影随形，如鲠在喉。

事实上，虽然义存炯戒，要讽一劝百、挖空心思地为"终不失为明也"（《马嵬志》卷首"自序"，页2上）的明皇找补，《马嵬志》同样是对贵妃爱恨夹杂而如鲠在喉、不吐不快的一种表现。而且，胡凤丹费心费力地为一坡耳、驿耳，无豪杰仙佛，仅有贵妃埋葬其间的黄土马嵬树碑立传写志，实则在无意中从另一种层面夯实、强化了马嵬驿的重要性和后生的凭吊者—朝拜者络绎不绝的圣地属性。

或者，经过千年传递与沉积，生活在风雨飘摇的晚清的胡凤丹，对马嵬有着更多的恋地情结，也比任何人有着更多的贵妃情结！虽然他给《杨贵妃小像》的题跋（《马嵬志》卷首"图"，页6）少了文人的矜持，云：

是貌美而心毒，其体肥而态妍，能令君王喜，兼得番儿怜，始为太真，几欲悟空而入道，封为贵妃，乃以凭势而弄权，煽乱宫闱，谁与拟在。昔殷周之褒妲，庶堪接踵而比肩。吁嗟乎！

骊凶之高入云烟，长生殿上歌管弦。
霓裳一曲声未已，渔阳鼙鼓争喧阗。
一尺组，恨绵绵，一坯土，草芊芊。
我为梡图贞石镌，华清出浴想当年。

"小序"对"色"的拒斥、痛恨,道貌岸然,近于辱骂。然而,在随后吟咏"情"时,明显伤感起来,恨也悄然而退。

给《马嵬图》的题诗(《马嵬志》卷首"图",页4下),则更加鲜明地道出胡凤丹内心的纠结与小九九。诗云:

国门才出妃子死,生生世世今若此。
香魂一缕土一堆,惨雨愁云呼不起。
桓桓敢怨陈玄礼,三郎枉自称天子。
伉俪不庇庇六军,佛堂尺组伊谁使?
人亦有言拾敝屣,夜半私誓犹在耳。
生前恩不念床第,南内相思空入髓。
梨花带雨泪如洗,化作坡前呜咽水。

5.野野史

当然,也可以残酷地说:与手无缚鸡之力、顾左右而言他的士人集团抑或说总觉得郁郁不得志的文人不同,原本弱势的黎民百姓,不但同样消费、再造着贵妃,还借贵妃锦鞴,了然无痕地侵蚀着明皇的至高无上、大唐的辉煌和心怀鬼胎的士人的脸面。

在《太平广记》中,或者因为时过境迁,或者故意要吸引人眼球而找一噱头,"百钱玩锦鞴"这则逸史没有采用刘禹锡的"凌波袜",而是直接易名为"杨妃袜"。与新、旧《唐书》不同,"杨妃袜"保留了玄宗、力士、马嵬、佛堂、梨树、店媪、锦鞴、过客等核心要素。表述更简洁的"杨妃袜"如下:

> 玄宗至马嵬驿,令高力士缢贵妃于佛堂梨树之前。马嵬媪得袜一只。过客求而玩之,百钱一观,获钱无数。(李昉等,2020:2709-2710)

别有风味的是,彰显"道德"的《杨太真外传》将《唐国史补》"百钱玩锦鞴"缩写成了更短的两句话,廿七字,云:

> 妃子死日,马嵬媪得锦鞴袜一只。相传过客一玩百钱,前后获钱无数。(乐史,1985:146)

落墨成蝇!盛唐气象有了更多或真或赝、或美或丑的斑斑点点。这让人欲说还休,只道天凉好个秋!元人张可久《落梅风·天宝补遗》就戏谑道:

> 姮娥面,天宝年,闹渔阳鼓声一片。马嵬坡袜儿得了看钱,太真妃死而无怨。

在贵妃身后，随着时间的推移，对其书写还出现了杨妃茶、杨妃菊、杨妃井、杨妃墓以及贵妃脚是三寸金莲等岔路、枝丫。当然，还有始于唐的众多图画及其题诗，此不赘述。①

前文已经提及的贵妃马嵬坡死状，《杨太真外传》叙写无疑最详。如同鸟瞰的航拍，历历在目的贵妃死依旧延续了《唐国史补》玄宗"命高力士缢贵妃"之基本情节，并写出了其复杂性。乐史先是将与虢国夫人乱情的杨国忠说成是武则天男宠张易之（？-705）的儿子。在六军以"杨国忠与番人谋叛"为名杀死杨国忠及其子杨暄之后，明皇责问为何六军依旧不前，乐史写道：

> 高力士对曰："国忠负罪，诸将讨之。贵妃即国忠之妹，犹在陛下左右，群臣能无忧怖？伏乞圣虑裁断。"（一本云："贼根犹在，何敢散乎？"盖斥贵妃也。）上回入驿，驿门内傍有小巷，上不忍归行宫，于巷中倚杖欹首而立。圣情昏默，久而不进。京

---

① 要指明的是，贵妃明皇事不仅是其身后诗文创作的灵感之源，也是宫廷画、文人画的母题，并在诗画之间形成了联动互现的回还。在《马嵬志》卷十三中，辑录的从宋到清给相关贵妃绘画的题诗就有90首之多。这些图包括贵妃春睡图、出浴图、调鹦鹉图、洗儿图、上马图、午困图、霓裳图、夜游图、玩月图、醉归图、病齿图，等等。在绘画史中，杨贵妃的形象也是唐代理想女性形象的典型，还在10世纪成为辽代贵妇墓室壁画醒目的一部分（巫鸿，2019：167-205）。

兆司录韦锷（见素男也）进曰："乞陛下割恩忍断，以宁国家。"逡巡，上入行宫。抚妃子出于厅门，至马道北墙口而别之，使力士赐死。妃泣涕呜咽，语不胜情，乃曰："愿大家好住，妾诚负国恩，死无恨矣。乞容礼佛。"帝曰："愿妃子善地受生。"力士遂缢于佛堂前之梨树下。才绝，而南方进荔枝至。上睹之，长号数息，使力士曰："与我祭之。"祭后，六军尚未解围。以绣衾覆床，置驿庭中，勒玄礼等入驿视之。玄礼抬其首，知其死，曰："是矣。"而围解。瘗于西郭之外一里许道北坎下。妃时年三十八。上持荔枝于马上谓张野狐曰："此去剑门，鸟啼花落，水绿山青，无非助朕悲悼妃子之由也。"（1985：142）

正是这一起承转合皆具、严丝合缝的微距特写，也是口头文学惯有的一波三折"三叠"式的细腻铺陈，进一步为贵妃漂洋过海的跨国社会化提供了充要条件。虽然以陈玄礼为首的无情的六军验尸了，但乐史代玄宗说的"此去剑门，鸟啼花落，水绿山青，无非助朕悲悼妃子之由也"，却此地无银三百两，欲盖弥彰。白居易《长恨歌》书写史实，"诗多于情"，却有着人文主义（humanism）的特色，渲染了人类共通的"性格""情绪"(黄仁宇,2015a:117—118;2015b:3)。因此,吟唱、渲染明皇贵妃情事的《长恨歌》朝成暮遍。有早已在东瀛传播的白居易《长恨歌》的加持,作为完美文本的《杨太真外传》这一小纰漏,再加之其后有的蜀地道士杨通幽为太上皇"绝大海,跨蓬壶"而觅得"玉妃太真院"(乐史,1985:145),又进一步助力促生了明皇和高力士合谋用丫鬟调包贵妃,并将贵妃送往海外仙山避难的"野野史"。

野野史又并非纯粹是无稽之谈!时至今日,日本的山口、热田等地,不仅有着系列的杨贵妃传说,还有着杨贵妃的故居、墓地、塑像,有着对杨贵妃一系列的敬拜实践与生活文化(渡辺龍策,1980;渡瀬淳子,2005;加藤蕙,1987;康保成,1996;近藤乃梨子,2013;相田満,2019;竹村则行,2004)。这即异域的马嵬,或者说马嵬在异域的再生。毫无疑问,杨贵妃的社会化是历时的,还是跨地域、民族与国别的,是超时空的。

如同镜渊,重重叠叠、生生死死、无穷匮也,正是本书所言的"社会化的延展性"之能指和所指。

在信息时代与视频社会,历史同样成为一个时髦而被反复咀嚼和消费的东西。"大话××""戏说××""水煮××",你方唱罢我登场,络绎不绝,热闹非凡。在听说我在写以明皇和贵妃为典型、原型的唐代艺人时,"你会写李白、安禄山与杨贵妃的情事不？还有高力士？"这样的发问，已经遇到数回。虽然有些荒诞，但好在人们还是将"贵妃"定格在"情"与"欲"的人的本色层面。在这无父无母的快餐文化、青少年式的萌文化支配一切的时代，普罗大众对历史的奇妙想象，也是另一种意义上对杨贵妃及与她合欢、一体的明皇的社会化，是贵妃—明皇这个历史人物也是箭垛式的人物不得不面对的"社会化的延展性"。

由此，有必要在《离骚》《长恨歌》《莺莺传》《西厢记》《唐明皇秋夜梧桐雨》《牡丹亭》《长生殿》《桃花扇》《红楼梦》《浮生六记》《边城》《围城》《倾城之恋》《柳如是别传》《受戒》《废都》《白鹿原》这一长时段的男欢女爱的情感书写流中，理解作为常民、良人的明皇贵妃的情事，理解对这一情事的书写实践史和传注疏笺史。也有必要放在《蒹葭》《上邪》《有所思》《孔雀东南飞》和孟姜女、梁祝、白蛇传与牛郎织女等口头诗学的传统中，理解作为非常人和艺人的贵妃明皇的情史。

正是首先出于"了解之同情"，将心比心，张爱玲（1920-1995）对贵妃明皇恍若荒诞的热闹、戏耍、缠绵——"真情"——的解读，打通了古今之隔，仿佛回到历史现场。她还归了贵妃和明皇以"常人"的心性和身份。在叠加了其女性独立和男女平等的"现代性"后，张爱玲以其独有的方式，一刀斩断了贵妃明皇之真情与贵妃姿色、解语和狡智之间的瓜葛。1945年，年仅25岁的张爱玲在《我看苏青》一文中写道：

> 杨贵妃一直到她死，三十八岁的时候，唐明皇的爱她，没有一点倦意。我想她绝不是单靠着口才便给和一点狡智，也不是因为她是中国历史上唯一的一个具有肉体美的女人。还是因为她的为人的亲热，热闹。有了钱，就有热闹，这是很普遍的一个错误的观念。帝王家的富贵，天宝年间的灯节，火树银花，唐明皇与妃嫔坐在楼上像神仙，百姓人山人海在楼下参拜；皇亲国戚拨珠嵌宝的车子，路人向里窥探了一下，身上沾的香气经月不散；生活在那样迷离惝恍的戏台上的辉煌里，越是需要一个着实的亲人。所以唐明皇喜欢杨贵妃，因为她于他是一个妻而不是"臣妾"。我们看杨妃梅妃争宠的经过，杨贵妃几次和皇帝吵翻了，被逐，回到娘家去，简直是"本埠新闻"里的故事，与历代宫闱的阴谋、诡秘森惨的，大不相同，也就是这种地方，使他们亲近人生，使我们千载之下还能够亲近他们。
>
> 杨贵妃的热闹，我想是像一种陶磁的汤壶，温润如玉的，在脚头，里面的水渐渐冷去的时候，令人感

到温柔的惆怅。(张爱玲,2019:250-251)

心灵集体的社会化

位于帝都的唐代宫廷机构教坊,功能定位明确。因此,对生活其中的个体而言,走向相对单一:或因皇帝喜好,一时其乐融融;或因社会动荡,而散落四野,流窜市井与山川江湖,哀鸿星布。与此不同,近世百年的旧京天桥,是伴随北京城发展形成的杂吧地儿,是作为权力配置的社会空间的必然结果。它多元、边缘、贫贱、低下、脏乱、贫穷,却潜藏着生的欲望和可能。

街头艺人社会化过程是以其所在的杂吧地儿天桥为核心,在一个开放的、纵深的立体性空间和"文化权力网络"中完成的,是由街头艺人所构成的另类社会与涵括它的主流社会合力重塑之果。与唐代艺人一样,在杂吧地儿天桥生息繁衍的街头艺人社会化的延展性有着同样鲜明的体现。而且,天桥艺人不但个体经历了迥异于常人的社会化过程,这个特出的群体也长时段、跨地域地经历着"心灵集体"的社会化过程。

天桥艺人个体的社会化主要是从象征性的仪式层面而言的,是以街头艺人群体所形成的另类社会为主体对新人教化的过程,也是这个另类社会内部对其成员的同化过程。它由拜师、摆知、盘道、撂地卖艺和绰号的获得等一系列环环相扣的、可视的仪式实践组成。在师徒双方、艺人与良民的结构性冲突中，学艺的新人能动地回应着位居优势者对他的教化。每经历一个仪式，新人的身份也就多了一层街头艺人的属性。对主流社会而言，街头艺人所构成的另类社会对街头艺人个体的社会化过程是一个把主流社会中的常人陌生化、异化的过程。它以祖师爷信仰和种种行规禁忌充斥了街头艺人的身心，并成为其日常生活的基本规则，传授给个体的是在这个另类社会中生活的基本知识、技能——一种迥异于常人、靠体态语言或口头语言表演谋生的知识和技能，直至全面形成艺人的思维方式。从日常言语、谋生手段到思维方式，这个另类社会都有着自己的规范。其社会架构是通过祖师爷、师徒，师兄弟、把兄弟等"父子""兄弟"式的拟亲属关系支撑。只要一个街头艺人按照其所在谱系中的规矩行事，这个另类社会对其所展现的就是一种以祖师爷为核心的大家庭式的其乐融融的氛围。

同时，这个另类社会是由不同行当的异质性群体构成。只要不同行当的人不违背行当之间的基本界限、不侵占他人最基本的生存资源，不同行当的人和同行当的艺人都会表现出相当程度的宽容。诸如：给异地新来的师出有门的或者落难的艺人盘缠，扶持新出师的艺人，允许生意不是很好的艺人或者演技不高的艺人在自己的场地上抄肥，帮着圆脸，等等。也即，在信仰、观念、社会组织、伦理道德、谋生手段、生活习惯、语言、行规禁忌等方面，由街头艺人形成的这个另类社会都别具一格。正因为这些特征，街头艺人在杂吧地儿的生活才成为近代都市社会一道独特的人文景观，甚至被后人妄想、增魅成市井魅力、都市魔力和优秀文化遗产而赞不绝口，及至要将之"复活"。

师父对徒弟的教化，是在相对私性甚或封闭的空间中完成。与此不同，出师后的艺人要面对没有他们这些谋生技能的群体维持生计。他们不得不满足观众的欲望和胃口，重新融入主流社会之中。这样，天桥艺人群体还经历了一个心灵集体的社会化过程。这一过程不仅体现在其内部对个体的社会化，在历时性和跨地域性两个层面同样明显。

从历时性的角度而言，近代都市街头艺人多数最初并非出自艺人世家。他们之所以走向天桥这样的杂吧地儿是社会变迁所导致的社会流动，是一个"人穷了当街卖艺"的被动过程，是其有限生命机会中的主动抉择。换言之，他们到天桥之前就背负了中国传统社会对下九流贬视的集体记忆与集体无意识。自然，天桥艺人的社会化过程是一个更为长时段的过程。如果把街头艺人个体不得不来天桥谋生称为"前社会化过程"，那么在其出师并能自由出入天桥卖艺之后还有一个"后社会化"或者说"续社会化"的过程。因为他们始终在审视自己的职业、地位、身份，在通过观察他者眼中的自己之后，继续对自己进行建构。也就是说，不同社会时期的他叙和自叙都是天桥艺人对自己社会化过程的结构性部分。在不同历史时期不同的强势话语的规约下，他们也及时调适其技艺与形象。因此，街头艺人社会化的空间不但是一种实在的物质空间，也是一种他构、自构的精神空间、心灵空间，其社会化是在以具体的物质空间为依托的"心理场"中完成的。

如果说清末的天桥艺人还完全从属于被人瞧不起、不屑为之、耻于为之的伺候人的下九流的行列，那么民国时期的天桥艺人则多了靠自己本事谋生、有着自己特定生活规则的平民意涵，新中国天桥艺人的群像则是善于忆苦思甜的优秀公民。改革开放后，（老）天桥艺人则代表了天桥、北京甚至中国的这些不同阶序社会空间的文化特色，是被人们积极开发、利用的文化资源，是老天桥地方感（sense of place）的象征体和符码。当然，这种时段的划分只是相对的。显而易见，也正是他们的这种伸缩性和调试，不同时期的主流社会也才容许他们或有形或无形的存在，使其生活形态得以部分延续，并表现出与主流社会合作与共谋的表征。

从共时性角度而言，天桥艺人的身份建构又是跨地域完成的。他们因种种原因先脱离了原有的生活空间或者是被阻绝了士、农、工、商等正当的谋生之路，从不同的地方汇聚到天桥。在学艺卖艺的过程中,他们不得不在京城内外流动。在出师单独卖艺时,他们还得面对同行的盘道。近两百年来,他们也经历了从街头、乡村,到席棚、戏院、话匣子、镜头里,再到象征国家权力所在的中南海、象征情谊的异国辉煌的舞台,直至当下如"吴桥杂技大世界"诸多旅游目的地的露天撂地场子、都市星罗棋布的小剧场和微信、抖音、小红书等随开随关、自由切换、虚实相间的视频空间。

天桥艺人个体的社会化和心灵集体的社会化的区分是相对的,二者实则是一个互动和相互涵括的过程。艺人个体被天桥艺人所形成的另类社会社会化,是相对常人,主要是从与常人、主流社会的脱离的角度而言。天桥艺人心灵集体的社会化,主要从与主流社会的常人求同而再融入主流社会的角度而言。主流社会自始至终都参与到了街头艺人身份的建构之中,不同时期、不同人都对他们有着不同的言说。同时,艺人又是按照他在天桥艺人群体这个另类社会习得的知识、技能,以这个另类社会中成员的身份在主流社会生存。在不同时期、不同地点,他们都通过自己的言行鲜明地表达着其艺人的身份。

从个体和群体两个层面而言,天桥艺人这一复杂的、长时段的社会化过程都包涵一个从脱离到融入、再脱离到再融入的循环过程。在此层面上,天桥艺人长时段的社会化过程也就是汪继乃波(Gennep,1960)意义上的"通过仪礼"

（the rites of passage）。前述的前社会化、社会化和后/续社会化与汪继乃波所分析的通过仪礼的隔离（separation）、过渡（transition/marge）和融入（incorporation/aggregation）三阶段之间有着大致的对应关系。当然，这两组关系的内涵迥然有别。

余光弘（1985）曾重新评价汪继乃波的生命仪礼理论。他认为：（1）生命仪礼中的边际人物是多范畴的，包括新人、新人的家人及仪式的赞助者，所有边际人物在仪式后都有地位的转变；（2）转变界限并非一定就是从一个清楚的地位到另一个清楚的地位，还存在从未界定到已界定和从已界定到未界定两种情形；（3）生命仪礼的模式可重写为：结合仪式→分割仪式→结合仪式。这对天桥艺人的社会化延展性的探讨不无启发。

天桥艺人的社会化过程不论哪个阶段，无论对艺人而言，还是对主流社会而言，都是他们双方之间复杂的被动与主动的合谋过程。而且，这个漫长的通过仪礼是没有明确的时空界限的。到天桥学艺的新人面临的每一个社会化阶段在社会变迁以及动荡的背景下，都存在某种程度的不确定性和偶发性。拜师并努力学艺并不一定就意味着能出师，出师之后也不一定就能讨得生活或靠此讨生活，能讨生活的名艺人可能骤然间就终结卖艺生涯……

同时，每个仪式所涉及的边际人物不仅仅是艺人自己，而是多范畴的。同行当的师父、师伯、师叔、师兄弟、师姐妹、亲戚邻里、捧角、失意文人，均在其中。一个新人拜师学艺，对行当内部而言，长辈艺人的辈分会再长一辈，而先拜师的同门年龄再小也会由师弟晋升为师兄。对家庭而言（如果有的话），通常一个人拜师学艺本身就意味着其所在家庭的末路，他自己首先就可能面临"死要面子"的家人责难。随后，他要么被家人遗弃，要么成为家人生活中心并被寄予希望。因为他拜师，亲人的身份也会发生相应变化，或被状况好的街坊亲戚嗤之以鼻，或被境况相似及更糟者羡慕嫉妒。当一个新人学成出师、通过盘道并艺名日盛时，荣光不仅是他自己的，也是他师父、他所在行当、他徒弟、他家人与支持者的，还是今天以传承优秀文化遗产之名而对之顶礼膜拜、奉若神明的信誓旦旦的回望者的。

镜渊

一人得道，鸡犬升天。一荣俱荣，一损俱损。

街头艺人社会化的长时段、跨地域、前景可能有的模糊性和对多范畴人身份、地位的影响，都构成了社会化延展性的内涵。因此，无论从哪个角度而言，近代天桥艺人的社会化过程都是一个多方、多向互动的复数过程，也是一个层累的过程，正如作为艺人的唐明皇和杨贵妃的史实、故事一直被再生产、操练与实践一样。它好像有起点，但肯定没有终点。

在对清代的思想、学术与心态的微观释读中，深受福柯影响的王汎森提出了"权力的毛细管作用"。它指"权力像水分子的毛细管作用一般渗入每一个角落，每个日常生活的角落都可能受其影响"（王汎森，2013：vii），并强调在政治与道德压力下，文化领域中无所不在的自我压抑、自我删窜（节）或禁制的众相。就古近艺人社会化的延展性——生死辩证法而言，权力，不光有王汎森明确辨析出的政治和道德之别，还有他涉及却没有明确地提出包括书写和言说在内的表达权力（王汎森，2013：479-483）。就权力的毛细管作用而言，政治、道德与表达三者形成一个相互支撑又交错影响的铁三角关系。

整体而言，天桥艺人社会化的延展性明显有着（强）道德权力的毛细管作用向（强）政治权力的毛细管作用的让渡。这一让渡，使得其身份、地位和自我感觉在短时间内彻底翻转，街头形态——呈现"非良人"之价值判断和良贱之是非优劣判断的生计形态——为之终结。唐代艺人社会化的延展性则有着（弱）政治权力的毛细管作用向（强）道德权力的毛细管作用的位移。这一位移，使得后世文人对包括贵妃、明皇在内的唐代艺人的表达多少都有着讽喻、说教的阴影。

与此同时，因应对艺人这样一个特出群体的表达权力，王汎森强调的因权力的毛细管作用的"涟漪效应"而倍增的敏感度和扩大的敏感性使得到处弥漫且加重的"自我压抑"（2013：xii、341-500、603-643），在相当意义上也是一块具有伸缩性的自我保护的防护盾。如本书呈现的这样，无论唐代艺人还是天桥艺人，在与之相关的书写和言说——表达中，与自我压抑同步的自我防护都有着鲜明的体现。与政治权力、道德权力的外在性与胁迫性不同，无论禁忌、避讳、敏感的范围有多广，表达权力更强调网格化生存状态的表达主体的内在性、主动性和自我抉择。易言之，无论终端形态是哪种面貌，表达权力蕴藏着借力打力的"弱者"的微抵抗，也即塞托（2015）意义上的为我所用的战术、策略，而使表达成为一种"实践的艺术"。

而且，对于古近艺人的表达而言，这个"自我"绝不单指艺人，而是异质的多主体性的套叠。无论谁说的、谁写的，作为一个有各种讯息或动能藏于其间的"讯息包"，今天的我们都不得不尽可能地感受、品味、解码与破译。因为，"在一个时代的政治、思想、文化氛围中会形成'网格'（grid），在再现（representation）的过程中，无所不在地筛选着不可以被表述及可以被表述出来的部分，使得人们是'用他的想法在呈现我的想法'"（王汎森，2013：479-480）。

如此，作为在承认一个时代"优位价值"的前提下"妥协性的表达"、既传达又遮掩的"双重写作"（王汎森，2013：485、490-491），崔令钦《教坊记》、李白《清平调》、杜甫《观公孙大娘弟子舞剑器行》《北征》、白居易《长恨歌》《五弦弹》、张祜《孟才人叹并序》、段安节《乐府杂录》、韦庄《秦妇吟》、王仁裕《开元天宝遗事》、王灼《碧鸡漫志》、乐史《杨太真外传》、胡凤丹《马嵬志》、连阔如《江湖丛谈》、张次溪《人民首都的天桥》、成善卿《天桥史话》、姜昆《姜昆自述》（2021）以及郭德纲《过得刚好》（2013）的编纂、写作、出版、传播、重刊与接受，都是隐微含义丰富，并有着政治史、思想史、艺术史、文化史、社会史、心灵史价值的重大文化事件和社会现象。

长时段观之，杂吧地儿天桥的艺人是一千多年前教坊艺人的"余生""今世"，也是今天纷纷扬扬的演艺界的"前世"，还是良人世界的映像、镜像，有着镜渊之效。

然而，也不得不看到，在出行速度、信息传输速度日新月异的超现代性的后现代社会，此前被精英发明出来的"旅游"（黄微子，2023）已经成为普罗大众标榜自己小资、中产、文明、优雅的一种生活方式，形成阶级属性明显的"区分"（distinction）（皮埃尔·布尔迪厄，2015）。这使得本质意义上的"体认"和传统意义上因体认而生的时空观发生巨变。离地、离土的工业革命、现代文明反向促生的"恋地情结"正在退潮。故乡不再令人魂牵梦绕,家乡如异乡,本土即异域(赫尔曼·鲍辛格,2014:80-134)。带有温度、情感,甚至某种情结的地方成为一个个扁平、同质、单向度的空间。指向"香火"也好,指向"星火"也罢,圣地不再具有神圣性,更不神秘(赵树冈,2014)。地点不再具有归属感、关系性与历史性,成为"非地点"(Non-Lieux)(马克·奥热,2023)。

千年前的马嵬、近世的天桥,如同一个个星罗棋布的高速公路服务区、高铁站、飞机场、连锁店和旅游景点,它们仅仅是行色匆匆的人们穿越、眨眼而过的无差别的一个网格状化的庸常时空点,仅仅是"到此一游"打卡、刷脸的所在。这些非地点,不再是有着归属感、关系性与历史性的驿道、驿站、馆舍和会馆之类的地点、地方,而是扁平的空间。这些扁平的空间,无关枯藤老树昏鸦,无关古道西风瘦马和西下的夕阳,无关"寂寞开无主"的梅花,无关祠堂庙宇、断垣残壁、荒冢废墟,更与嘹亮清越的《紫云回》、苍凉慷慨的《凉州》、回肠荡气的《雨霖铃》无涉。

当下社会,有太多的营养过剩、消化不良。它已经不全然是闲暇时间去剧院、电影院、博物馆或在家看电视、看书的居伊·德波(Guy Debord,1931-1994)所言的景观社会(2017)。它正在向与视频等移动图像相依为命的媒介社会、网络社会全方位让渡。在虚拟也是花枝招展而令人眼花缭乱的网络社会，人人都是稳坐中军帐的将军，足不出户，就可"坐地日行八万里"。远方、世界、他者，都仅仅是一帧帧快速晃动、一闪而过的平面图像。这个时代，不是指鹿为马、白马非马，而是宝马（BMW）非马！速度远胜于祖先白马的宝马，也让人们将祖先四蹄腾空的"宝马"忘到了九霄云外。

由此，人，不再具有地方感，也不再具有地点性。人活着，不是一辆辆在一眼望不到头的平行轨道上飞驰的高铁，就是在高速公路上疾驰的一辆辆宝马、丰田、大众、路虎甚或凯迪拉克；不是穿云而过的一架架飞机，就是一艘艘在茫茫大海上无始无终漂泊慢移的游船（于一爽，2022）。海量的信息，也是无效的信息。人，空空如也，游离迷茫。与古近艺人连带一体的贵妃情结、天桥情结，正被疾驰的后现代社会、闪烁的视频社会抛离自己的轨道。如同当下大多数人与在人类社会演进史上长相厮守的马和丰产的大地绝缘一样，土生土长的陕西人不知道马嵬驿，在北京讨生活的人不知楼燕（北京雨燕）、不知杂吧地儿天桥、字正腔圆地将前门外的"大栅栏（Dàshílànr）"说成"Dàzhàlán"，河北定县人不知道秧歌，四川剑阁人不知道翠云廊、拦马墙，都稀松平常，也理所当然。

在拥有种种技术手段的当下，文化保存显然不再是难事。

但是，文化传承反而要困难得多。或者说，因为保存容易，整体性外在于人的生命历程与体验的文化的传承反而不再重要，甚至认真地沦为只有形式的假传承。

在罗志田新著《激情年代：五四再认识》"自序"中，就过去与现在、忘却与记忆、历史与生命、生与死之间多组套叠、互现的复杂关系体的镜渊之效，作者的一段话奇警巧妙，玲珑剔透，别有风味。他写道：

> 我们的生命中其实融汇了无数过去的生命，而历史也就意味着过去的生命融入了我们的生命。即使在历史言说中"不知"（或在历史记忆中一度隐去）的"过去"，也依然影响着"我们当前的生活与思想"。（罗志田，2023：15）

不言而喻，无论是唐代艺人还是天桥艺人，这本当下书写其身份、才情性情以及社会的小书，依然是一个对其再建构和再社会化的过程。尽管有着"了解之同情"，秉持"认可优先"原则，真诚地投入了自己的想象、情感与困惑，但依旧处处为自身能力所限，为这个时代的整体认知水准所限。为此，试图读出显与隐的古近艺人的丰富性和我们自身的丰富性，仅仅是本书的理想。何况，活人、做事、表演与表达的常态，就是"腥加尖，赛神仙"！

主要从历史、文化的角度，胡伊青加（Johan Huizinga, 1872-1945）对"游戏"有如下定义：

> 游戏是一种自愿的活动或消遣，这种活动或消遣是在某一固定的时空范围内进行的；其规则是游戏者自由接受的，但又有绝对的约束力；它以自身为目的并又伴有一种紧张、愉快的情感以及对它"不同于日常生活"的意识。（1998：34-35）

如果有限度的阅读、聆听和写作这些心智活动也可以称为游戏，那么行文至此的我就是一个不折不扣的"游戏者"（Homo Ludens）。作为一个游戏的人，聊以自慰的难得糊涂、浅尝辄止、自得其乐的游戏精神也就不可或缺，尽管我始终有着上下求索的认真劲儿。何况，如香火兄弟的共妻儿郎、明皇贵妃以被底鸳鸯的傲娇示人、街头艺人的"一处投师，百处学艺"与悬祖等日常实践的艺术及其战术、策略所示：在"冰封的河"下面，人的快活自在不一定比鱼虾少！

吾非鱼，安知鱼之乐？

在庄子老人家与辩不过他的惠子游走濠水的桥上时，两人有如下云里雾里的对白：

庄子曰："鲦鱼出游从容，是鱼乐也。"

惠子曰："子非鱼，安知鱼之乐？"

庄子曰："子非我，安知我不知鱼之乐？"

惠子曰："我非子，固不知子矣；子固非鱼也，子之不知鱼之乐，全矣。"

庄子曰："请循其本。子曰'汝安知鱼乐'云者，既已知吾知之而问我。我知之濠上也。"（钱穆，2011c：139）

要感叹的是：黑洞无底，镜渊无头！

黑洞可以探查，然回声似有若无，朦朦胧胧，不知所终。镜渊可以凝视，然影像似我非我，<u>重重叠叠</u>，扑朔迷离。黑洞永远如故，镜渊依然如斯。仿佛黑洞、镜渊、社会化的延展性、生死的更替交接无始无终，身不由己，实不得已，情不得已。

人，只有壮胆迈步向前！

风土

包括今天矗立在天桥文化广场的雕塑在内，长期以来不同行动主体对"天桥八大怪"的能指和所指都有着自己的言说和根据这些言说的实践，诸如写作、画像、拍照、塑像、摄影、建馆，等等。不论出于何种目的，每一次言说、实践都是对杂吧地儿天桥和天桥艺人重新定义和文化再生产的过程（岳永逸，2007：274-287；2019：426-453、480-481；2021：252-265）。从人到名（言），从言到实（影/塑像），天桥八大怪实现了从实（人）到虚（名/言）再到实（影/塑像）的回还。在此意义上，如同在毁建中轮回的天桥这座桥一样，天桥八大怪既是一种流动的表述，也是一个流体。可以反复演绎的言说、文字等表述，"虚"如风，因之而生成的人，尤其是影像、雕塑、馆舍等地景，"实"如土。风、土的交融互促与回环，才是杂吧地儿天桥、天桥八大怪和天桥艺人的全部。

同理，马嵬驿有无佛堂、佛堂有无那棵梨树、贵妃真缢还是假亡、那只锦靿是否贵妃遗物、贵妃冢是否被看护、是否在他邦安营扎寨，都不重要。重要的是，贵妃和她的明皇确实来过马嵬，确实在此生离死别。历史从此处拐弯，情感在此定格，并被文学唠叨、艺术点染。历史因此更加厚重、深沉，更耐人咀嚼、揩摸，更容易被人一本正经、秉笔直书地涂抹。换言之，与理性一样，情感不但成就了文学、艺术，它也塑造着历史，且情感本身也有历史。只不过与文艺创作中情感的张扬、热烈不同，历史写作中的情感是内隐的，时常穿着理性的马甲。其实，正因为情感的介入，随着时间的后移，孟姜女故事本身及其所承载的历史也才越来越"厚"，并使得承载了历史的乡土有了种种关系，成为散发着光晕（Aura）（华特·班雅明，2019：25-69）、具有膜拜价值而不可替代的故土。

无论历史（杨贵妃）还是文艺（孟姜女），好的叙事，都是情感与理性、"诗"与"真"的高度辩证统一。歌德自传《诗与真》、有"史家之绝唱，无韵之离骚"盛誉的《史记》、有"诗史"之称的杜诗如此，白居易《长恨歌》、刘禹锡《马嵬行》、张祜《孟才人叹并序》、韦庄《秦妇吟》亦如此。好的抒情诗原本就自带历史性。在抒情诗中，由情感抒发产生的叙事交流主要以呈现历史空间的空间意象叙事方式进行，因从个人经验走向更广大的空间，与带有历史意味的时代、社会、大众的情感融合，个人情感也就具有了普遍性，从而唤起不衰的共鸣（谭君强，2022）。这也是本研究对诗、文、史同等视之的缘由所在。因为，与其说本研究在意的是杨贵妃的情感、艺人的情感，还不如说在意的是对贵妃情感、艺人情感的情感史。

吊诡的是：在旅游成为一种生活方式的今天，与个体真情实感基本没有关联的马嵬、天桥，已经成为不再具有归属感、关系性和历史性的非地点。反之，非遗运动的加持，使与孟姜女故事相关联的不少地点俨然赢得新的生机。原本乡土性的景致转型为文化遗产景观实践，进而多少有了中华民族共有精神家园的意味。而顾颉刚1925年带队研究的北京郊区的妙峰山（顾颉刚，2011b：317-468），如今已经是学科、花会、泰斗、信仰、休闲等多重符号叠加的"箭垛之山"（岳永逸，2017：113-122）。无论对于孟姜女故事流传地还是妙峰山，原本意在革新史学，"使中国人认识中国""使中国人知道自己是中国人"（顾颉刚，2007：376；顾潮编著，1993：237）的顾颉刚，也化身一个文化符号，发生了从文化资源向文化资本的让渡，成为地方—历史有机的组分，寄托着言说他的不同主体的情与理。

或者，风土（vernacular），抑或说文化，不是别的，就是在史地——时空连续统，也即融城市、乡镇、山林和江湖于一体而持续互动演进的中国社会中,不同心性的行动主体情与理的对撞、共谋、交融——辩证,和基于此的具象化的生产实践——文史演绎和地景再造的循环再生!简言之,文史演绎,即风;地景再造,即土;风土的回环流转,也即中国社会与文化。

附录　落语的传承

引言

应日本神奈川大学福田亚细男教授的邀请，2005年7月15日至28日，我前往日本进行了两个星期的访问研究。鉴于自己已有的研究，我对与中国有着诸多文化渊源的日本相应的民俗现状产生了兴趣。因此，本次访问研究中的一项，就是日本落语艺人及其表演。

落语类似于中国的单口相声。它借助扇子、手巾等道具，讲述滑稽故事，娱乐观众，是深受日本人喜爱，有着悠久历史的一种传统语言艺术。7月22日下午，在神奈川大学宫本大辅博士候选人的帮助下，我对落语家"真打"桂歌助和落语迷、研究专家清水一朗进行了访谈。清水一朗是在访谈的中途来到的，他著有《落语史三题噺》（落语を聴く会，平成14年）。在随后的访谈中，他就相关话题适时发表了意见。当时，在座的还有武井正善先生。

在国内热热闹闹地保护非物质文化遗产（非遗）的大背景下，此次访谈除延续了我在国内从事艺人研究的思路——在关注艺术的同时，也关注艺人的生活——之外，我更关注艺人对其所从事的艺术的自我认知，以及对其前景的看法。因为作为一门传统艺术门类的传承者，他们自己的认知与态度实际在相当意义上预示着该门传统艺术在现代社会可能会有的前景。

将此次访谈整理成文，目的有三：（1）给国内的读者介绍日本落语传承的大致状况；（2）提供一些材料，以方便有志于从事两国文化比较研究的同人；（3）希望凭据一位普通的日本传统艺术继承者的反思，激发国内从事传统艺术表演的艺术家的自省，进而使整个社会关注传统艺术、草根艺术，在更普遍和具体的意义上形成费孝通（1910-2005）晚年所倡导的文化自觉。

"真打"桂歌助

桂歌助，本名关口升，昭和37年（1962）出生在日本新潟县十日町市。昭和60年（1985）12月，他投入落语大师桂歌丸（1936-2018）门下，拜桂歌丸为师。昭和61年（1986）3月31

日，桂哥助在横滨三吉演艺场第一次登台演出。同年5月，他升为"前座"。前座是在压轴演员出场前表演的垫场演员，是最低级别的落语演员。平成2年（1990）6月，他升为"二目"。二目是在压轴演员出场前表演的二等演员，级别高于前座。升为二目后，他改名"歌助"。平成11年（1999）5月，他升为"真打"，成为落语的压轴演员。平成11年6月到8月，他在江户时期的东京日本桥到京都三条大桥之间的53个驿站（东海道）举行了落语表演。平成12年（2000），作为候补正式演员，桂歌助出演TBS电视台的《水户黄门》。桂歌助也进行落语创作，利用因特网传播、推广落语。现在，他是落语艺术协会IT部门的指导顾问。

桂歌助爱好广泛，包括业余棒球、老街道散步、东八拳（狐拳）和上网等。他建有自己的网页。他也擅长在说书场跳舞，"活惚舞"（源自住吉舞的一种马路表演）以及"那个家伙""吊儿郎当"等十日町短歌、小曲等。此外，他在歌舞伎中出演过《道成寺》中的修行僧，表演过《君之代松竹梅》的舞蹈。

作为对话交流的落语

1. 入门的原因

岳永逸（以下简称"岳"）：在中国古代，甚至一直到20世纪初期、中叶，靠表演为生的艺人都被人们视为"下九流"，社会身份地位很低，日本社会对于艺人有这样的歧视吗？在来日本之前，我看了你的简介，知道你上过大学，而且学的是数学，也懂英语，但你后来为什么选择了落语这门传统表演艺术作为自己的职业呢？

桂歌助（以下简称"桂"）：过去，日本艺人的社会地位同样低下，但低贱的地位不是绝对好或者绝对坏的事情。明治5年（1872）到昭和22年（1947），靠落语等为生的人可以不缴税。那时的艺人分为六个等级，其中一级最高，这些艺人也最为有名。昭和23年（1948）改制以后，制度变了，落语家也开始要缴纳税金了。

我们家我这辈有兄弟五人，我排行第三。高中时，我进入了"甲子园"（日本全国高中棒球比赛决赛地），早晚练习棒球。我做过投手，也打过内场、外场，但最终我放弃了棒球生涯。从新潟县来到东京进入大学，正如你知道的那样，我学的专业是数学，隶属英语研究部。我一心想成为老师，要成为教师，当然必须努力学习。但是，在人前讲话，要让别人觉得有意思，或者让学生们觉得高兴，也非常必要。而一个人说话的艺术，我觉得落语最好。于是，我到新宿去听落语课。这就是我的大学时代。很快就迎来了大学三年级的下半期，求职活动也开始了。我觉得成为老师不错，但做落语演员也不错，可以让很多人笑，是一份很有魅力的工作，就拜师入门了。

拜师的时候也很困难。在艺人的世界里，不能从师父或者业界那里拿工资，只有自己获得上场的机会才会有收入。一开始的时候，师父说：这个很辛苦，你当老师的话，有固定收入，还是不要学这个。因而，他拒绝了我。每个人入门的原因都不同，我是读大学期间入门的，也有人高中毕业就入门，一直工作到30岁左右才入门的也有。所以，大家都不一样。拜师入门的时候没有考试，只要去拜托师父，看师父是否收你了。

岳：学习落语一般要多长时间，有哪些阶段？

桂：落语演员的身份分三个阶段。第一个是前座，最先出场的二牌演员；第二个是二目，是在真打前出场的二等演员；真打就是最后出场的压轴演员了。前座学4年，二目学10年。我是在6年前成为真打的。和教师一样，真打也是要有资格证的。成为真打一般是学14年，长一点、短一点的都有。我也是学了14年。不管是前座还是二目，都需要自己赚钱。当然，也可以从师父或师兄那里得到少许的援助。成为真打以后，这些援助就没有了。

2. 落语的缘起

岳：每个社会都有很多不同的行当。中国有句俗话，"三百六十行，行行出状元"。每个行当关于自己的起源有不同的传说故事。在日本，落语是怎样形成的呢？有什么通行的说法吗？

桂：这也有几种说法。

在中国的文字传到日本以前，每一代的历史都是通过人们口头传承而流传下来的。后来有了文字，也就有了日本最早最古老的书，比如《古事记》《日本书纪》。在这之前，一直都是由像我们这样的人通过口头传承古代的历史、民间故事传说、神话等。有人认为这就是落语的源头。

还有一种说法就是镰仓时代（1184-1333），佛教从中国和印度传入日本。在传入的过程中，逐渐演变形成不同流派的宗派，像净土宗、禅宗等。每个宗派都希望人们能听自己的教义，加入自己的宗派。这样，在向人们宣传自己的教义时，最开始都是当人们在路上走或是在田里干活时，给人们宣讲。只有人们首先被吸引了，才能和他们聊得起来。所以，那个时候的和尚很擅长讲话。擅长讲话主要指声音比较大、手势动作比较丰富，能够讲得妙趣横生的和尚也非常多。这些人的名字没有流传下来，但也有人把这些和尚宣讲教义看作落语的起源。这又是一种说法。

后来，终于出现了一个真实的名字，叫安乐庵策传（1554-1642）。安乐庵策传生活在室町时代（1336-1573）末期，他也是一个和尚，属于刚才提到的镰仓时代的新兴宗教流派净土宗。在最开始的时候，净土宗受到了当权者的镇压。随着该派信徒的增加以及自身的逐渐发展壮大，战国时代（1467-1568）的武将、君主们就开始拉拢这些有势力的和尚，让他们做自己的参谋，把他们带去参加战争或者其他活动。这些人很擅长说话，所以也可以让他们和士兵们讲话。比如，夜里说一些令人愉快的话，让士兵放松。

这些被君主、武将们带着走的，能讲很多有趣的话的和尚，被叫作"御伽众"。其中，有陪丰臣秀吉（1537-1598）的，还有服侍那时候天皇的人。安乐庵策传就是"御伽众"中的一员。关于所说的这些有意思的话，他给我们留下了一本名叫《醒睡笑》的书，书中记录了很多很有意思的话。因为这些东西比较实在具体，也有人认为落语是这么回事。

第四种说法，就是有一个叫鹿野武左卫门（1649-1699）的人的出现。他是江户时代（1600-1853）的人。进入江户时代后，战争结束，社会安稳，人们的生活要充裕从容得多，一般的老百姓也开始对一些有意思的演艺有了兴趣，但最感兴趣的还是歌舞伎。我觉得，歌舞伎还是有地位的、门第比较高的人看的，能剧也给人同样的感觉。与之不同，落语是能够更轻松愉快地说的，它好像是一个人进行的模仿。在有很多客人的地方，人们往往会把这些有意思的人叫来表演，使大家处于一种笑的氛围里。

经过百年，到了江户时代，从最初的《醒睡笑》到当时，已经有了很多有意思的书。当时表演的人都是把这些书的内容记熟了后，再出来表演。虽然当时艺人的身份还没有被确立，但是因为这些人说话有意思，不管料理店的老板还是普通百姓，人们都想听他们说话。于是，这些被称为"万事通"像文化人一样的人就聚集起来了。其中，讲得非常有意思的是鹿野武左卫门。同时，大阪的米泽彦八和京都的露之五郎兵卫（1643？-1703）也非常受欢迎。今天，在这三个人之中，多数人认为鹿野武左卫门是落语的起源。今天的落语又主要分为东京和大阪两大流派。在东京，多数同人认为鹿野武左卫门是落语的起源。

那个时候，社会上还是有士、农、工、商等身份等级的差别。当时有一场瘟疫，鹿野武左卫门在落语中讲了个噱头，说一个东西可以治这个病，后来有人就在街上叫卖这个药。那时，武士的势力依然强大。因为鹿野武左卫门太有人气，就被冠以说了奇怪荒诞的话的罪名流放到边远的岛上。在被押送的途中，他说的那些很像落语的有意思的话，又被认为是触犯了幕府的禁忌。此后，他仅仅回来过一次，再也没说过落语就客死异乡。一时，落语这样的庶民文化也被完全限制，渐渐衰落了。如果有人想为此做些什么，都会被监管并予以取缔。

此后，又过了一百年，终于出现了三笑亭可乐（1777-1833）。他是卖梳子的，也开始偷偷地说落语。现在，东京艺人有很多，其中有很多都是他的弟子。他的弟子为了不让幕府抓住，都秘密地说落语。在上野的下谷神社附近，他们建了一个小屋，开始说笑话。总之，有了这个渊源，直到今天，说话有意思的人还常来这里，讨得一些收入。作为说书场演出，从客人那里得到入场费，这就是今天的说书场的起源：自己建造一个屋顶或小屋，在这么一个空间里一个人演出。但这个人并非一直靠说同样的话让人们笑，而是靠"三题噺"，即客人给出了三个词，比如磁带、咖啡、杯子，说书人把这三个词语都用上，说的话要让人发笑。这样的人是天才。这种形式也非常受欢迎。这个时候，武士的力量弱化了，管制也没有了。很快，三笑亭可乐的弟子多起来了。这也是今天落语的发端。

三笑亭可乐是200年前的人，鹿野武左卫门是300年前的人，安乐庵策传是大约450年前的人。这三个人都是实在的人物，是落语的大家。人们都说，其中一个就是落语的开创者。

3. 道具：扇子、手巾和木拍子

岳：过去，中国的相声表演常常需要使用装有白沙的袋子等道具，落语表演有什么道具吗？

桂：当然有，使用扇子和手巾，这被视为落语的形式。这个是从什么时候开始的很难说，但向左向右换人应该是从鹿野武左卫门开始的。在表演中，扇子和手巾被用来拟代很多东西。三笑亭可乐就是拿着扇子和手巾上场，跪坐着说落语的。我觉得应该是跪坐的。总之，我们现在的人，都是跪坐在坐垫上，穿着和服，拿着扇子和手巾，向着右边表演。这样的形式是落语表演的规矩。三笑亭可乐是否也和现在的人一样，以现在的表演形式来表演呢？在这里，我们可以认为有这种限定的可能性。也有人认为，安乐庵策传、鹿野武左卫门和三笑亭可乐这三个人的出现，造就了和现在相近的落语。

岳：现在，中国的相声表演时使用扇子、手巾的情形不多，但说书艺人一直都使用扇子、手巾，另外还有醒木。在落语表演中，也有人使用醒木吗？

桂：东京的落语演员一般是跪坐在坐垫上，拿着扇子和手巾演出的。大阪的除了拿扇子和手巾以外，也用那个木拍子。在换场的时候，大阪的落语艺人就用木拍子拍桌子。这一点和你们中国的说书人有些相似。

除此之外，刚才说到的《醒睡笑》中的落语的一些内容，也有很多是从中国传到日本来的。到了江户时代，这些渐渐被日本人吸收，演变成为今天的艺术了。比如吝啬的故事、通奸的故事，这些在中国古代也是作为笑话流传下来的。引进这些的日本人也常常说这些笑话，写一些这方面的书。说到吝啬的故事，比如有个人要在家里钉钉子，他去找隔壁的人借锤子。邻居说金属和金属对撞，锤子的金属就会减少，所以不借。这个人说在这么吝啬的地方借不到，我还是回家用自己的。这个笑话确实是来自中国的书。日本人把这个借来，在日本讲。类似的笑话，现在在日本还有。

岳：在我研究的老北京天桥的说唱艺人中，一个人要得到扇子、手巾这些道具有很多说法和讲究。落语艺人怎样才能得到扇子、手巾呢？有什么讲究、规矩和说法吗？

桂：落语表演者的道具是自己准备的。在成为二目的时候，都要准备写有自己名字的手巾。以前，落语艺人用的都是有波浪花纹的手巾。这些手巾也有当你升为二目的时候，客人或者其他艺人送给你的。当然，自己准备的手巾也可以在其他很多场合用。前座也用手巾，是自己准备的。在前座晋升为二目后，前辈们祝贺他时会送他手巾。所以，就算不晋升为二目也是可以有手巾的。平常也有卖手巾的店。成为真打后，也会发扇子。此外，作为祝贺，别人也会送来很多。成为二目或真打后，艺人们常常会送晋升者手巾或者扇子。如果师弟或后辈送手巾或者扇子相贺，晋升者就要给师弟或后辈红包。如果是前辈给后辈送手巾或者扇子的话，后辈直接收下就行。

岳：自己做扇子或手巾有什么特别的仪式吗？

桂：没有什么特别的仪式。扇子上写有自己的名字，字要小些，不能让客人看得太清楚，从而影响表演。最好是远看时，不要让客人注意到扇子上的名字。在表演中，扇子有时候也会被用作酒杯、筷子等。表演时，前座、二目和真打三个不同阶段的落语艺人穿的和服都不一样。只要在演出时，看见这个艺人穿什么样的和服，就能知道他是哪个阶段、级别的艺人。和服都自己做，是不送的。

4. 语神·祖先·日常禁忌

岳：落语表演有什么祭祀？有行业神吗？关于这个行业神有什么样的传说故事？人们怎样祭拜他呢？

桂：三游亭圆朝（1839-1900）被称为落语神。他是8月11日去世的，每年的8月11日都有"圆朝祭"。这天，大家聚在一起，也有很多喜欢落语的人们一起去拜祭他。刚才说到的三笑亭可乐是7月去世的。现在，人们还表演着他的可乐剧。他也是落语的一个神。虽然他出身低微，但是从他现在的地位来看，他为日本人的文化创造了一种新的体裁。

为什么说三游亭圆朝是落语神呢？他对日本文化界影响非常大。日本的文学、语言、文字等很多都是来自中国的东西。受汉字的影响，那个时代的文学还都是书面语。书面语和口语的文学还是不一样吧？日本有很多文人吸收了三游亭圆朝说的话，而开始了文学创作。在日本文学全集里，你看不到其他落语家创作的东西，但是可以看到三游亭圆朝的《牡丹灯笼》《真景累ヶ渊》等怪谈和人情剧等。

虽然落语是庶民文化，但是落语让大家笑，让大家开心，知识分子对它的评价也渐渐高了起来。落语的地位也高了起来，被承认了。

岳：与祖先相比较，落语神在落语家的生活中扮演了什么样的角色？

桂：日本的表演艺术和宗教有着非常密切的关系，而落语和宗教的关系就更深了。以前，讲落语的人只是祭祀自己这个派别的鼻祖，而很难得去祭祀自己真正的祖先。但是，比起艺术的传承，还是与自己个人有血缘关系的亲情意识要更强一些吧！这就像父子关系要比师徒关系深一些一样。对自己来说，爸爸这个真正的父亲和让自己可以得到工作的师父比起来，虽然师父这个父亲也很重要，但是真正敬爱的还是自己的爸爸吧！

因此，不只是落语的祖先，自己本身的祖先也要守护。现在正好是盂兰盆节。盂兰盆节以阴历七月十三到十五日为中心。在这期间，为了把亡灵从痛苦的世界中解放出来，要做法事。与中国的阴历七月的中元节相似，日本有盂兰休假，人们多回老家拜祭。我的老家在乡下，只要家里还有父母或者长男在，我就8月回去，去上坟拜祭。

5. 拜师学艺与艺名

岳：作为一门能够谋生的技艺，落语的传承有哪些形式？比如说是家传还是师传？

桂：落语是师父传给徒弟的，也有家族内传承的，虽然没有歌舞伎那么严密。歌舞伎是完全只教给自己的儿子，可以说是世袭。落语家建立有教授徒弟的学校，对弟子就像对自己的孩子一样。但是也有教给自己的孩子，让下一代继承的。

岳：在家族传承中，男女有什么区别吗？

桂：基本上都是教给男子。今天女子也可以学。现在，东京约有400个落语演员，似乎仅有20人是女性。如果说三笑亭可乐是落语的祖先，那么在落语200年的历史中，女性说落语只有25年左右的历史。

岳：拜师学艺时，有什么条件或仪式吗？

桂：在还没有录音机以前，有一个"三遍练习"的惯例，指拿着师父表演的照片，对着照片，练习说话。第一遍，把台词和故事情节记住。第二遍，记住表情动作等。第三遍再全部做一次。第四遍在师父面前演一遍试试。一般要练习3-6天，学习这些技术。师父也很忙，所以后来就只在师父面前演一次，得到师父很多指正。师父说可以了，就能在客人面前表演了。虽然练习演三天也比较麻烦，但这样还是对徒弟适合，不太费事。

现在，也有拿录像机来练习的。要给师父录音、录像，就必须获得师父的同意。以前，这些是禁止的。虽然大家都想一次就结束，但必须获得师父的同意。只要师父同意，就可以在未出师时演出。

岳：师徒同台演出时，收入分配上有什么差别吗？

桂：作为得到师父同意并与师父一起同台演出的徒弟，他一般是给师父的表演进行铺垫。如果让师父接得愉快，师父就会多给徒弟些钱。

在前座阶段，花费都是师父掏钱。作为前座的徒弟自己不带钱包，给师父拎着包，跟着师父，师父一定会给徒弟钱。晋升为二目时，凡师父拜托的工作，给师父拎包，跟着师父走，师父也会付钱。成为二目时，因为徒弟自己也能挣钱了，有时候也请师父一起出去喝酒吃饭。

岳：前座4年，二目10年，以前就这样吗？

桂：以前还长些，前座要6年。但是有很多时代，可能也不同。所谓真打，就是艺人能够得到客人的点名要求演出的意思。最后出场的就是真打。通常，一年最少出师一到两个真打。这是为公演考虑。从我们的角度来看，真打是地位比较高的；从公演来看，如果得到客人指名表演的话，那他就要按照客人的要求，什么都可以表演。在说落语的人特别少的时代，每年都必须推出真打。在"二战"期间和"二战"之后，只需经过7年或者8年，二目就可以成为真打了，也有集中起来大概10年就成为真打的。现在，国内的和尚能说落语的人也很少了。如果落语不在东京繁盛起来，就会衰落。反之，落语热时，说落语的人也相应就多。这个时候就要14年、16年、17年甚或20年才能成为真打。每年推出2个真打。根据年代、时代的不同，成为真打的标准也有变化。但是，像记住100个笑话就成为真打这样的标准是没有的。

岳：在近代北京天桥，一个人拜师学艺后，师父都要给徒弟起艺名。拜师后的落语艺人也有专门的艺名吗？是否有专门的字辈？这之中有什么特别的讲究？

桂：同样有！这包括徒弟晋升为前座、二目和真打的时候，改名字的三种情况。还有一种就是继承师名，这个非常重要！成为真打的时候，有一个继承这个名字的过程。一个艺人要继承师名，必须要成为真打才行。

我还是前座的时候，师父叫我"歌儿"。成为二目时，师父说，你这个名字像个小毛孩的名字，再晋升的话，这个名字就不太合适了，所以改成"歌助"。在二目这个阶段，对于徒弟的艺名，师父和徒弟都有对半的发言权，师父的意见要优先考虑。成为真打以后，要起什么艺名基本都是艺人自己决定。可以说，差不多80%是按自己的愿望定。自己可以随便取一个名字，就算自己发明也没关系。可是，名字经常换的话，别人就不容易记得住。像我们这样的艺人，在电视或者传媒中还没有那么大的影响力。反之，我的师父桂歌丸，在全国很多地方都有人知道。所以，还是觉得在桂歌后面加一个字比较好。

再就是继承师名的事情。继承师名是一件很令人高兴，值得感谢的事。然而，这么一直继承下去，也会给人一种这个落语家始终是一个老爷爷的印象。别人关注的也很少是他本人，而是这个名字。在电视上做节目的时候，打出他的名字固然是好，但是后来落语不时兴了，他们的名字也就越来越不被知道了。此外，落语的经营场所也有很多政策规定，所以改名字是非常难的一件事。

还有一种情况就是师父让你继承他的名字。师父拿出这个名字，让你尽情地用，有把你当作他接班人的含义。有时候，徒弟本人并没有这样的意愿和打算。这样，在今天，这种强制性的做法也时常会让师父和徒弟之间出现纠纷。

在落语界有两个像神一样的名字，三游亭圆朝和柳亭圆之。圆朝是一百年前比较流行的名字，圆之是六十年前比较流行的名字。到现在，继承林屋正藏（1781-1842）这个名字的落语家已经是第九代了。迄今为止，已经有八个林屋正藏了。从第一代开始留下的传统，现在继承这个名字的第九代就必须为前八代扫墓，做法事。继承这个名字，就必须要履行这些义务。必须在前八代的忌日时去扫墓。此外，如果前一代的人还有遗孀，必须得到她们的许可，才可以继承这个名字。日本的这种古典艺术的继承师名是无条件的，也非常难。直到今天，也没有人能够继承三游亭圆朝和柳亭圆之的名字。

我的师父桂歌丸是第一代。如果用桂歌丸的名字，就能得到很多演出的机会，但是可能也有人会说这是假冒的。以前也有小圆朝到北海道去，就变成了圆朝。假冒三游亭圆朝和柳家小さん（san）的也有。现在毕竟是电视的时代了，电视上一播，假冒的事很容易就会暴露。二目时，一个艺人可以随便去演出。在成为真打以后，反而有很多制约了。

6. 学艺生活

岳：学艺期间，每天的时间怎样安排？徒弟和师父之间的关系呢？

桂：前座和二目的情况相当不同。在前座阶段，一个艺人自己虽然有一席之位可以说落语，主要的还是做辅助、助理性的工作。与表演相比，学艺、多听、多钻研更重要。晋升为二目之后，有一席之位可以把落语当作自己的本行来说，这就比较好了。

以前，前座阶段的徒弟一般住在师父家，现在一直住在师父家的几乎没有了。就我而言，我是在师父家附近租了一间房子。早上，比如八点半，一定要去师父家。如果师父还没有起床，就帮师母做早餐，等师父起来一起吃。如果师父不在，师母为我们准备了也一起吃，就是这样一种生活。虽然能有饭吃，其他就没有什么收入了。自己就找空闲的时间去打工。因为这个时候也不能通过说落语过日子。在东京的说书场工作的话，这也是一种义务，从前座开始就必须来这里做，可以获得一些收入。从每月21日到30日的公演期间，因为有很多前座来，就可以利用这个时间再找其他的活做。这种情况也是有的。

在前座和二目两个阶段，徒弟都是帮师父拎包跟着师父走。在成为真打以后，徒弟就和师父有一样的资格表演了。即使是师徒关系，成为真打的徒弟也不用给师父拎包、受师父差遣，必须自己挣钱养活自己了。比如，演出得到11元，师父得10元，作为二目的徒弟才得1元。对于已经成为真打的徒弟，不仅是收入分配与以前不同，师父对徒弟还有了一种竞争对手的意识。可是，不把身份提高，不把技术练得更精湛，就这样下去，真打也会没有收入，没有工作。

我和太太认识以后，才有了这样的收入，生活才算安稳下来。从拜师到能够赚钱的时候，还是花了很长时间。被客人点名演出的机会增加了，每个月才能赚钱。在这之前，只能看着日程安排，要是下月或下周都是空白的话，连房租也交不起了。

7. 行话、演出地盘与习俗

岳：落语艺人有什么行话，或者说暗语吗？

桂：有一些数字方面的语言，如问多少钱时。还有就是在客人面前，用尽量不让客人们明白的话说话。比如，今天来了什么样的客人，或者肚子饿了，要吃饭了，如果让客人们听到，就会以为想要他们请我们吃饭。此外，比较不正经的话，也用暗语。但是，现在的客人们通过电影、漫画，渐渐也了解了这些话，所以我们也都不用了。用的话，反而比较奇怪。虽然学艺的时候都学，也都不用了。

有意思的是，说书场的暗语和理发师说的一样。在生意买卖上，也有这样的情况。可能落语家的兄弟中，做理发师的比较多吧！

岳：同业者之间有地盘、势力范围之争吗？遇到这种情况是怎么解决的？

桂：我自身倒是没有经历过。说书场的后台也没有遇到过什么比较为难的事。在地方上，有地方的说书场公演协会，这个是不受约束的。艺人们也是没有地盘限制、不受约束地演出的。如果是我演出的时候，主办方也会做得很周到。

落语会开始于50年前。最初的时候，也有收会费的组织。10年以后，落语的公演开始不赚钱了。和相扑、歌舞伎比，关注落语的人不太多。落语的说书场,也不像夜总会那么多。当地的黑社会团体也因为这个不太赚钱,逐渐不来了。这样,落语表演就没有什么大的麻烦。特别是当地的艺人们在本地表演不会有麻烦。至少,作为新潟出身的艺人,我在东京演出时没有说要建立新潟艺人的势力范围。东京的艺人也不会因为其他地方的艺人在东京演出,有啥抱怨。

清水一朗(以下简称"清"):在日本的说书艺人只能在东京和关西地区生存。不管是名古屋,还是我高中时代的新潟、仙台,在电视节目中,没有一个落语表演者是可以作为正式演员出场的。东京和大阪稍微有一点不一样。大阪的公演公司都是株式会社(股份制),东京还比较有人情味。比如,很难得去拜托大阪的人,但拜托东京的人就觉得很轻松。我之前去拜托桂歌助的师父桂歌丸,跟他说"对不起,下次把桂歌助借给我用用!"就这么简单,就可以了。

岳:在公演时,或者日常生活中落语家有什么忌讳吗?

桂:这还是依人而定。有一些人就有相当多的忌讳。对我的师父,很多地方都说不出很具体的禁忌,还是没有吧!有些人讲究方向,有些讲究什么时候该穿裤子,什么时候该脱裤子,很麻烦的。还有对茶也有讲究的,什么时候端茶出来,端出来时的热度等,非常伤脑筋。这些和艺术一点关系都没有。在电视上看到过,这次继承林屋正藏的人在出家门时,他的母亲就用火镰在他头上打上火花，以被除不祥。

清：以前的工匠、艺人在出门前都一定会用火镰在头上打出火花，这个古老的习惯一直被传承下来。现在，我们那儿只有正月才有这个习惯了。在元旦出去工作的人，都要在他头上打出火花，认为火花可以带来金钱。

岳：冒昧地问一下，就你而言，收入的稳定性怎样？

桂：收入的稳定性不同。别人都觉得我们这个收入的稳定性不好，但我觉得还不错。其他的人，比如说工薪族的人看起来稳定，可他们一旦失去唯一能供养他们生活的支柱，就不能生存下去了。落语艺人并非如此。

比如，我非常受客人清水（一朗）先生的照顾，从他那里挣了很多钱。在他也有生活困难、工作不顺利的时候，我就垮掉了吗？不是的，我还有很多其他的客人。由于受到了很多客人的照顾，我就变成了这种状况，觉得收入还不错。如果失去了某位客人，我并不是就不能生活了，虽然这个并不能通用于整个落语界。与工薪族相比，艺人不仅可以自己选择师父，还可以通过自己踏踏实实地努力去选择自己的客人。如果有讨厌的客人，不伺候他们也可以。确实，好好地伺候他们可能能挣很多钱，如果不愿意就可以拒绝。工薪族虽然可以自己选择公司，却无法选择上司。这还是比较痛苦吧？要是突然碰到了一个令人讨厌的上司，那就只好忍受了，就像一个学生遇到了一个自己不喜欢的老师一样。

8. 婚姻与生活嗜好

岳：落语艺人的婚姻有什么特别限制吗？一般是什么样的情形？

桂：一般没有限制。虽然落语家有三个身份阶段，前座、二目和真打，但不管哪一个阶段都可以结婚。只要不是师母，结婚对象谁都可以（笑）。落语家婚配的对象可以是自己的客人，比如是自己的倾慕者，也可以是后台工作的一些年轻女性。与后台工作的女性结婚，被称为"职场结婚"。还有从青梅竹马就开始交往的，也有联谊时认识的。

当还是前座时，要经常去师父家汇报情况，时间紧张，婚恋也有很多限制。成为二目以后，艺人已经独立，闲下来的时间也较多。这个时候，就希望能有一个可以理解自己苦衷的人。所以，在这个时候开始谈恋爱的艺人比较多，我就是这个时候开始恋爱的。

岳：在日常生活中，落语家有什么普遍的习惯或者嗜好吗？

清：还是玩得比较多吧，喝日本酒的很多，我高中时代虽然没喝过，但是看多了，这种意识非常深刻，也很熟悉。

落语家有三大乐：喝、打、买。喝就是喝酒，打就是赌博，买就是女性。人们都说这三个中，是男人肯定至少会一个。那个时候，有种风潮就是这三个都必须做。当然，现在没有这样的事了。我的感觉就是当时是被这么教的，在后台也经常有这么玩的。

有时候，师父也会劝徒弟还是喝酒比较好，但那时喝得过多了绝对不是好艺人。对任何艺人或者工匠来说，踏踏实实地过日子最重要。日本社会的人也都该这样。日本的工薪族，因工作压力较大，经常下班以后连喝几家酒，直到酩酊大醉才回家。

9. 当代的教育与落语的前景

岳：与过去相比，今天的落语传承环境已经发生很大变化。作为一名真打，你觉得落语会有一种什么样的前景呢？

桂：现在的日本，和电视没有关系，兴起了"和热"。即，穿着和服的艺术热。所以，比如歌舞伎、和服，以及邦乐（日本传统古典音乐）也都是这样的。我觉得，年轻人还是很难进入日本的传统世界。首先一个是要习惯学徒关系。我们的落语能够这样一路走过来，很大程度上是因为师父一定会热情扶持、培养弟子。茶道、花道、日本舞是师父从弟子那里收取学费。更早以前，他们是怎么做的不太清楚。这些艺术虽然流传下来了，但我觉得如果流传的过程能够像落语一样就更好了。和其他的浪曲（在三味线的伴奏下讲故事）、讲谈（说书）比起来，落语能够流传下来，除了技艺受人欢迎外，还有就是落语的师父对处于前座阶段的徒弟的扶持、照顾。所以，希望其他的日本文化也能像这样发展。这样，作为民间的力量，即使没有国家的支持援助，也可以发展下去。

刚才你们看到的落语演出中有一个演奏曲艺的人，①他是日本文化艺术传统继承制度培养的学生。所以，他不能像我一样采用突然对陌生人说话练习的方式。在国家招收的这些人当中，只有优秀的人才能够被师父收为徒弟，进一步学习。现在，他们也引入了学徒制度。刚才一起照相的四个拉三味线的女性，也都是为了保留国家传统艺术培养的学生。②虽然她们不上舞台，但是在这个说书场练习三味线，经过两年的研修，也是很好的。

漫才有个专门教漫才的学校。但落语还是不会成立专门的学校。成立了的话，可能就会毁了落语。落语是个人的艺术！要是每一个人都做同样的表演，就变成一样的了，就没有个性了。每一个人没有必要一致，没有必要说同样的台词。这个也是要和时代相对应的。比如英语的"I"，日语中说"私"，江户时代的书中女人说"俺"，现在只有男的才用"俺"。

战后，日本不管吃的还是穿的，不管歌舞伎还是落语，

---

① 指在访谈的当天，2005年7月22日，在新宿末广亭，上午11点开始的落语昼场演出。当时，我与宫本大辅、武井正善观看了这场演出。访谈是在桂歌助节目表演完之后进行的。

② 当天，桂歌助在表演完节目之后，带领我们到了末广亭表演的后台，与几位在后台化妆的女艺人合影留念。

都在不断地变化，也越来越没有后继者了。政府开始了对这些传统艺术人才的培养。最初是歌舞伎的人才培养，然后是对人形净琉璃（木偶戏）的演员使用三味线和木偶的培训。还有一点就是，重视古典艺术的文部科学省鼓励人们学习古典艺术。遗憾的是，学校的老师已经不能教授这些东西了，能够弹钢琴却不能弹三味线。虽然学生很努力地去学，但是平衡性很不好。我觉得作为老师，应该首先教授给学生这种艺术的历史，培养对这种艺术的感知、意识，然后在这个基础上，让学生们学习。

比较偏激地说，我不太认同现在的教育。相对于现在的义务教育，以前的寺子屋[①]或者私塾这种依靠老师的个人力量来培养学生的教育体制，除了教给学生必需的东西外，更能发挥学生的个性。我现在是孩子学校PTA（家长会）的会长。我觉得，现在学校的老师认为禁闭学生理所当然。这个世界上绝对有不适合老师教的孩子。这是老师不好，还是孩子自己的原因呢？我觉得现在的学校有些地方弄错了：在小学里，都不让学生大声说话；在教室里也用很小的声音读课文，不竖起耳朵听就听不到；讲课时，不管老师还是学生，都好像是在窃窃私语。我看到那些想成为落语家、演员的孩子在练习时也很小

---

① 江户时代初等教育机构，除了习字，还教授朗读、算盘、汉籍、歌谣、裁缝等。

声。孩子不就应该大声吵闹吗？

学校的老师都认为国语教育就是读书、写字，因为日本没有语言教育。国语教育只被作为读书、写字、释意来教给学生。以前，我和一个成为教师的朋友谈到这一点。作为知识，孩子们学到了很多。然而，这些知识应该以一种什么样的方式传授给学生呢？比如发声方法，传授过程和方法等都不明确，只是写在这，让学生照着做就行了。怎样把这些自己明白学生却不明白的难点，教给学生呢？这个时候，如果不讲得有意思，学生们可能就不愿意去接触它。

以前的寺子屋里可能也还是有调皮古怪的学生的。如今，在整个世界上不管身份差别，至少一定会教孩子读书和算术。然而，人们发现越教越难。到底是现在的孩子不适应以前那样的教学方式了，还是学生开始反抗老师了？如果强行让寺子屋里的孩子中那些非常规的、爱捣乱的孩子变得循规蹈矩，只会说"是的"的话，这些孩子就会都废掉。

有阵子，我的师父在快要被解雇的时候，师母还是像往常一样每天早上9点给他准备早餐。就是她，给了我们一种必须要去做的感觉。像这些生活中的点滴，都是学校老师的讲义上没有的。在我们那个时代，学校的老师都有很多学生。这个学生的国语好，那个学生的算术好，这个学生的国语、算术虽然不好，但他很会画画，另一个学生则体育强。老师都让他们的这些优点实实在在地活用，并发挥出来。这真的就是建立在老师个人行为上的人生！老师让每个人把自己最好的一面展现给大家，让大家觉得那个同学真厉害。在这方面，老师让大家得到了充分的成长。现在的老师，没有这份闲心了！从这一点来看，日本的教育继续这样下去，会变得越来越像美国教育了。

现在的日本教育，尽量做到不对孩子分优劣。运动会上，也没有了一、二、三等奖。但是，走入社会以后，会经历很多的失败和成功。如果不从少年阶段就让孩子们练习尝到胜利的重要性和失败的痛苦这些感受，一直处于这种暧昧的状态之下，那么当孩子们在成为大人以后，当失败来临时，一个人就不能很好地调整自己的心态，人格就会出现异常，日本也就会变得乱七八糟。所以，教育孩子的时候，应该让他们反复经历很多小挫折，让他们去体会这种挫折的辛酸与痛苦，在以后才会更有面对挫折的战斗力。如果像现在这个样子进入社会的话，只要遭受一点小挫折就会一蹶不振。所以，先让他们去体验挫折吧！

最近有件有意思的事，发生在我孩子的学艺会（日本小学生的文娱会，或者成绩汇报演出）上。一般办学艺会，就会有主持啊，或者其他的，总要做一些什么的。显然，这之中肯定就会有主角。这次有5个人，但这5个人都是主角，没有配角。这从某方面来说，对我们也是一个启示。事实上，这些孩子的才能是不是都在这上面呢？我觉得，举办这样的演出，是孩子开拓和发掘自己个性的时候，但没有角色和主次之分的这个学艺会，反而把培养、表现孩子个性的机会给毁掉了。所以，在很多时候，当我想到日本的古典艺术时，恐怕很多有天赋的孩子也是这样就被埋没，古典艺术的后继者也自然就减少了。

现在，在日本说落语的有400人左右。我觉得，说得很好的人，如果你对落语的判断比较好的话，有10人左右。就像一座金字塔一样，最下层是那近400个人，顶点是10个人。对日本古典艺术来说，就这个状况，底层太薄弱了。这一点非常令人遗憾。不只是落语，对于其他的古典艺术来说，也都是非常危险的。

岳：对于这种危险，日本政府有什么措施吗？实施得怎样？

桂：我们这些有一席之地可以表演的落语演员，所获得的收入完全不同。这个时候，一般根据你和店里负责人的协议而有不同。另外有一点，我们比较受益的就是，政府制定的一个保护、培育日本传统文化的法律。

除我们平时经常演出的会馆之外，在浅草还有一个会场，我们一天之中可以演出多场。从浅草的那个会场，我们也得到很多的收入。大家都是会员，你去演的时候，别人就演完了。

你就能看到有没有客人先定好你了。这时，每一个客人的花费也是固定的。也就是说，在他们这些客人中，我得到的演出收入也是固定的。如果是事先客人预约的演出，真打就会获得双倍的收入。成为骨干中坚的话，就能获得2.5倍的收入。

同时，文化厅也会给予说书场和个人一些补助。这并不是文化厅自觉这样做的，而是因为这些传统艺术的团体呼吁政府给予预算性的补助。我们落语界就有这么一个团体。给予落语艺人的补助，不是说均等地一年给几千万日元，或者在拿钱期间均等地去演出。在出场和不出场的艺人之间，这个都有差别。出场的艺人才会有收入。不受欢迎的节目不会演出，受欢迎的节目就经常演出。演出多了，这个艺人也会变得忙起来，然后就适当地休息，并且向业界提出请假申请。所以，这些补助是不均等地分配的。但是，到艺人手中的这些补助还是比较微薄。即使有几千万日元，也是有这么多人分配啊！总之，只有这么一点的话，对我们来说，这些补助是不够的，生活也会出现赤字。

日本这个保护传统的法律是两年前制定的。在这之前，文化厅的预算差不多都是给了海外公演，也就是管弦乐等。给人一种感觉，即日本人正在吸引世界的目光，我们要支持。日本人的管弦乐走出去了，但日本传统的文化老是没有走出去，虽然歌舞伎、相扑也都在走出去。两年前制定的法律，开始更加支持日本传统的东西了，这也使得传统在现在的传承确实有了不同。

岳：你能具体说说，落语在日本将来会有怎样的前景吗？

桂：这个问题不是我能够回答的，我也只能从很外围的角度来解答。它肯定会经历很多的风雨曲折，但是如果它消失了，日本也就不会再存在了。它被日本人民深深地喜爱着！在人们身边其他的日本古典艺能中，我觉得只有落语拥有这么多的爱好者。像我这样的人，虽然现在成为真打了，但就算是刚成为二目的人到地方上去演出时，当地的市长或者町长都会特地来到后台对我们说："今天谢谢你们了！"日本就是这样一个社会。

清：落语这样一门表演艺术的特点是，必须要适应时代的变化而变化。可能下面是一个很奇怪的例子：日本的爵士乐演奏者，很多都是落语的爱好者。为什么呢？因为爵士乐是只要和上它最基本的旋律和节奏，就可以自由地演奏。而落语也是这样的，只要符合它基本的东西，表演者就可以自由发挥，而这个自由表演的幅度也相当大。

说落语并不是我的职业。我一边听落语，一边编制、主办落语节目，一边写落语的剧本，都有50年了。最近写的剧本已经被灌制成CD了。我听落语从初中时就开始了，这么算我听落语的历史有60年了。从老家宇都宫（栃木县的县厅所在地）

来到东京，从事与歌舞伎、落语有关的工作已经50年了。大家现在觉得，很久以前的人或者他们的名字对我们来说都好像是一笔财产！

10. 希望落语能受到中国人的欢迎

桂：中国的相声现在是一个什么样的状况？如果我们去中国表演，会受到人们的欢迎吗？市场会怎样？

岳：客观地讲，在中国经济急剧发展的今天，与中国其他源自民间、源自过去的传统艺术一样，相声的市场并不是很景气。市场经济、现代消费观念培育的人们更喜欢的是流行音乐、行为艺术等一阵风似的快餐文化，是来自欧美的洋东西。这或者与日本前些年的情形没有太大的差别。正因为这样，我才对今天日本这些传统艺术和文化的过去、现状及前景感兴趣。但是，在北京、天津这些孕育了相声的地方，相声还是有着自己观众和市场。相较而言，人们更喜欢听侯宝林、马三立等这些以前从撂地出身的艺人所说的有着生活气息的老段子。

你知道的，作为语言艺术，观众能否接受并得到欢迎，首要的问题是能否听懂。20世纪二三十年代，就曾经有不少京津一带的相声艺人南下，前往上海等地卖艺。因为语言的障碍，很多艺人很快就回到北方了。就我所看到的资料，那时只有一位叫吉坪三（1897-1952）的艺人在南方受到欢迎。因为他懂上海话，在与观众零距离接触的表演中，他用当地方言唱的太平歌词受到了江南人的喜欢，红极一时。当然，艺术之间总可以交流，也会在人与人之间形成共鸣的。

桂：语言方面的障碍，我们也知道。我还是希望有一天能到中国表演，进行交流，并得到中国观众的喜欢。不管哪个国家、哪个民族，人们的生活总是需要笑声的，人们也应该欢快地笑，而落语正好是笑的艺术，你说呢？

文化自觉与遗产保护

显然，上述的对话和交谈所言及的，不仅是对落语这门在日本有着悠久历史的传统表演艺术的记忆。它是落语艺人身份获得的概况知识，更是今天的落语家自身对落语的认知。因此，上述被记录下来的知识，同样有着张扬、表白，也有着迎合。尽管如此，从这些通过我们双方互动而诱发、建构出来的"知识"之中，从这些表述之中，仍然有许多值得我们深思的地方。

费孝通（2021：28-47、166-177）晚年倡导的"文化自觉"是一个内涵丰富的概念。它既指生活在一定文化中的人对其文化有自知之明，对其发展历程和未来有充分的认识；也指生活在不同文化中的人，在对自身文化有自知之明的基础上，了解其他文化及其与自身文化的关系；还指在全球化过程中，世界范围内文化关系的多元一体格局的建立，要在全球范围内实行和确立和而不同的文化关系。这三重内涵，我们似乎都能从上述谈话中发现。

在众多的落语家中，桂歌助或许是个特例。他经过思考后，理性地选择了落语，以落语为自己的终生事业，而完全不只是出于对落语的爱好。他对日本传统文化的热爱，尤其是对落语以及当下日本教育的认知与反思，已经远远超越了一个我们习以为常的艺人的水准，而有了"思想"的高度与内涵。落语"肯定会经历很多的风雨曲折，但是如果它消失了，日本也就不会再存在了。它被日本人民深深地喜爱着！"这种自信的表述、文化自觉和言语中流露出的自豪，或者应该让国内从事传统表演的艺术家们深思。这是远远超越传统艺术之上，基于世界而关注整个日本文化的博大！

我们很难预测在将来，日本落语会是一种什么样的境况，但一门传统艺术，要是多有几个这样有灵魂和思想的从业者，不论时代发生怎样的变化，作为能给在工作世界中忙碌生活的人们带来闲暇和快乐的"自由的艺术"（artes liberales）（皮珀，2005：29-30），它肯定就有其存身的空间和必然性。换言之，任何一门传统艺术都需要有灵魂和会思考的思想家，而不仅仅是熟悉了解自己行当知识、技能，一味仓促迎合观众与世俗的表演者,以及技艺熟练的匠人甚或机械的效仿者。

其次,对于传统文化的保护、弘扬而言,尽管政府的关心、财政支持并不能从根本上解决其终究会被历史车轮日渐改造甚至消解的这一事实,但日本政府对传统艺术落实到位、具化到人的扶持,也是我们应该虚心学习的。

非遗的保护、传承人的认定,对于国内的媒体、大小官员以及大众来说已经不是陌生事。但在这场"游戏"中,不同的参与者更关心当下的或者长远的经济效益以及其他方面可利用的价值,在意是否能够为自己带来声望、权位或其他。在今天一切以经济发展为主导的洪流中,文化大抵是经济的附庸和从属品。包括部分民间文化在内的传统文化是否能在当下社会名正言顺地合法存在,常取决于被称之为文化的东西是否还具有经济、权力、名誉再生产等工具价值。在夹杂着交易和利益谋取的实践过程中,得到财政拨款的保护、弘扬,也就难免流于一种口号和形式(岳永逸,2015:193-194;2018:214)。为了文化的良性发展,有效地服务生活日常,这些都是我们应该警醒和避免的。

征引文献

阿城,1997,《威尼斯日记》,北京:作家出版社

白全福,1988,《我家作艺生活忆述》,《天津文史资料选辑》(43):206–221

白夜、沈颖,1986,《天桥》,北京:新华出版社

本社编,2000,《唐五代笔记小说大观》,上海:上海古籍出版社

岑仲勉,2000,《隋唐史》,石家庄:河北教育出版社

常小琥,2015,《收山》,南京:译林出版社

——,2023,《如英》,北京:人民文学出版社

陈寅恪,2015a,《陈寅恪集·隋唐制度渊源略论稿·唐代政治史述论稿》,北京:生活·读书·新知三联书店

——,2015b,《陈寅恪集·元白诗笺证稿》,北京:生活·读书·新知三联书店

———，2015c，《陈寅恪集·金明馆丛稿二编》，北京：生活·读书·新知三联书店

陈志勇，2013，《南戏戏神田公元帅信仰变迁考》，《文化遗产》（2）：49-57

成善卿，1990，《天桥史话》，北京：生活·读书·新知三联书店

程毅中，1980，《唐代小说琐记》，《文学遗产》（2）：52-60

崔金生，1995a，《宋香臣和她的竹板书》，见《北京市曲艺志·人物志》编辑委员会，《北京市曲艺志·人物志》（油印本），页131-142

———，1995b，《集戏、曲于一身——孙雅君艺术生涯纪实》，见《北京市曲艺志·人物志》编辑委员会，《北京市曲艺志·人物志》（油印本），页84-95

〔唐〕崔令钦，1959，《教坊记》，见中国戏曲研究院编校，《中国古典戏曲论著集成（一）》，页1-30，北京：中国戏剧出版社

戴显群，1993，《唐五代优伶的社会地位及其相关的问题》，《福建师范大学学报（哲学社会科学版）》（2）：108-114

邓云乡，1998，《增补燕京乡土记》，北京：中华书局

定宜庄，1999，《最后的记忆——十六位旗人妇女的口述历史》，北京：中国广播电视出版社

董玥，2014，《民国北京城：历史与怀旧》，北京：生活·读书·新知三联书店

〔唐〕杜甫著，〔清〕仇兆鳌注，1999，《杜诗详注》，北京：中华书局

杜浩，2017，《唐代文学中酒文化的传播研究》，保定：河北大学博士学

位论文

〔唐〕段安节，1959，《乐府杂录》，见中国戏曲研究院编校，《中国古典戏曲论著集成（一）》，页31-89，北京：中国戏剧出版社

段塔丽，2000，《唐代妇女地位研究》，北京：人民出版社

段义孚，2018，《恋地情结》，志丞、刘苏译，北京：商务印书馆

费孝通，2021，《孔林片思：论文化自觉》，北京：生活·读书·新知三联书店

冯承钧，1930，《唐代华化蕃胡考》，《东方杂志》（17）：65-82

冯尔康、常建华，1990，《清人社会生活》，天津：天津人民出版社

冯至，2019，《杜甫传》，北京：北京出版社

傅谨，2023，《练功比"学文化"重要》，《读书》（3）：21-29

福柯，2003，《规训与惩罚：监狱的诞生》，刘北成、杨远婴译，北京：生活·读书·新知三联书店

傅起凤、傅腾龙，1989，《中国杂技史》，上海：上海人民出版社

高凤山，1985，《艺坛沧桑话今昔》，见中国人民政治协商会议北京市委员会文史资料研究委员会编，《燕都艺谭》，页378-411，北京：北京出版社

宫哲兵，1995，《女性文字与女性社会》，乌鲁木齐：新疆人民出版社

顾潮编著，1993，《顾颉刚年谱》，北京：中国社会科学出版社

顾颉刚，2007，《顾颉刚日记第三卷 1933-1937》，台北：联经出版事业股份有限公司

———，2011a，《顾颉刚民俗论文集 卷一》，北京：中华书局

———，2011b，《顾颉刚民俗论文集 卷二》，北京：中华书局

〔清〕顾炎武撰，〔清〕黄汝成集释，2020，《日知录集释》，北京：中华书局

郭德纲，2013，《过得刚好》，北京：北京联合出版公司

〔唐〕郭湜，1985，《高力士外传》，见丁如明辑校，《开元天宝遗事十种》，页115-123，上海：上海古籍出版社

郭于华，2011，《倾听底层：我们如何讲述苦难》，桂林：广西师范大学出版社

赫尔曼·鲍辛格，2014，《技术世界中的民间文化》，户晓辉译，桂林：广西师范大学出版社

贺夏蓉，2013，《多重视角下的女书及女书文化研究》，武汉：华中师范大学出版社

何兆武，2022，《历史理性批判论集》，北京：清华大学出版社

〔宋〕洪迈，2019a，《容斋随笔》，北京：商务印书馆

———，2019b，《容斋续笔》，北京：商务印书馆

侯诊、谈宝森，1996，《侯宝林和他的儿女们》，北京：大众文艺出版社

〔清〕胡凤丹，1877，《马嵬志》，光绪三年五月永康胡氏退补斋藏板

胡适，2013，《胡适文集·4》，北京：北京大学出版社

胡伊青加，1998，《人：游戏者——对文化中游戏因素的研究》，成穷译，贵阳：贵州人民出版社

华特·班雅明，2019，《机械复制时代的艺术作品：班雅明精选集》，庄仲黎译，台北：商周出版，城邦文化出版

黄仁宇，2015a，《赫逊河畔谈中国历史》，北京：生活·读书·新知三联书店

———，2015b，《中国大历史》，北京：生活·读书·新知三联书店

黄山，1996，《逛天桥》，《北京纪事》（3）：58-60

黄微子，2023，《旅游的发明：一段从精英到大众的旅程》，《读书》（6）：169-176

黄现璠，1934，《唐代之贱民阶级》，《师大月刊》（13）：59-97

———，1936，《唐代社会概略》，上海：商务印书馆

黄晓、刘珊珊，2023，《辞采与门第：唐代赏石的牛李之争》，《读书》（12）：79-86

黄小峰，2023，《虢国夫人游春图：大唐丽人的生命瞬间》，郑州：河南美术出版社

霍耐特，2018，《物化：承认理论探析》，罗名珍译，上海：华东师范大学出版社

贾晋华，2021，《唐代女道士的生命之旅》，北京：社会科学文献出版社

姜昆，2021，《姜昆自述》，北京：文化艺术出版社

〔宋〕金盈之，1958，《新编醉翁谈录》，上海：古典文学出版社

居伊·德波，2017，《景观社会》，张新木译，南京：南京大学出版社

〔唐〕康骈，1991，《剧谈录》，北京：中华书局

柯文，2000，《历史三调：作为事件、经历和神话的义和团》，杜继东译，南京：江苏人民出版社

〔清〕孔尚任，1982，《桃花扇》，北京：人民文学出版社

库尔特·勒温，1997，《拓扑心理学原理》，竺培梁译，杭州：浙江教育出版社

雷梦水辑，1987，《北京风俗杂咏续编》，北京：北京古籍出版社

雷梦水、潘超、孙忠铨、钟山编，1997，《中华竹枝词（一）》，北京：北京古籍出版社

〔唐〕李百药，1972，《北齐书》，北京：中华书局

李斌城等，1998，《隋唐五代社会生活史》，北京：中国社会科学出版社

李斌城主编，2002，《唐代文化》，北京：中国社会科学出版社

〔唐〕李德裕，1985，《次柳氏旧闻》，见丁如明辑校，《开元天宝遗事十种》，页1-14，上海：上海古籍出版社

〔宋〕李昉等编，2020，《太平广记》，北京：中华书局

李季平，1986，《试析唐代奴婢和其他贱民的身份地位（上）》，《齐鲁学刊》（6）：28-34

———，1987，《试析唐代奴婢和其他贱民的身份地位（下）》，《齐鲁学刊》（1）：47-53

李剑国辑校，2015，《唐五代传奇集》，北京：中华书局

〔唐〕李延寿，1974，《北史》，北京：中华书局

〔唐〕李肇，1979，《唐国史补》，见李肇等，《唐国史补　因话录》，页

1-66，上海：上海古籍出版社

李真、徐德明，1996，《王少堂传》，南京：江苏文艺出版社

李志生，2002，《唐代非良人群体通婚探析》，《唐研究》（8）：277-298

———，2022，《唐虢国夫人：文本与日常生活》，西安：陕西师范大学出版总社

连阔如，2010，《江湖丛谈（典藏本）》，北京：中华书局

廖美云，1995，《唐伎研究》，台北：台湾学生书局

刘达临编著，1993，《中国古代性文化》，银川：宁夏人民出版社

〔宋〕刘克庄，1983，《后村诗话》，北京：中华书局

〔唐〕刘𫗧，1979，《隋唐嘉话》，北京：中华书局

刘小枫，2004，《沉重的肉身——现代性伦理的叙事纬语》，北京：华夏出版社

〔后晋〕刘昫等，1975，《旧唐书》，北京：中华书局

〔清〕陆时化，2015，《吴越所见书画录》，上海：上海古籍出版社

鲁迅，2005a，《鲁迅全集·6》，北京：人民文学出版社

———，2005b，《鲁迅全集·9》，北京：人民文学出版社

———，2005c，《鲁迅全集·10》，北京：人民文学出版社

〔明〕罗贯中，1973，《三国演义》，北京：人民文学出版社

罗志田，2023，《激情年代：五四再认识》，北京：北京师范大学出版社

马建钊、乔健、杜瑞乐主编，1994，《华南婚姻制度与妇女地位》，南

宁：广西民族出版社

马克·奥热，2023，《非地点：超现代性人类学导论》，牟思浩译，杭州：浙江大学出版社

马三立，1983，《艺海飘萍录》，《天津文史资料选辑》（23）：196-243

马芷庠，1936，《北平旅行指南》，北京：经济新闻社

〔唐〕南卓，1998，《羯鼓录》，沈阳：辽宁教育出版社

倪钟之，1991，《中国曲艺史》，沈阳：春风文艺出版社

〔宋〕欧阳修、宋祁，1975，《新唐书》，北京：中华书局

潘光旦，1929，《冯小青：一件影恋之研究》，上海：新月书店

———，1941，《中国伶人血缘之研究》，上海：商务印书馆

潘荣阳，2009，《台湾戏神雷海青信仰研究》，《福建师范大学学报（哲学社会科学版）》（3）：151-157

〔清〕彭定求等编，1960，《全唐诗》，北京：中华书局

皮埃尔·布尔迪厄，2015，《区分：判断力的社会批判》，刘晖译，北京：商务印书馆

皮珀，2005，《闲暇：文化的基础》，刘森尧译，北京：新星出版社

〔清〕浦起龙，1961，《读杜心解》，北京：中华书局

钱穆，2011a，《现代中国学术论衡》，北京：九州出版社

———，2011b，《中国历史精神》，北京：九州出版社

———，2011c，《庄子纂笺》，北京：九州出版社

乔健，1998a，《关于中国下层社会阶级的理论与实践》，见钟敬文主编，

《民间文化讲演集》，页74-88，南宁：广西民族出版社

——，1998b，《乐户在中国传统社会中的地位与角色》，《汉学研究》（16.2）：267-285

——，2002，《底边阶级与底边社会：一些概念、方法与理论的说明》，见《石璋如院士百岁祝寿论文集——考古·历史·文化》，页429-439，台北：南天书局

——，2007，《绪论：底边阶级、边缘社会与阈界社会》，见乔建编著，《底边阶级与边缘社会：传统与现代》，页14-33，台北：立绪文化事业有限公司

乔健等，2001，《乐户：田野调查与历史追踪》，台北：唐山出版社

任半塘，1962，《教坊记笺订》，北京：中华书局

——，1984，《唐戏弄》，上海：上海古籍出版社

米歇尔·德·塞托，2015，《日常生活实践 1.实践的艺术》，方琳琳、黄春柳译，南京：南京大学出版社

〔宋〕沈括，2017，《梦溪笔谈》，北京：中华书局

〔梁〕沈约，1974，《宋书》，北京：中华书局

〔汉〕司马迁，1982，《史记》，北京：中华书局

〔唐〕苏鹗，2000，《杜阳杂编》，见《唐·五代·宋笔记十五种》，页1-33，沈阳：辽宁教育出版社

孙江，2004，《想象的血：异姓结拜与记忆共同体的创造》，见孙江主编，《事件·记忆·叙述》，页190-213，杭州：浙江人民出版社

谭帆，1995，《优伶史：优伶从分散走向聚合》，上海：上海文艺出版社

谭君强，2022，《论抒情诗的历史空间呈现》，《思想战线》（3）：154-161

唐华全，2001，《论唐玄宗好乐及其对政治的影响》，《河北师范大学学报（哲学社会科学版）》（2）：103-107

陶金，2023，《盟约：道教法箓的精神内涵与授度仪式》，上海：上海古籍出版社

田传江，1999，《红山峪村民俗志》，沈阳：辽宁文化艺术音像出版社

田汝康，2017，《男性阴影与女性贞节：明清时期伦理观的比较研究》，刘平、冯贤亮译校，上海：复旦大学出版社

田天，2022，《微小与永恒》，《读书》（12）：110-115

〔宋〕王谠，1958，《唐语林》，上海：中华书局

〔宋〕王谠撰，周勋初校证，2008，《唐语林校证》，北京：中华书局

王汎森，2013，《权力的毛细管作用：清代的思想、学术与心态》，台北：联经出版事业股份有限公司

〔宋〕王溥，1998，《唐会要》，北京：中华书局

王国维，1984，《王国维戏曲论文集》，北京：中国戏剧出版社

王克芬等，1983，《中国古代舞蹈家的故事》，北京：人民音乐出版社

〔五代〕王仁裕，1985，《开元天宝遗事》，见丁如明辑校，《开元天宝遗事十种》，页65-110，上海：上海古籍出版社

王书奴，1934，《中国娼妓史》，上海：上海生活书店

〔明〕王嗣奭，1983，《杜臆》，上海：上海古籍出版社

王炎平，2012，《评历代咏马嵬诗——兼议杨贵妃文化现象》，《北京大学学报（哲学社会科学版）》（6）：141-149

〔宋〕王灼，1959，《碧鸡漫志》，见中国戏曲研究院编校，《中国古典戏曲论著集成（一）》，页91-152，北京：中国戏剧出版社

巫鸿，2019，《中国绘画中的"女性空间"》，北京：生活·读书·新知三联书店

——，2022，《中国绘画：远古至唐》，上海：上海人民出版社

武建国，1984，《唐代的贱民》，《贵州文史丛刊》（3）：75-83

吴永平，1999，《论巴迪先生近年来的"老舍研究"——老舍先生百年祭》，《民族文学研究》（1）：24-31

〔宋〕吴自牧，2001，《梦粱录》，济南：山东友谊出版社

向达，1957，《唐代长安与西域文明》，北京：生活·读书·新知三联书店

项阳，2001，《山西乐户研究》，北京：文物出版社

萧凤霞，1996，《妇女何在？抗婚和华南地域文化的再思考》，《中国社会科学季刊》（14）：24-50

新凤霞，1982，《新凤霞的回忆》，北京：北京出版社

——，1985，《我当小演员的时候》，北京：生活·读书·新知三联书店

徐梵澄，1994，《秋风怀故人》，《读书》（12）：47-52

〔汉〕许慎撰，〔宋〕徐铉校定，1963，《说文解字》，北京：中华书局

徐霄鹰，2006，《歌唱与敬神——村镇视野中的客家妇女生活》，桂林：

广西师范大学出版社

薛爱华，2016，《撒马尔罕的金桃：唐代舶来品研究》，吴玉贵译，北京：社会科学文献出版社

〔宋〕薛居正等，1976，《旧五代史》，北京：中华书局

盐野米松，2000，《留住手艺——对传统手工艺人的访谈》，英珂译，济南：山东画报出版社

———，2016，《树之生命木之心》，英珂译，南宁：广西师范大学出版社

晏筱梅，1998，《唐诗中所反映的唐代妇女》，《浙江学刊》（2）：103-107

杨伯峻译注，1960，《孟子译注》，北京：中华书局

杨泓，2021，《杨泓文集·考古文物小品》，北京：文物出版社

杨双印、杨柳，2007，《河北吴桥的杂技艺人》，见乔建编著，《底边阶级与边缘社会：传统与现代》，页125-177，台北：立绪文化事业有限公司

杨小敏，2001，《女性的悲歌——从唐诗看唐代妇女的命运》，《天水师范学院学报》（3）：57-60

扬之水，2024，《诗歌名物百例》，北京：生活书店出版有限公司

杨中一，1935，《唐代的贱民》，《食货半月刊》（1.4）：8-11

叶明生，2011，《福州元帅庙乐神信仰与斗堂关系探考》，《文化遗产》（2）：49-59

余光弘，1985，《A. van Gennep生命仪礼理论的重新评价》，《"中央"研究院民族学研究所集刊》（60）：229-257

〔清〕于敏中等，1981，《日下旧闻考》，北京：北京古籍出版社

于一爽，2022，《船在海上》，北京：北京时代华文书局

〔宋〕乐史，1985，《杨太真外传》，见丁如明辑校，《开元天宝遗事十种》，页131-148，上海：上海古籍出版社

岳永逸，2007，《空间、自我与社会：天桥街头艺人的生成与系谱》，北京：中央编译出版社

———，2010，《灵验·磕头·传说：民众信仰的阴面与阳面》，北京：生活·读书·新知三联书店

———，2014，《行好：乡土的逻辑与庙会》，杭州：浙江大学出版社

———，2015，《都市中国的乡土音声：民俗、曲艺与心性》，北京：中国人民大学出版社

———，2017，《朝山》，北京：北京大学出版社

———，2018，《举头三尺有神明：漫步乡野庙会》，济南：山东文艺出版社

———，2019，《老北京杂吧地：天桥的记忆与诠释（修订版）》，北京：生活·读书·新知三联书店

———，2021，《"土著"之学：辅仁札记》，北京：九州出版社

———，2023，《终始：社会学的民俗学（1926-1950）》，北京：北京师范大学出版社

张爱玲，2019，《流言》，北京：北京十月文艺出版社

张茂桂，1985，《"社会化"的冲突性：理论与实践》，《"中央"研究院民族学研究所集刊》（60）：165-194

张次溪，1936，《天桥一览》，北京：中华印书局

———，1951，《人民首都的天桥》，北京：修绠堂书店

张炼红，2002，《从"戏子"到"文艺工作者"——艺人改造的国家体制化》，《中国学术》（4）：158-186

张枢润，1985，《北方评书纵横杂记》，《天津文史资料选辑》（34）：155-175

章英华，1985，《明清以迄民国中国城市的扩张模式——以北京、南京、上海、天津为例》，《汉学研究》（3.2）：535-561

张仲裁译注，2017，《酉阳杂俎》，北京：中华书局

〔唐〕张鷟，1979，《朝野佥载》，北京：中华书局

〔唐〕赵璘，1979，《因话录》，见〔唐〕李肇等，《唐国史补 因话录》，页67-121，上海：上海古籍出版社

赵树冈，2014，《星火与香火：大众文化与地方历史视野下的中共国家形构》，台北：联经出版公司

赵维平，2001，《中国古代音乐文化东流日本的研究——日本音乐制度（内教坊）的形成与变衍》，《音乐艺术（上海音乐学院学报）》（1）：24-31

〔唐〕郑处诲，1985，《明皇杂录》，见丁如明辑校，《开元天宝遗事十种》，页15-48，上海：上海古籍出版社

〔唐〕郑棨，1985，《开天传信记》，见丁如明辑校，《开元天宝遗事十种》，页49-64，上海：上海古籍出版社

郑岩，2022，《铁袈裟：艺术史中的毁灭与重生》，北京：生活·读书·新知三联书店

郑志敏，1997，《细说唐妓》，台北：文津出版社

〔清〕周亮工，1981，《书影》，上海：上海古籍出版社

〔宋〕周密，2001，《武林旧事》，济南：山东友谊出版社

周衍，1989，《浅谈黄梅戏戏祖神位的来历与演变——兼论戏祖崇拜习俗的本质在于实用》，《黄梅戏艺术》（2）：48-59

《中国曲艺志》全国编辑委员会、《中国曲艺志·北京卷》编辑委员会，（ZGQYZ），1999，《中国曲艺志·北京卷》，北京：中国ISBN中心

朱大可，2006，《流氓的盛宴：当代中国的流氓叙事》，北京：新星出版社

〔清〕朱一新，1982，《京师坊巷志稿》，北京：北京古籍出版社

祝勇，2023，《〈瑞鹤图〉：群鹤祥集的幕后玄机》，《读书》（2）：71-77

曾枣庄、舒大刚主编，2021，《苏东坡全集》，北京：中华书局

渡辺龍策，1980，『楊貴妃後伝』，秀英書房

渡瀬淳子，2005，「熱田の楊貴妃伝説：曽我物語巻二『玄宗皇帝の事』を端緒として」，『日本文学』54，pp.21-29

加藤蕙，1987，『楊貴妃漂着伝説の謎』，自由国民社

近藤乃梨子，2013，「楊貴妃伝説で村おこし－山口県の小さな漁村にある真言宗寺院の住職を中心に始まった取組み－」，『集団力学』第

30巻，pp.196-235

康保成，1996，「『唐書』未必抄『外傳』 貴妃何曾至東瀛：讀『考證楊貴妃兩項新發現』」，『文學研究』93，pp.119-139

相田満，2019，「楊貴妃日本に渡る：遺跡と遺物と伝説と」，『東洋研究』214，pp.49-74

竹村則行，2004，「筑紫に移り住んだ楊貴妃：『本朝水滸伝』の楊貴妃故事について」，『文學研究』101, pp.63-76

Dong, M. Yue, 2003, *Republican Beijing: The City and Its Histories*, Berkeley and Los Angeles: University of California Press

Gennep, Arnold van, 1960, *The Rites of Passage*, Trans. Monika B. Vizedom and Gabrielle L. Caffee. Chicago: University of Chicago Press

Scott, James C., 1990, *Domination and the Arts of Resistance: Hidden Transcripts,* New Haven, CT: Yale University Press

Turner, Victor W., 1969, *The Ritual Process: Structure and Anti-Structure*, Chicago: Aldine Publishing Company

主题索引

A

阿瞒 9,82,84,85,108

安禄山(禄山) 10,12,62,92,128,131,233,234,235,251

安史之乱 1,7,12,21,55,56,57,59,60,90,91,94,96,97

B

把式 141,159,191,192,193,198,212,240

把兄弟 73,173,175,189,254

白宝山 157,193,195

白居易 15,71,108,115,249,250,262,269

拜师帖 161,163,164

摆知 154,179,180,203,254

保师　161，162，165

辈分　160，166，187，199，259

北里　30，52，54，59，63

表达权力　260，261

别教院　28，29

C

曹德魁　157，162，167，173，190

娼妓文学　39

长人　48，53，74，80

常人　65，117，201，251，253，254，257

抄肥　189，190，254

陈寅恪　25，34，63，97，109，230

沉重的肉身　139

搠弹家　48，49

绰号　80，155，199，200，201，203，254

戳活　197

伺候人　15，32，40，200，206，210，256

D

大金牙（焦金池）　177，200，201，207，213，214

大酺 3,79,114,118,119,121,123,124,125,126,127,129,138

打野呵 140,141,144

代拉师弟 167

代师 161,162,164,165

底边阶级 38,39

底边社会 38

蹀马 12,90

斗鸡 8,75,77,120,121

杜甫 1,2,4,7,15,16,17,21,56,57,70,237,262

独孤生 68

F

范聘 177,178

反结构 38,39,124,133,137,138

翻身 122,220,221

反身性 15,19,24

非地点 263,270

非良人 5,6,11,15,20,22,24,35,38,39,42,47,52,60,61,66,129,132,135,137,260

风流阵 107,113

冯至 1，2，4，7

富有本 21，199

G

高凤山 151，157，160，161，162，167，173，222

高力士 64，86，92，102，120，124，235，236，247，248，250，251

隔障歌 63，64

公开文本 154，168，203

宫妓 30，35，36，37，43，55，70，107

宫人 3，8，31，45，48，49，55，61，77，133

公孙大娘 12，15，16，17，18，19，23，56，70，262

狗马 232

鼓板郎君 82，175

鼓姬 197，202

顾颉刚 79，228，270

鼓选 202，212

顾炎武 238，239

摜跤（蹾跤、摔跤） 149，190，211，212，213，217，223

观想 5，24，106，227，228，236

关学曾 20，24，150，163，165，166，175，180，183，190，

212，219，220，222

广场狂欢　81，138

贵妃情结　243，244，245，264

虢国夫人　4，5，92，228，229，234，248

过客　236，237，242，247

H

海青腿儿　157，186

行话　6，79，154，169，179，184，185，188，191，291

贺怀智　92，95，96，103，108

何满子（河满子）　45，60，109，110，111，112

洪迈　3，232

侯宝林　20，167，172，180，183，199，203，219，222，303

胡雏　42，67

胡凤丹　230，240，241，242，245，246，262

胡腾舞　7，8

胡旋舞　7，8，90

花萼楼　22，92，107，113，119

花奴　32，47，53，84，85，92

花蕊夫人　77

花仙　229

皇帝弟子　29

黄幡绰　23，49，50，53，61，62，67，80，134

黄小峰　4，5，92，228，229

会昌中兴　113

祸本　94，229，230

霍耐特　4

祸首　229

J

记曲娘子　45

贾昌　75，121

捡板凳腿儿　189，211

箭垛　228，251，270

江湖　6，21，39，40，52，66，73，79，129，138，153，160，161，162，188，201，214，226，228，239，253，270

江湖丛谈　6，20，141，180，214，215，262

教坊　10，20，25，26，27，29，30，31，32，33，36，37，42，43，44，45，46，48，49，50，51，52，53，54，55，56，57，58，59，61，62，66，79，80，107，108，113，120，121，127，129，132，133，134，135，137，253

教坊记　5，26，32，33，34，36，37，48，50，52，54，58，78，

79，80，129，132，140，262

　　教坊妓　30，31

　　教坊艺人（教坊女艺人）　11，14，20，25，29，30，31，32，35，36，37，38，39，40，41，43，46，47，48，52，54，55，56，57，58，59，61，62，63，65，66，67，73，74，78，79，80，119，121，124，129，131，132，133，134，135，137，138，262

　　结构性冲突　154，168，181，182，183，203，254

　　羯鼓　3，9，10，47，52，87，88，89，92，108

　　羯鼓录　5，47，52，84，87，88

　　街南　149，171，172，220

　　街头艺人　20，141，142，143，144，145，153，154，155，157，158，159，166，168，169，179，181，182，183，187，189，191，197，198，199，200，201，203，204，205，208，209，210，211，215，216，217，220，221，222，224，225，240，253，254，255，256，257，259，266

　　锦鞡　235，236，237，240，241，242，243，246，247，269

　　镜像　35，262

　　镜渊　24，143，224，225，227，228，229，235，250，259，262，265，267

K

　　开元盛世　8，9，21，82，90，97，113

康昆仑 55，60，62，66，67，68，73

康老子 74

康太宾阿妹 23，78，134

磕头顶大帖 168

柯文 227

孔子 177，178

傀儡吟 9，96，106

L

落子馆 144，152，197，202

雷海清 10，50，81，127，128，129

李八郎（李衮） 69，73

李白 64，75，81，99，100，101，124，250，262

李德裕 12，62，92，112

李龟年 10，12，18，23，46，59，88，89，99，108

李嘉康 170

李谟 3，12，23，59，66，67，68，70，73，81

李十二娘 16，18，23，56

李延年 47，60，109

李志生 4，5，38，39，228，229

梨园弟子 9，29，33，36，57，58，81，128，235

连昌宫词 3,55,108

连阔如(云游客) 6,20,141,159,164,180,186,194,203,212,214,262

恋地情结 243,245,263

良民 66,155,197,199,203,254

良人 22,24,38,39,40,45,47,54,60,65,66,74,129,133,137,138,139,142,144,176,251,262

梁益鸣 167,210,222

柳敬亭 177,185,204

流氓主义 39

刘禹锡 237,246,269

路岐人 141,144

鲁迅 1,12,63,97

绿衣使者 89

吕元真 66,67

罗程 72

罗黑黑 28,61,70

M

马三立 20,156,157,158,169,183,199,203,210,222,303

马嵬(马嵬坡、马嵬驿) 3,12,94,97,107,131,233,235,

236，237，238，239，240，241，242，243，245，247，248，250，263，264，269，270

马嵬志　230，240，241，242，243，244，245，246，248，262

马舞　8，12，13，90，91，121

卖假面贼　79

梅妃　233，252

孟才人　108，109，110，111，112，113，230，232，262，269

孟姜女　228，251，269，270

孟子　23，24，205

盟誓　130，131

明皇杂录　5，10，12，13，59，89，90，93，104，107，120，229，233

N

奶师　157，160

内人　26，45，48，49，50，51，53，55，56，62，77，78，108，119，130，133

拟构　5，23，35

念奴　70

凝碧池　10，128，129

宁王　26，32，61，64，84，85，87，95，102，103，108，233

牛僧孺 12，97

P

俳优 26，27，29，40，43，54，76

盘道 154，180，184，185，186，187，188，189，191，203，254，257，259

庞三娘 30，79

裴承恩 47，48，50

裴大娘 74，134

琵琶弟子 96，104，108

贫有根 21，199

Q

齐皋 46

钱穆 39，66，227，267

钱选 22

前头人 48，50

乔健 38，39，40，60，136，141，206

秦国夫人 92，108

勤政楼 8，76，90，91，107，119，120，121，123，127，129，138，234

穷不怕（朱绍文） 21，145，150，157，162，177，191，199，205，208，209

R

任半塘 27，30，33，34，36

荣悴 22，24

瑞鹤图 127

S

塞托 182，261

三不管 141，188，203，204

善扑营 149，150

上官昭容 44

社会化 143，144，153，154，157，168，228，235，249，250，251，253，254，255，256，257，258，259，265

社会化的延展性 143，228，229，233，250，251，253，258，259，260，267

神话 14，205，217，227，228，277

神化 12，227，229

神鸡童 75，121

沈阿翘 45

沈三 149，197，211，212，213，214，215，217，223

沈括 112

圣地 238，240，241，242，245，263

生命机会 143，153，157，255

生死辩证法 226，227，228，229，233，260

盛唐气象 32，35，39，81，138，247

实践的艺术 182，261，266

手帕姊妹 135，136

数来宝 141，156，157，158，159，177，190，211

四民社会 66，138，147，155，156，176，197

私淑弟子 167，210

苏轼（东坡） 23，92

随驾老鸱 8，126，127

孙雅君 186

T

太常寺 25，27，31，37

太平广记 4，12，246

唐代艺人 32，35，36，138，139，205，228，250，253，260，261，265

唐太宗（太宗） 28，61，72，130，131，231，232

唐武宗（武宗） 72，108，109，110，111，112，113，230，232

唐玄宗（唐明皇、玄宗、明皇） 3，5，8，9，10，11，12，13，14，16，18，23，26，28，29，32，42，43，47，50，52，53，56，59，60，61，62，64，67，70，75，76，80，81，82，83，84，85，86，87，88，89，90，91，92，93，94，95，96，98，99，100，101，102，103，104，105，106，107，108，111，113，116，117，118，119，120，121，122，123，127，128，129，134，138，206，229，230，232，233，234，235，236，239，240，241，243，245，246，247，248，249，250，251，252，260，266，269

天公 86，91，92

天桥情结 240，264

天桥艺人 6，20，142，144，145，152，153，156，157，158，159，166，167，169，171，172，177，180，190，191，195，196，197，199，201，203，204，205，206，209，210，211，212，213，214，215，216，217，218，220，221，222，223，224，228，244，253，255，256，257，258，259，260，261，265，268

田际云 209

通过仪礼 257，258

突厥 130，132，134

W

王才人（王贤妃） 112，113，230

王德 113，114，117

王汎森 260，261，262

王建 46，58

王麻奴 67，69，73

王维 128

王学智 24，157，158，159，160，161，162，163，167，168，177，178，189，212，215，222

韦青 45，60，74

韦庄 21，262，269

文昌公 177

文艺工作者 20，142，218，219，220，221，222

五凤楼 119，121

五奴 30，54

舞马 12，13，14，90，91

武则天（武后） 25，44，45，48，83，116，125，137，248

X

西冈常一 170，171，226

戏祖 82

下九流　142，143，176，211，220，255，256，275

显圣物　236

向达　132

香火　130，131，263

香火兄弟　40，129，130，131，132，133，134，135，137，138，266

香火姊妹　135，136

香囊　3，95，96，235，236，243

小川三夫　170

小桂香　186

小金牙　157，190，200，201，212

谢阿蛮　12，23，59，96，108

新凤霞　20，156，174，182，202，204，210，222

心灵集体　144，253，255，257

修炼　169，170，171，174，179，182，183

徐梵澄　1，2

徐惠（徐贤妃）　230，231，232

许云封　81

悬祖　184，266

雪衣女　8，89，90

Y

崖公　11，74，80

杨妃袜　228，247

杨贵妃（杨玉环、贵妃、太真、玉环）　3，5，8，9，11，14，23，32，59，64，75，76，81，82，85，89，90，92，93，94，95，96，97，98，99，100，101，102，103，104，105，106，107，108，111，113，120，129，131，138，206，229，230，232，233，234，235，236，237，240，241，242，243，244，245，246，247，248，249，250，251，252，260，262，264，266，269，270

杨国忠　102，248

掖庭　31，44，45，57，107，113，126

野野史　246，250

宜春院　29，45，47，48，49，50，55，78

驿站　177，237，238，239，240，263，274

音声人　25，36，37，38，43，47，53

音声郎君　59

引师　161，162

隐语　79，80

莺莺传　55，63，251

永新（许和子）　12，23，45，55，60，70，120，123，124，129

游戏者　266

339

游仙枕 83

鱼袋 48，49，58，62，67

圆脸 159，191，193，197，254

元稹 55，63，71，108

乐府杂录 5，32，33，34，45，50，54，58，59，67，262

乐工 8，10，28，36，37，42，45，46，47，58，60，70，72，74，91，92，121，127，128，129

乐户 38，40，41，44，47，60，141

乐人 23，24，25，28，36，40，41，42，69，73，76，78，95，120，121

云里飞 157，173，180，193，194，195，198，199，201，207，211，212，214，217

Z

杂吧地儿 6，20，24，141，144，146，153，188，240，253，255，262，264，268

杂妇女 48，49，50，62

贼本 94，229，230

张爱玲 251，252，253

张次溪 6，20，141，152，164，195，202，208，214，262

张红红 45，55，70，74

张祜　3，55，59，95，102，109，110，111，118，229，262，269

张云容　11，105，106

赵解愁　74，119，134

柘枝舞　8

郑中丞　53，78

众乐乐　9，12，23，24

周庄王　174，175，176，177，185

朱国良　24，151，158，167，173，178，189，192，196，198，200，210，213，217，223

朱有成　24，173，190，192

朱元璋　177，178

庄子　266，267

准社会事实　137，138

字据　163，165，166，168，172，179

祖师爷　14，154，169，174，175，176，177，178，179，181，183，184，188，220，254

后　记

　　本书的主体是对二十年前两篇旧作的重写与统合。以包括杨贵妃、唐明皇在内的唐代艺人和旧京杂吧地儿天桥艺人为例，本书试图呈现古近艺人的身份、性情与社会，呈现相关的说写叙事对艺人社会化的"延展性"以及镜渊之效。就二十多年前自己提出的"社会化的延展性"，我也结合具体实例，用了更浅白的表述"生死辩证法"。在本书中，二者具有维特根斯坦所言的"家族相似性"，可视为等义词。

　　本书与当下蔚为大观的文学人类学、历史人类学、文学社会学、历史社会学、艺术人类学、艺术社会学、艺术民俗学等名头众多又相互交杂、纠缠不清的分支学科没有关联。哪怕浅薄、贻笑大方，它只忠实于自己阅读和聆听时的直觉，钟情于自己的共鸣，是靠近霍耐特（A.Honneth）"认可先于认识"

和陈寅恪"了解之同情"的努力与尝试。不敢说自在神通,却是无滞无碍,不离自性。

这两篇旧作,一篇是2001年大致写就、2009年发表在《民俗研究》第3期上的《眼泪与欢笑:唐代教坊艺人的生活》,后亦收入拙著《老北京杂吧地:天桥的记忆与诠释》2011年版;另一篇是在2001年完成的硕士学位论文基础之上改写而成,于2003年底发表在《民俗曲艺》总第142期上的《脱离与融入:近代都市社会街头艺人身份的建构——以北京天桥街头艺人为例》。

前者是2001年辅导一位留学北京师范大学的韩国舞蹈家读《教坊记》,而顺藤摸瓜的读书之果。它是对唐代宫廷内外这些"非良人"的艺人的生活日常的勾画,试图呈现他们绚烂、沉郁又不拘一格的性情。无论是新、旧《唐书》,还是《教坊记》等"杂录",我都一概视为"信"史。

后者则是在乔健和刘铁梁两位教授指导下完成。它以1999-2001年对老北京天桥艺人访谈而得的十二份口述资料为依托,描画的是近世在旧京天桥这样的杂吧地儿讨生活的江湖艺人的群像,尤其是在其学艺、卖艺生涯中身份的持续建构。就该话题,我后来进一步敷衍、拓展成了《空间、自我与社会:天桥街头艺人的生成与系谱》(2007)和《老北京杂吧地:天桥的记忆与诠释》(2011/2019)两本专书。但该文与不乏烦琐的两书之立意明显有别，反而与唐代艺人研究的关系更加紧密，甚至相互映照，呈镜渊之像。事实上，对口述中的天桥艺人的感受、体悟，是促使我梳理文字世界中唐代艺人的又一动因。而当阅读散布在字里行间的唐代艺人俨然"惟艺是从"的决绝和盛颜顿挫的苍凉时，眼前闪现的却是我熟悉的名不见经传、渺小的天桥艺人不乏伟岸的身影。

常星夜落，劫烬灰飞。人生一世，轻尘栖草，何论荣悴！

近年来，北京中轴线文化传承保护与申报世界文化遗产在有条不紊也是如火如荼地推进。世界文化遗产的申报也在2024年毫无意外地取得了成功。无论被修复的作为景观桥的天桥，还是作为一个街区的天桥，二者都更加亮丽。在相关职能部门的主导、操持下，年轻、多少有些单薄的"天桥小八艺"，也在自上而下地扶持、打造与夯实之中。

如此，本书浅描的唐代长安、洛阳的教坊和近代位于北京中轴线南段的杂吧地儿天桥的艺人的日常与社会，多少也有了些现实意义。一座历史悠久、文化绵长的城市，其伟大之处就在于它能给更多的人提供生存的空间与活下去的可能和勇气。显然，长安、洛阳如此，北京更是如此。

其实，让各色人等云集，求同存异地生活，正是古老中国、文明中国的城市规划设计、营造运行一直都有的智慧与精神。1600多年前，面对属下要搜索窜至建康南塘下诸舫的兵厮，谢安（320-385）厉声道："若不容置此辈，何以为京都？"

与主体说古、谈近不同，本书"话洋"的附录《落语的传承》，是在我研究天桥艺人与唐代艺人的过程之中，也即2005年，根据已有的认知、感受，以中看外而理解、描画一衣带水的异文化之果。它有着以"中"释"外"的贸然和冒昧，也有着回审中国当时方兴未艾的非遗运动的初衷。原文最初发表在《民族艺术》2006年第1期，题为《日本落语的传承与文化自觉》，亦曾收入拙著《老北京杂吧地：天桥的记忆与诠释》2011年版。能够把与桂歌助、清水一朗两位先生的访谈整理成文，除了要感谢我在日本访问研究期间的翻译——神奈川大学的博士候选人宫本大辅之外，还要感谢当年分别在北京师范大学文学院和日语系就读的西村真志叶博士和同乡刘娟给予的帮助。

感谢当初写作时给予不同程度批评和帮助的乔健、刘铁梁、赵世瑜、杨念群、福田亚细男和山口建治等诸位教授。我也始终铭记当年天桥访谈的那些合作者，他们是：李长荣、刘景岚、王学智、朱国良、朱有成、班秀兰、金业勤、朱赤、崔金生、杜三宝、关学曾、李嘉康、玉庆文、冯建华、张卫东。

近两年来，刘宗迪、虞晓勇、张有春、王庆、罗华彤、马东瑶、张仲裁、李小龙、孟琢、周剑之不时为我解惑！分别在日本筑波大学、东京大学攻读博士学位的陈旻和吴薇，第一时间就相关日文文献的查询和阅读提供了帮助。博士研究生吉佐阿牛为我下载所需文献的电子版，使我少受往返图书馆之累。小妹向华和即将奔赴英伦的学生刘守峰为我校读了书稿。当然，本书文责自负，与他人无关。

除感谢责编的辛苦付出和老字号巴蜀书社的不弃之外，还要特别感谢主编王东杰兄的厚爱！他不嫌弃我旧文的浅薄，一心要将之纳入"深描丛书"。感谢他似有若无、不愠不火的催逼和让人豁然开朗、醍醐灌顶的建议！

还要啰唆的是：集中两年时间完成的本书，模糊了古今之隔、文史之别、言行之异、朝野之垒；它拟构艺人——与你我一样作为"大写"的人也是常人——的身份、性情与社会，描画其情感与日常，赋予了"风土""社会化"以及"教育"等以新的意涵。如此，与最初的两文相较，有着二十年裂缝、并以"本末"名之的本书，即使不能说面目全非，也相去甚远。

多少有些遗憾的是，多年来我欲以浓描唐代艺人而铺陈成专书的尝试，终究未能实现。

最后，感谢中国人民大学科学研究基金项目（22XNLG09）的支持，本书乃该项目的成果。

岳永逸

二〇二三年六月三十日初稿

二〇二四年三月十日二稿

二〇二四年七月二十日定稿

图书在版编目（CIP）数据

本末：艺人的身份、性情与社会/岳永逸著. -- 成都：巴蜀书社，2025.1. --（深描丛书/王东杰主编）. -- ISBN 978-7-5531-2267-0

Ⅰ. K825.7

中国国家版本馆CIP数据核字第2024R1T522号

BENMO: YIREN DE SHENFEN、XINGQING YU SHEHUI

本末：艺人的身份、性情与社会

岳永逸　著

策　　划	周　颖　吴焕姣
责任编辑	徐雨田　王　莹
责任印制	田东洋　谷雨婷
封面设计	周伟伟
内文设计	四川胜翔数码印务设计有限公司
出　　版	巴蜀书社
	四川省成都市锦江区三色路238号新华之星A座36楼
	邮编：610023　总编室电话：（028）86361843
网　　址	www.bsbook.com
发　　行	巴蜀书社
	发行科电话：（028）86361852
经　　销	新华书店
排　　版	四川胜翔数码印务设计有限公司
印　　刷	成都东江印务有限公司
版　　次	2025年1月第1版
印　　次	2025年1月第1次印刷
成品尺寸	130mm × 185mm
印　　张	11.25
字　　数	205千
书　　号	ISBN 978-7-5531-2267-0
定　　价	78.00元

本书若出现印装质量问题，请与工厂联系调换